THÉODORE DE BANVILLE

— PETITES ÉTUDES —

LETTRES
CHIMÉRIQUES

AVEC UN DESSIN DE GEORGES ROCHEGROSSE

DEUXIÈME MILLE

PARIS

G. CHARPENTIER ET Cie, ÉDITEURS

13, RUE DE GRENELLE, 13

1885

Tous droits réservés.

PETITES ÉTUDES

IL A ÉTÉ TIRÉ

Quarante exemplaires numérotés sur papier de Hollande.

Prix : 7 fr.

Et *dix exemplaires numérotés* sur papier de Chine.

Prix : 12 fr.

AVANT-PROPOS

Voici des Lettres qui, si vous le voulez, sont bien des lettres, dans le sens absolu de ce mot comminatoire, mais dont l'existence n'a rien de réel, et demeure tout idéale. Je veux dire par là qu'elles n'ont jamais été revêtues d'un timbre de trois sous, ni enfermées dans des enveloppes gommées, ni même écrites sur le papier spécial affecté à ce genre de compositions, ni surtout envoyées à leurs titulaires! Car, grâce aux Dieux immortels, je ne possède pas, je ne posséderai jamais de papier à lettres, et l'homme qui envoie une lettre à son semblable, avec la complicité de monsieur Cochery, me paraît être un tyran et un scélérat. Quoi! lorsque je suis tranquillement assis dans mon fauteuil à oreilles, brodé au petit point, dont le dos représente Orphée attendrissant les bêtes, et que je lis *Atta Troll* ou l'*Intermezzo*, ou *Le Scarabée d'Or*, le premier importun venu, uniquement parce qu'il a donné trois sous, aurait le droit de me raconter ses ennuis dénués d'intérêt, et ses ridicules passions!

Non, par Hercule! et ce qu'autrui ne doit pas me faire, je ne veux pas non plus le faire à autrui. Cependant, il se peut que les actes ou les écrits de tel contemporain éveillent en moi un besoin de causerie ou de discussion; dans ces cas-là, je n'hésite pas. Sur n'importe quoi, sur le premier papier venu, j'écris à ce contemporain, pour me débarrasser vite de l'idée qui m'obsède. Mais la lettre finie, il faut avec soin la jeter dans un tiroir, ou en allumer des cigarettes, et le plus sûr est encore de la faire imprimer dans un volume; car, selon la sagace observation d'Émile de Girardin, c'est le meilleur moyen pour que le destinataire, inconnu, indifférent, ennemi ou ami, ne la lise pas. J'ai donc pris ce dernier parti, sachant, comme le célèbre écrivain, qu'un livre ne parvient jamais à l'intéressé mis en cause, et c'est pourquoi je confie à la discrétion de Georges Chamerot et de Georges Charpentier une innocente et naïve série de *Lettres Chimériques*.

LETTRES
CHIMÉRIQUES

A ZINZOLIN, CHIEN

Etre bizarre, ô mon chien Zinzolin,
Noir comme un arbre en sa prison d'écorce,
Sois fier! c'est toi, le Français né malin.
Car du laurier fuyant la vaine amorce,
Tu n'écris pas, c'est ce qui fait ta force.
Oh! l'écriture! à Tunis, à Canton,
Même chez nous, dans le dernier canton,
Pour être sage on devrait la proscrire.
Et cependant, Musset l'a dit, quand on
N'a pas d'argent, c'est amusant d'écrire.

LETTRES CHIMÉRIQUES

— 1883-1884 —

I

UNE CHANSON

A EDMOND GONDINET

Mon cher ami, *La Savoie et son duc sont pleins de précipices,* a dit le maître dans la grande apostrophe de *Ruy Blas.* Mais si cela fut vrai de la Savoie et de son duc, combien plus du théâtre! Le théâtre n'est qu'un tas, une série, une accumulation, une agglomération de précipices; il est précipice lui-même! Pour éviter d'y tomber dans les trous, et de devenir comme Hippolyte *un triste objet,* il ne suffit pas d'avoir le pied assuré de la mule, le coup d'œil de l'aigle, la prudence d'un Indien et cent mille diables dans le corps; il faut encore être né coiffé et avoir obtenu, on ne sait comment, la chance inexplicable. Cependant, mon ami, dans ce monde jonché de trappes, au propre et au figuré, le meilleur moyen de réussir à coup sûr, vous l'avez bien prouvé par votre exemple, c'est encore d'avoir beaucoup d'invention, beaucoup d'imagination, beaucoup d'esprit, de ne rien donner au hasard et de savoir très bien son métier.

Non seulement vous avez tiré de votre cerveau cent pièces vivantes et agissantes, turbulentes comme la vie, et qui excitent le rire et les pleurs, mais combien de centaines de pièces vous avez rendues jeunes, belles et séduisantes, qu'on vous avait apportées mal venues, à peine dégrossies, traînant la patte et faites pour dormir lourdement dans un coin sombre, plutôt que pour réjouir les hommes sous l'éblouissante clarté des lustres! Mais vous les preniez dans vos mains agiles et puissantes, vous les pétrissiez à nouveau, vous leur donniez les proportions normales, l'accent qui leur manquait; puis après, le feu, l'âme, le je ne sais quoi, le souffle de vie, et ces momies mal ficelées devenaient des bacchantes couronnées de raisins, montrant leurs belles jambes nues et faisant sonner leurs cymbales d'or! Ce miracle, vous l'avez recommencé tant de fois qu'il ne peut sembler inconscient; aussi nous faites-vous croire, avec raison, que pour réussir au théâtre, il faut être un habile et patient ouvrier, avec quelque chose en plus, qui est la pointe de génie.

Tel n'était pas l'avis de Paul Siraudin, cet excellent camarade que nous venons de perdre. Il pensait qu'au théâtre, le soin, l'application, la recherche de la perfection servent très peu, et que tout, absolument, y dépend du hasard. Il faut dire qu'un très étrange concours de circonstances avait enfoncé en lui cette idée bizarre, comme un coin obstinément frappé par le marteau. Siraudin, qui connaissait tout le monde, mais que très peu de gens ont réellement connu, était un lettré, un délicat, du plus vif, du plus subtil esprit et d'une érudition profonde; mais il cachait tout cela avec un soin jaloux, et s'appliquait à ne paraître rien de plus qu'un vaudevilliste. D'ailleurs, dans ma pensée comme dans la sienne, ce n'est pas là un titre méprisable. Plût aux Dieux que beaucoup de poètes de profession fussent capables d'écrire les couplets exquis des *Petites Danaïdes,* et beaucoup d'autres applaudis par nos pères, du temps que les Brazier et les Désaugiers faisaient des vaudevilles! Siraudin pensait ainsi, et c'est pourquoi il se parait orgueilleusement d'un titre dédaigné aujourd'hui, comme beaucoup d'autres raisins trop verts.

Il a eu peut-être les succès les plus inouïs, et les chutes les plus extraordinaires dont on se souvienne, et justement ses pièces tombées étaient celles qu'il avait caressées avec le plus d'amour, tandis qu'il obtint des représentations innombrables avec des comédies brochées à la hâte, dont il faisait très peu de cas. Aussi était-il devenu absolument sceptique. Il prétendait que toutes les finesses, que toutes les recherches de style, même du style le plus franchement bouffon, sont au théâtre des perles semées, comme celles de Buckingham, qu'il faut tailler les pièces à coups de serpe, et qu'il ne faut jamais s'appliquer! En dépit de ces théories *nihilistes,* parmi les innombrables pièces que Siraudin a fait représenter, il ne serait pas difficile de trouver et de mettre à part vingt complets chefs-d'œuvre ; je citerais tout d'abord l'admirable comédie intitulée *E. H.* et aussi *Le Misanthrope et l'Auvergnat,* ce célèbre chef-d'œuvre où il est si facile de reconnaître l'esprit de Siraudin, aussi bien que l'esprit de Labiche.

C'est à lui, sans nul doute, que j'ai dû mes plus grands étonnements ; le premier qu'il me donna ne date pas d'hier, et dure encore. C'était le 17 juin 1841 ; j'avais alors dix-huit ans, trois mois et trois jours. J'étais allé au théâtre du Palais-Royal, et j'y étouffais ; car à cet heureux théâtre, où *Gavaud, Minard, Le plus Heureux des trois* et d'autres pièces encore m'ont procuré de si vives joies, j'ai souvent ri à me décrocher les mâchoires, mais j'ai toujours étouffé. Achard jouait, et moi j'écoutais un monologue appelé *Les Économies de Cabochard,* dont tout ce que je puis dire est qu'il me parut quelconque. Hormis les Dieux, nul ne pouvait alors prévoir la future naissance de Coquelin cadet. Aujourd'hui qu'il existe et que je l'aime beaucoup, j'ai fait ce que j'ai pu pour me vaincre ; mais en ce temps-là je préférais franchement à tous les autres monologues le monologue d'Hamlet : *To be or not to be,* et le monologue de Figaro : *O femme ! femme ! femme !* J'écoutais donc tranquillement, avec une résignation mêlée d'un vague désespoir, comme un homme qui, enfermé dans une cave, s'amuse à ce qu'il peut. Mais tout à coup il me sembla que la cave s'écroulait. A la place de ses murs grossiers, parurent à mes yeux éblouis des escaliers de rubis, des arches de saphir sous lesquelles coulaient des fleuves d'or en fusion ; des escaliers de jade s'élancèrent vers des cieux de cristal de roche, et des statues embrasées, taillées dans un seul diamant géant, tenaient dans leurs mains transparentes des torches de lumière rose.

L'orchestre venait d'attaquer un air de danse qui m'était bien connu. Il jouait l'air de ce *Pas Styrien,* que tant de fois j'avais vu danser avec d'agaçants collants gris, des robes courtes et des bottes historiées, et je m'étais dit : « Pourquoi, en effet, ne danserait-on pas une fois de plus le *Pas Styrien ?* » Mais non, aucun danseur ne montra son immobile sourire écarlate ; Achard se mit à chanter, et alors, ô stupeur ! j'entendis une chanson agile, dévergondée, envolée, précise, dont les syllabes étroitement tressées et collées aux notes de l'air de danse, dansaient elles-mêmes le *Pas Styrien !* Et aussitôt dans ma caboche lyrique, épouvantée d'un pareil tour de force inouï, se décomposa tout le mécanisme de cette odelette enfiévrée, les vers de dix, de neuf, de huit, de sept, de six, de cinq, de quatre, de trois, de deux syllabes, soudés et rivés avec un art diabolique, frappant le parquet de leurs invisibles souliers d'or, et les redoublements de rimes faisant éclater le même son de cuivre trois fois, quatre fois, cinq fois, et jusqu'à six fois de suite! Ces deux strophes, que chantait le comédien Achard, je n'en ai certes pas oublié une syllabe, ni une note, depuis le 17 juin 1841. Les voici :

   Mon Aldégonde,
    Ma blonde,
  Doit plaire à tout le monde :
    Jeunesse,
  Fraîcheur et gentillesse,
    Sagesse,
  Enfin, hors la richesse,
    Voilà,
    Elle a
   Tout cela.
   Danseuse
   Joyeuse,
   Valseuse
   Rieuse,
  Elle n'est heureuse
   Qu'au son
   Du piston.
Il faut la voir, quand la valse commence :
   Elle s'élance
   Et se balance :
Car en hiver, aux jours gras, l'innocence
   Va, par hasard,
   Au bal Musard.
Mon Aldégonde, aux yeux provoquants,
  Se permet des mots piquants ;
  Mais ses ragots, ses cancans,
  S'ils sont parfois inconséquents,
   Ne sont jamais choquants...
   Ferme comme un roc,
  Son cœur ne craint aucun choc,
  Tout en lisant *Plick et Plock*
 Et les œuvres de Paul de Kock.

   Ma Rodogune,
    Ma brune,
  Pâle comme la lune,
    Soupire
  Et pour moi seul respire,
    N'aspire,
  Soumise à mon empire,

Qu'au cœur
De son doux vainqueur.
Son âme
De femme
Réclame
Ma flamme.
Infâme
Bigame,
J'ai des feux
Pour deux !
Simple lingère, à son cœur romantique,
Antipathique
Est la boutique :
Dans ses douleurs,
Elle offre à la pratique
Plus d'un mouchoir trempé de pleurs.
Ce qu'il lui faut, c'est la paix des champs,
L'aspect des soleils couchants,
Des rossignols les doux chants,
Toujours si purs et si touchants :
Oui, voilà ses penchants...
Un roc escarpé,
Le gazon pour canapé,
Du laitage à son soupé...
Avec du champagne frappé !
Dans cette affaire,
Que faire ?
Laquelle je préfère ?...
Que j'aime
Cet embarras extrême !
Et même,
S'il faut une troisième,
Le choix
Vaudra mieux à trois.

Et ce jour-là nous ne lûmes pas plus avant ! — En d'autres termes je sortis, au risque de bousculer mes voisins, et je n'entendis plus la fin du monologue, ni cette fois, ni une autre. Étant donnée l'incommutable formule de cet art du théâtre, qui passe pour si difficile, et qui consiste dans le *retournement* pur et simple flétri par Edgar Poe, je crois pouvoir affirmer que la pièce étant intitulée : *Les Économies de Cabochard*, et que Cabochard, dans le récit qui sert d'exposition, ayant annoncé le désir de faire des économies, il devait, au contraire, ne réaliser aucune économie, et même dépenser indûment, par un audacieux et involontaire système de crédit, un argent qu'il n'avait pas. Mais ce soir-là, j'avais bien d'autres chats à peigner! Je sortis dans le jardin du Palais-Royal, la tête en feu, déchiré par la griffe d'une invisible sphinge, et me disant à part moi : « Certes, je connais à peine deux ou trois poètes de profession capables d'écrire un tel morceau ; cependant le poète de cette chanson doit être un vaudevilliste ; mais lequel ? »

Le lendemain matin, je suivis, comme on suit une femme, le premier des afficheurs qui parut avec sa brosse et son pot à colle ; ivre de curiosité, je le regardai poser l'affiche du Palais-Royal, et sur cette affiche, je lus : *Deuxième représentation. — Les Économies de Cabochard, vaudeville en un acte, par MM. Dumanoir et Paul Siraudin.* — Ainsi je tombais de Scylla en Charybde, et la question, au lieu d'être résolue, se posait à nouveau, avec un second point d'interrogation plus anxieux que le premier. Car la difficulté d'appliquer des vers sur les notes du *Pas Styrien*, excluait toute idée de collaboration ; la chanson : *Mon Aldégonde* ne pouvait donc être de Dumanoir ET de Siraudin ; elle était nécessairement de Dumanoir OU de Siraudin ; mais duquel des deux ?

Quelques mois plus tard, en plein carnaval de 1842, je soupais chez Vachette (le Brébant d'aujourd'hui) avec de jeunes romantiques et des femmes costumées en débardeurs de Gavarni : il y en avait encore ! Étant sorti un instant du petit salon, pour quêter au hasard du papier à cigarettes qui me manquait, j'aperçus un jeune homme au bel œil intelligent, à la lèvre épaisse et rouge, à la longue barbe soyeuse, un peu chauve déjà, et j'entendis une femme, avec qui il causait, lui dire : « Mais mon cher Siraudin !... » — J'étais follement jeune, un peu étourdi par la vertigineuse causerie et par les fumées du champagne; je ne doutais de rien; venant donc interrompre la conversation commencée, avec un sans-façon que rien ne justifiait, j'interpellai le jeune dramatiste.

— « Ah! lui dis-je, c'est vous qui êtes Paul Siraudin! Parbleu je suis bien content de vous voir.

— Moi de même, fit-il aimablement, car vous ne m'êtes pas inconnu.

— Mais, repris-je, soyez franc. Est-ce vous qui avez fait le chef-d'œuvre; ne vous étonnez pas, oui, la chanson des *Économies de Cabochard,* ou est-ce Dumanoir qui l'a faite?

— Ah! dit Siraudin avec bonhomie, c'est donc un chef-d'œuvre?

— Certes, m'écriai-je. Mais qui l'a écrite?

— Bon! me dit Siraudin en souriant, qu'est-ce que ça fait?

— Comment ce que ça fait! dis-je avec mes violences de jeune poète, alors chevelu, qui ne savait pas encore vivre; mais dans l'association Dumanoir et Siraudin, il y a un grand homme, que j'éprouve le besoin d'admirer, et un autre homme, qui peut-être n'est rien de plus qu'un auteur estimable. Je demande à être fixé.

— Bah! me dit Siraudin, qui avec une tranquille philosophie était sorti dans le corridor pour fumer sa pipe, réservez donc vos admirations à ce qui les mérite. Tout ce que nous faisons est justement suffisant pour favoriser la digestion des gens qui ont dîné à quarante sous dans le Palais-Royal! »

A ce moment-là, mon ami, Siraudin me parut cacher un orgueil effréné sous cette apparente modestie. Plus tard, je devins son ami, et je sus alors combien il accordait peu de prix à ses inventions, car c'était un vrai sage, qui savait le fin mot des choses, et qui s'enfermait à triple verrou pour lire tranquillement un chapitre de Balzac ou une page de La Fontaine.

Oui, mon ami, il est difficile de se figurer à quel point

Paul Siraudin prétendait peu à la gloire, et certes si tous les écrivains lui eussent ressemblé, il eût été impossible de créer jamais la fameuse *Société du doigt dans l'œil,* qui, ainsi que son nom l'indique, se compose de gens qui n'y voient goutte. Lui, au contraire, il regardait résolument en face le visage effroyable de la Réalité, et il ne se laissait pas étonner par l'expression profondément indifférente de cette tranquille Méduse. En d'autres termes, il appartenait à la famille restreinte des inventeurs de théâtre qui ne croient pas être Aristophane ou Shakespeare : modestie extrêmement rare, dont il faudrait, autant que possible, encourager l'exemple!

Voici un fait qui s'est renouvelé vingt fois sous mes yeux. Nous dînions, cinq ou six camarades très unis, chez Nestor Roqueplan. Là on mangeait des nourritures sincères, on buvait du vin fait avec du raisin, et tout le monde avait réellement de l'esprit, car si on avait quelque chose à dire, on le disait en peu de mots et tout de suite ; et on ne parlait pas, si on n'avait rien à dire. Ainsi les heures s'écoulaient dans un bien-être profond ; or ceci arriva bien souvent, vers les dix heures du soir, alors que chacun fumait, selon la volupté propre qui l'entraînait, son cigare ou sa pipe, Roqueplan disait à Siraudin :

— « Ah! ça mais, vous avez ce soir une première au Gymnase? une comédie en trois actes.

— Oui, répondait Siraudin, avec le ton de la plus parfaite indifférence. »

Et on en restait là. Et, telle fut l'éducation supérieure de ce groupe vraiment parisien, personne n'était tenté de dire à l'auteur philosophe : « Vous n'y allez pas? Vous n'avez pas envie de savoir comment cela se passe? » Ses amis le connaissaient trop pour lui adresser des questions si saugrenues, et savaient que détestant les émotions turbulentes et stériles, il fuyait comme la peste les premières représentations de ses pièces. Mais surtout ce qu'on nomme en langage technique : *le service*, c'est-à-dire l'ensemble des billets donnés à l'auteur pour qu'il puisse satisfaire à ses obligations personnelles, fidèlement Siraudin le vendait au marchand de billets, en empochait le prix sans réserver une seule place, et cette place unique, il ne l'eût pas gardée par devers lui pour la personne qu'il aimait le plus au monde. Dans sa pensée, les gens que nous aimons et qui nous aiment étaient à la comédie particulièrement redoutables, et ne pouvaient que nuire, par leurs terreurs involontaires ou par leur admiration maladroite.

Être auteur et se dérober, ne pas subir les ennuis de l'auteur, lui semblait charmant. Un jour vers midi, je le rencontrai dans le Palais-Royal. — « Ah! me dit-il, en me montrant le théâtre, je vais là répéter une petite pièce qui se joue demain; viens donc avec moi, tu verras à quel point c'est absurde. Mon cher, continua-t-il en passant son bras sous le mien, je ne sais quelle démence m'a pris; j'ai broché ça en une heure, ça s'appellera *Grassot embêté par Ravel*, et c'est dénué de toute espèce de sens commun; car, par suite d'une aberration que je ne m'explique pas, j'ai fait parler Grassot et Ravel comme ils ne parlent jamais; aussi Grassot représentera-t-il lui-même un faux Grassot, et Ravel un Ravel peu conforme à la nature! »

Cependant, nous étions entrés dans le théâtre, où la répétition commença tout de suite. Plus la petite pièce marchait, plus je trouvais que Siraudin l'avait bien jugée, et qu'elle ne valait pas le diable; mais au contraire, le directeur semblait enchanté, riait de bon cœur, et il était évident qu'il se promettait le plus heureux succès.

— « Mon cher, me dit Siraudin quand nous sortîmes, il est hors de doute que demain la scène sera jonchée de pommes cuites, et pour remplir leur inévitable fonction, les pommes se cuiront d'elles-mêmes!

Mais cela m'est tout à fait égal, et j'ai une façon bien simple d'échapper à ce vulgaire incident.

— Ah! dis-je, un peu surpris, comment feras-tu?

— Mais, reprit Siraudin, je vais partir tout à l'heure pour Dieppe, et quand Dormeuil me cherchera pour me maudire, je serai en train de manger des crevettes! J'ignorerai ma chute, parce que je mettrai un soin extrême à ne lire aucun journal. Mais quand même je l'apprendrais, je n'y croirais pas ou plutôt cette nouvelle ne représenterait rien à mon esprit, par une raison bien simple. C'est qu'une fois les fortifications passées, je ne crois plus du tout à l'existence d'Hyacinthe, de Grassot et du Palais-Royal. Tout cela, c'est des visions de notre fièvre, des fantômes suscités par l'étouffement parisien; mais ces rêves s'évanouissent en fumée et se dissipent au contact de la nature. »

Le surlendemain matin, Siraudin se promenait tranquillement à Dieppe, sur la plage, savourant en gourmet la mélodieuse chanson de la mer, lorsque de loin, de très loin il aperçut, courant à lui avec une rapidité vertigineuse, un être qui, avec son manteau envolé dans le vent, lui parut affecter une allure démoniaque. Le vaudevilliste fut frappé d'une certaine terreur, mais il ne pouvait s'enfuir en pleine mer, et il attendit. A mi-chemin, il reconnut celui qui venait. Ce coureur effréné n'était autre que le grand Meyerbeer qui, avec ses traits convulsés, sa chevelure flottante et son œil fixe et terrible, n'avait rien de rassurant. Quel était son dessein? Allait-il, comme il en avait le pouvoir, déchaîner les ouragans et les démons et emporter l'auteur des *Économies de Cabochard* dans quelque valse infernale, dans quelque *Pas Styrien* qui ne s'arrêterait jamais? La chose ne pouvait être longtemps incertaine. Bientôt, comme une flèche rapide, le maître des tonnerres atteignit sa victime; Siraudin se sentit serré, pressé entre ses bras d'acier, et, après l'avoir baisé sur les deux joues avec ses lèvres fatidiques,

Meyerbeer s'écria, dans un transport d'admiration :
— « Ah! mon ami, c'est du Molière!
— Quoi? demanda Siraudin stupéfait. Qu'est-ce qui est du Molière!
— Mais, dit le grand homme, *Grassot embêté par Ravel!* »

Ce qu'il y a de plus fort, c'est que Siraudin s'était trompé, et que Meyerbeer avait raison. La petite aristophanerie innocente et berquinesque représentée au Palais-Royal devait être en effet du Molière, ou quelque chose d'approchant, car à Paris le succès en avait été immense, et ce succès allait bientôt se répandre sur la province et l'Europe et l'univers entier, comme une tache d'huile. On ne s'avise jamais de tout, et Siraudin n'avait pas deviné à quel point sa conception serait favorable à l'amour-propre des comédiens en tournée; car jouant la pièce dans les pays exotiques, il était facile de remplacer le nom de Grassot par celui du comique Brulé, par exemple, et celui de Ravel par Dubar; si bien que la comédie devenait ici *Brulé embêté par Dubar*, là *Delbœuf embêté par Flambert*, et ainsi de suite! Partout, les comédiens avaient à leur disposition une pièce dont ils étaient personnellement les héros, où ils représentaient leur propre personnage, marchant ainsi dans leur rêve étoilé, qui est d'être à la fois les Homères et les Achilles d'une Iliade peut-être dénuée d'intérêt.

Mais surtout, l'indifférence de Siraudin, le peu de souci qu'il prenait de ne pas offenser Aristote, avait cette fois mis dans son enjeu une carte formidable. Un jour, comme il faisait répéter *Grassot embêté par Ravel*, un jeune comique, nommé Augustin, s'approcha de lui, l'air suppliant, troublé comme s'il voulait demander quelque chose d'inouï, et c'est en effet ce qu'il allait faire.

— « Ah! monsieur Siraudin, dit-il, je voudrais bien être de la pièce! J'ai beau travailler, m'appliquer, on ne me connaît pas, tandis que si j'étais de cette machine-là, ça me mettrait en vue tout de suite.

— Mais, mon ami, dit Siraudin, la pièce s'appelle *Grassot embêté par Ravel*, il est donc dans sa nature de ne comporter que deux acteurs : Grassot et Ravel. Je ne demande pas mieux que de vous être agréable, et je voudrais bien vous fourrer là-dedans; mais comment, diable, voulez-vous que je m'y prenne?

— Oh! monsieur, fit le jeune Augustin, ce serait bien simple. Quand M. Grassot, résolu à quitter le théâtre, ne veut entendre à rien, M. Ravel, après avoir tenté en vain de le retenir, lui adresse ses adieux. Eh bien! à ce moment-là, qui l'empêcherait de dire : « Il y a un de nos camarades, le petit Augustin, qui voudrait bien prendre aussi congé de toi? »

Siraudin était trop bon prince pour refuser de faire un heureux; sans tergiverser, il adopta la leçon du jeune Augustin, et elle fit sa fortune, car en province ou à l'étranger, dans les représentations à bénéfice, lorsqu'on jouait la piécette devenue n'importe quel *Dorinval embêté par Florville*, l'initiale transition inventée par le petit comique, vu son infinie élasticité, servait à faire entrer chez Dorinval autant d'acteurs qu'on voulait; en Italie, dans la troupe Meynadier, il en entra jusqu'à vingt. La formule une fois adoptée, il n'était pas difficile de dire : « Il y a aussi Voluisant, notre premier rôle... — Il y a aussi madame Mezzara, la grande coquette, qui voudrait prendre congé de toi. — Il y a aussi le jeune premier, Giralt..., et ainsi de suite. Grâce à cette combinaison si simple, qui faisait de *Grassot embêté par Ravel* une roustissure toute prête pour les bénéfices, Siraudin fut joué des milliers de fois, recueillit des droits d'auteur énormes, et par là fut ancré davantage dans cette idée qu'il ne faut jamais s'appliquer en faisant les pièces.

Et même, pour éviter de s'appliquer involontairement, il avait supprimé chez lui les outils matériels de l'application, et il avait pris soin de ne posséder que très imparfaitement ce que monsieur Scribe nomme : « *Tout ce qu'il faut pour écrire.* » Un matin que j'étais monté chez Siraudin, je le trouvai très pressé. Il avait à faire des béquets attendus pour une répétition. Il me demanda la permission de les terminer devant moi, et, comme je le vis, non sans un peu d'étonnement, il travaillait sur un piano, son papier étant posé sur les touches qui, à mesure qu'il écrivait, cédaient sous sa main, de sorte que j'entendais des grognements sourds.

— « Mais à la fin, lui dis-je, tu méprises par trop la vérité et la nature des choses. Le piano est un instrument destiné à faire danser les jeunes demoiselles et à motiver les attaques nerveuses des Hongrois chevelus ; mais jamais, au grand jamais on n'a écrit sur un piano ! »

Siraudin ne me répondit rien, mais c'était le moins entêté des hommes, et il cédait volontiers à de bonnes raisons. Quelque temps après, je retournai chez lui, à sa prière, pour entendre des vers de parodie, et je m'assis en silence, sans lui parler, parce qu'il était en train d'achever la scène qu'il voulait me lire.

Mais il s'interrompit spontanément, et se retournant vers moi :

— « Eh bien ! me dit-il, j'ai réfléchi au reproche que tu me faisais l'autre fois, et décidément c'est toi qui étais dans le vrai ; on n'écrit pas sur un piano. Aussi tu vois, j'ai acheté un orgue ! »

En effet il écrivait maintenant sur un orgue ; mais qu'on ne voie pas là une frivole recherche de l'étrange ! Ces apparentes excentricités n'étaient que des moyens pour s'appliquer le moins possible. Siraudin n'aimait pas la cliquette du piano, ni le gémissement de l'orgue, et comme il ne pouvait écrire sans leur arracher des plaintes désolées et féroces, il se hâtait de finir sa scène, en quelques traits de plume. Il avait même fait un rêve plus audacieux et plus grandiose, celui de ne pas écrire du tout les pièces et de les faire représenter cependant. Cet idéal au premier abord peut sembler excessif, et cependant peu s'en est fallu qu'il ne le réalisât.

Siraudin, convoqué au Palais-Royal, allait lire une pièce aux acteurs. On le regarda déployer son manuscrit en s'étonnant un peu que les feuillets fussent, non calligraphiés par un copiste, mais écrits de sa propre main, et qu'ils formassent un cahier extrêmement mince ; mais tout cela fut attribué au manque de temps, car, sur les instances de M. Dormeuil, l'auteur avait dû improviser sa pièce en quelques jours. Il se mit à lire, et les jeux de scène bouffons, les mots jaillis, les cascades imprévues d'une violence fantasque charmaient les auditeurs. Mais tout à coup, Siraudin s'arrêta court, et se mit à retourner, à brouiller, à feuilleter fiévreusement son manuscrit, comme un escamoteur qui mêle ses cartes. Et comme on suivait ses mouvements avec une curiosité avide :

— « Ah! mon Dieu! s'écria-t-il; il me manque du feuillet 37 au feuillet 60, et j'aurai oublié ce paquet-là chez moi. »

On fit observer à Siraudin qu'il demeurait très près du théâtre, et que rien n'était plus facile que d'aller chercher ces feuillets. Mais il s'y refusa obstinément, par la raison très simple qu'ils n'existaient pas et qu'il ne les avait jamais écrits.

— « C'est inutile, dit-il négligemment. Je les apporterai demain pour la collation. »

Le lendemain, Siraudin n'apporta pas les feuillets pour la collation ; même il ne les apporta jamais, par l'excellente raison que j'ai dite. Mais le jour de la première répétition sur le théâtre, comme Grassot se révoltait, et prétendait ne pas pouvoir réciter une scène dont le texte lui était parfaitement inconnu :

— « Voyons, lui dit l'auteur fantaisiste, pas d'affectation ! tu connais la vie et tu sais très bien ce qu'on doit dire dans une circonstance donnée. D'autant plus que, dans l'espèce, c'est extrêmement simple. Hyacinthe est l'amant de ta femme, tu dois savoir qu'il s'est caché dans une armoire, et tu t'apprêtes à le pincer. Tu vas à l'armoire, et tu l'ouvres; qui est-ce qui en sort? c'est Lassouche. Alors tu es contrarié, naturellement, et tu lui dis : Si tu n'es pas l'amant de ma femme, qu'est-ce que tu viens faire dans mon armoire? »

Ainsi de suite, Siraudin expliqua le mouvement de la scène, affirmant à ses comédiens qu'ils pouvaient parler à leur guise, et que ce serait toujours très bien. Ne pouvant se dérober à ce périlleux honneur, ils improvisèrent en effet leurs arabesques, peut-être sur le thème qui leur avait été indiqué, peut-être sur un autre. Peu à peu, le souffleur se mit à écrire, à mesure qu'ils les jouaient, les scènes absentes du manuscrit; et ainsi fut créé le texte définitif, qui subsiste encore dans la pièce imprimée. Peut-être ce système serait-il insuffisant pour composer *Polyeucte* ou *Andromaque;* mais c'est celui de la *Commedia del arte*, qui de tout temps a très bien réussi à la farce et aux farceurs ; et en effet est-il besoin d'avoir pâli sous la lampe et mis la tête dans ses mains pour que le nez d'Hyacinthe soit démesuré et pour qu'il y ait entre le nez et la bouche de Grassot un espace infini, pareil au désert sans bornes?

Une autre pièce, je crois bien que c'était *La Chambre à deux lits*, ou *Les Deux Sans-Culottes*, mais je n'en suis pas sûr, — tant j'ai, en vieillissant, oublié mes classiques, — montrait au dénouement les deux comiques se levant en chemise et les jambes nues, comme des demi-dieux. Alors arrivait une Anglaise qui, ayant loué la chambre, croyait la trouver libre, et dans son indignation, elle devait exprimer violemment tout ce que peut inspirer à une pudique Ophélie l'horreur d'un pareil spectacle. Ce petit rôle de l'Anglaise comportant quelques lignes à peine, Siraudin avait toujours retardé le moment de l'écrire, et le directeur s'en inquiétait avec raison, car on voit, par l'exemple même des maîtres les plus illustres, combien il est difficile d'être plaisant avec des baragouins.

Toutefois l'auteur insistait pour qu'on ne se mît pas en peine, et affirmait que, le moment venu, il saurait parfaitement trouver ce qu'il faudrait. En effet, à l'avant-dernière répétition, il amena avec lui une Anglaise, une vraie Anglaise, ne sachant pas un mot de français, qu'il avait entraînée, je ne sais par quels artifices. Il causait avec elle derrière un portant, de la façon la plus aimable ; mais tout à coup, d'un geste furieux, il la poussa brutalement en scène. Alors, apercevant les acteurs aux jambes nues, humiliée, blessée, rougissante, ne sachant pas ce qu'on lui voulait et se croyant la victime d'un guet-apens, la pauvre demoiselle débagoula un anglais irrité, exaspéré, intarissable, pareil aux flots de la mer en furie, et qui semblait ne devoir s'arrêter jamais.

— « Bravo! bravo! admirable » s'écrièrent les assistants, qui attribuaient à Siraudin le rhythme, la volubilité et le mouvement vraiment prodigieux de cette scène. Alors un ami, à qui le vaudevilliste avait donné rendez-vous exprès et qui parlait l'idiome de Dickens comme sa langue maternelle, expliqua à la jeune Anglaise que, pour gagner chaque soir une somme fort honnête, elle n'avait qu'à recommencer régulièrement le même exercice, ce qui eut lieu. Et la chaste insulaire eut d'autant moins de peine à montrer toujours la même indignation qu'elle l'éprouvait en effet; et trouva toujours excessif d'être condamnée à contempler ces jambes nues, dans les luisants maillots de soie rose. Quand il s'agit de donner la pièce à l'impression, Siraudin eut de nouveau recours à son ami, qui savait l'anglais. Il le pria de lui écrire sur un bout de papier ce que disait l'actrice improvisée, le mettant d'ailleurs à l'aise, et l'assurant que, s'il écrivait autre chose, cela ne ferait absolument rien. Ainsi fut pour la première fois sapé le préjugé ridicule qui naguère, chez nous, forçait les personnages de nationalité étrangère à patoiser un français absurde. Il est si naturel au contraire qu'ils parlent leur propre langue!

Certes, lorsqu'il rêvait de faire représenter des pièces sans les avoir écrites, Siraudin écoutait un peu la bienveillante paresse; mais surtout il était guidé par l'expérience, et il obéissait à une idée profondément philosophique, ayant remarqué avec raison que le succès d'une pièce est souvent dû à des motifs purement accessoires, et que le texte écrit y contribue d'une manière très restreinte. Celui qui fut l'un des auteurs du *Courrier de Lyon* pouvait-il oublier que le personnage de Chopart dit l'Aimable, fortune de ce drame éternel, était né à l'insu des auteurs, et peut-être même à l'insu de Paulin Ménier? D'ailleurs il se dérobait, non seulement au travail, mais à tous les autres ennuis de la vie, et à la vie elle-même. Presque toujours, c'est par amour-propre que nous en acceptons les charges fastidieuses; mais, comme je vous l'ai dit, Siraudin était un sage, qui remplaçait l'amour-propre, absent chez lui, par le dandysme le plus raffiné. Malgré le commerce qu'il sembla exercer dans la rue de la Paix, il acceptait avec reconnaissance des confitures dénuées d'artifice, faites tout bonnement avec des fruits et du sucre, que lui offrait la femme d'un de ses amis; et en revanche, au jour de l'an, il n'oubliait pas d'apporter des bonbons à cette bonne ménagère. Mais ces bonbons, il se fût bien gardé de les prendre dans la boutique fastueuse qui portait son nom, et il les achetait au passage des Panoramas : tout Siraudin est là. Il savait mieux que personne combien le *moi* est haïssable, et quoiqu'auteur de profession, il tâchait d'être auteur le moins possible, même à propos de bonbons.

Du temps qu'il en existait encore, il savait découvrir, et souvent il me les fit connaître, de bons petits restaurants où on savait cuisiner des choses excellentes, mais qui étaient inconnus de la bonne société, et où on eût vainement cherché un seul gentleman. Notamment, je me rappelle une de ces gargotes, où le plat favori de Théodore Barrière, les haricots rouges à l'étuvée, cuits dans le vin, avec des lardons grillés, était exécuté avec une rare perfection. Mais des indiscrétions furent commises; le succès s'en mêla, le cabaretier devint riche, et il fallut renoncer à ce régal, aussi oublié aujourd'hui que le fameux Poulet à la Paysanne du Café de Paris.

Rien ne fut doux, silencieux, amusant et discret à la fois, comme les logis de Siraudin, où en plein Paris bruyant, au milieu de la ville, il avait l'art d'être à mille lieues du monde, au fond d'un désert. De belles cires antiques dans des cadres sculptés, d'un or vieilli, des tapis d'un grand style aux couleurs harmonieuses et tendres, des fauteuils d'un travail exquis, vêtus de précieuses étoffes de soie dont les déchirures n'avaient pas été raccommodées, quelques bronzes originaux, d'un prix inestimable, dorés à l'or moulu, donnaient un aspect d'une distinction rare à ces demeures inconnues, où personne ne venait, où personne ne pouvait venir. On eût dit quelque nid d'amour, abandonné autrefois par Eglé ou Chloris, et la spirituelle tête de Siraudin, chauve et barbue, produisait l'effet le plus piquant dans le gracieux petit lit réchampi en blanc avec de légères dorures où se voyaient, sculptés au chevet, l'arc et la torche adoptés par la Pompadour, et qui peut-être lui avait appartenu.

L'avant-dernier appartement qu'habita Siraudin était situé rue de la Victoire, dans la maison dont le rez-de-chaussée est occupé par la salle Herz. Comme je lui demandais quelles considérations avaient guidé son choix : — « C'est bien simple, me dit-il, je demeure là pour que personne ne puisse avoir l'idée de venir me voir, et parce que ce domicile est invraisemblable! En effet, on vient à la salle Herz pour assister à des concerts ou aux assemblées de la Société des Auteurs Dramatiques, mais nul ne saurait supposer qu'un simple particulier, désintéressé de la musique jusqu'à l'abnégation, demeure dans cet édifice. Moi qu'épouvante l'idée d'un seul piano, comment imaginerait-on que je me suis réfugié dans l'endroit où aboie, hurle et mugit tout le troupeau des pianos? Cependant tu le remarqueras, perdu au haut de la maison, et éclairé sur une cour fleurie, ce logement est profondément silencieux quand les pianos ne jouent pas; et aux heures où les pianos jouent, je suis ailleurs, je m'évade! »

Là, dans ce réduit de douairière amoureuse, ne faisant rien, n'ayant rien à faire, somptueusement défrayé par *Le Courrier de Lyon* et par *La Fille de Madame Angot*, Siraudin, vêtu d'une chaude robe de chambre et les pieds chaussés de bonnes pantoufles, assis devant un feu clair, lisait et relisait son auteur favori, Balzac, pour qui son culte allait jusqu'à l'adoration. Cependant, ce qu'il demandait à *La Comédie Humaine*, ce n'étaient pas des sujets de pièces; il n'en cherchait ni là ni ailleurs, par cette excellente raison qu'il les connaissait tous. Il avait su, et c'était là son grand luxe, créer une inouïe, fabuleuse, prodigieuse bibliothèque dramatique, où il y avait tout, et qui rangée dans une sorte de corridor éclairé par une fenêtre, admirablement ordonnée sur des tablettes, classée dans des portefeuilles, tenait, en somme, très peu de place. Dès qu'il mettait le pied hors de chez lui, il reprenait et continuait sa chasse, le nez au vent, cherchant la proie à dévorer, fouillant les paniers des bouquinistes, scrutant les étalages, et s'occupant d'acheter les pièces, devenues de plus en plus rares, qu'il ne possédait pas. Il avait des pièces manquant dans la collection Soleinne, et dans l'étonnante bibliothèque de Francisque jeune, devenue plus tard celle de la Société des Auteurs Dramatiques.

Il n'y avait pas un mimodrame, pas un monologue, pas un ballet dont il n'eût déniché un exemplaire. On pouvait lui demander couramment *Les deux Valladomir*, *Richardini*, *Nourjahad et Chérédin*, *Les mines de Pologne*, *Tankmar de Saxe*, et même cette introuvable *Forêt d'Hermanstadt* que Hostein voulait toujours faire refaire, voyant là une fortune, et dont les exemplaires, imprimés sur du papier à chandelles, ne se vendent pas moins de cinq cents francs. Aussi, les ayant rassemblés chez lui, sous sa main, Siraudin avait lu toutes les tragédies, toutes les comédies, tous les drames, tous les opéras, toutes les farces, et c'est ce qui, en fait de théâtre, le rendait extrêmement sceptique. Il savait que toutes les pièces ont été faites depuis longtemps, et lorsqu'à une première représentation, il voyait se dérouler une scène chaudement applaudie, il aurait toujours pu dire d'où venait cette scène, en faire l'historique, et raconter sa généalogie. Il connaissait aussi la genèse de toutes les historiettes et de tous les bons mots, depuis l'Égypte et l'Inde antique, jusqu'au plus récent numéro du journal en vogue; c'est pourquoi il fuyait comme la peste les bavards et les conteurs d'anecdotes, dont pas un n'eût pu lui apprendre une chose qu'il ne sût pas.

De là aussi sa grande admiration pour le génie du style, et sa prédilection pour les poètes, les seuls artistes littéraires qui paient comptant et qui doivent, ainsi qu'il le disait, opérer comme les bons escamoteurs, avec *rien dans les mains, rien dans les poches*. Et encore, m'affirmait-il un jour avec mélancolie, il ne faut rien trop creuser, pas même cela ! — Il m'assura alors que, tout au commencement du siècle, avant Chateaubriand, avant Lamartine, avant Hugo, un poète dramatique dont les œuvres furent toujours ignorées, même de son vivant, avait eu le pressentiment du vers romantique, du seizième siècle renouvelé, avec toutes les ressources symphoniques de la rime-protée, agile, robuste, envolée et sonore. Je pris cela pour une mystification, dont je ne voulais pas être la dupe, et très éloquemment, je crois, j'expliquai à mon ami, par des raisons techniques, en savetier qui parle de la chaussure, comme quoi ce qu'il me racontait était impossible. Siraudin n'aimait pas la discussion, il ne me répondit rien; mais le lendemain, il m'envoya deux pièces de cet auteur inconnu, dont je regrette amèrement d'avoir oublié le nom. O stupeur! les sujets en étaient chimériques, les scènes incohérentes, mais tout cela était versifié et rimé comme par un très bon poète actuel, ayant toute sa vie étudié profondément Hugo, tant il est vrai que rien n'est vrai, pas même les époques, pas même le temps, et que la fabuleuse réalité se joue de nos faibles intelligences!

Siraudin était si modeste, parce qu'il savait tout; il fuyait les fonctions, les distinctions, tous les plumets, et je crois qu'il a poussé l'originalité jusqu'à mourir sans être même chevalier de la Légion d'Honneur. Je ne veux pas le traîner de force dans la gloire, où il ne voulait pas être; mais il me semble que tout aussi bien que le sonnet d'Arvers, sa chanson, un vrai chef-d'œuvre lyrique, mérite de vivre. Combien de rimeurs se munissent d'un laurier, par précaution, et se cognent le front contre les étoiles, dont toute l'œuvre, classée et réunie à grands frais, ne vaut pas *Mon Aldégonde!*

II

LA VILLE MODERNE

A M. LE BARON HAUSSMANN

J'admire, monsieur, le Paris que vous nous avez fait sous l'Empire, mais je ne l'aime pas. Et ne voyez pas là, je vous prie, la partialité d'un ennemi politique! Ennemi, je pourrais l'être de quelqu'un, à la rigueur, bien que cela ne me soit jamais arrivé; mais politique, c'est une autre affaire, et jamais ce qu'on nomme, sans doute par antiphrase, les idées politiques, n'ont pénétré sous mon crâne. Du moment qu'il ne m'est pas permis de vivre dans les prairies et dans les déserts de fleurs du capitaine Mayne-Reid, monté sur un cheval rapide, armé d'un bon rifle, et me rendant à moi-même la justice à la façon de Thésée et d'Hercule, peu m'importent les gouvernements que je subis. Alfred de Vigny m'a trop bien appris dans ses *Consultations du Docteur noir* qu'ils se connaissent en vers aussi bien les uns que les autres, et qu'ils se valent pour laisser mourir de faim Chatterton et Gilbert et guillotiner André Chénier.

Non, si je n'aime pas votre Paris, c'est pour d'autres causes! C'est parce que dans vos grandes rues splendides et babyloniennes, longues comme un jour sans pain et bêtes comme des oies, on s'ennuie avec frénésie. L'hiver, on y gèle, l'été on y est cuit, grillé comme un bifteck, rôti comme dans le Sahara. On y chancelle sous le vent qui vous terrasse et vous soufflette, — et en face du jour blanc, on perd la vue. Les Parisiens ne sont pas tous aveugles, mais ils le sont déjà presque tous, et quand les derniers d'entre eux auront senti s'éteindre leurs prunelles, pour se diriger ils ne pourront pas avoir recours aux caniches, devenus aveugles aussi!

Hier, comme messager d'une vieille dame de mes amies, qui a eu l'imprudence de se loger sur un boulevard neuf, et qui désormais n'y voit goutte, je suis allé rue Hautefeuille, savoir à quelles heures a lieu la clinique du célèbre oculiste Desmares. Il n'y a plus de clinique du docteur Desmares! et la maison écroulée et détruite, dont il ne reste plus que les quatre murs, est en proie aux maçons. Seule une vieille concierge habite encore, à l'entresol, une chambre à laquelle conduit un escalier incomplet. Interrogée par moi, cette dame, qui soignait un de ces pot-au-feu caressés et mijotés avec amour comme un sonnet sans défaut, m'a appris qu'à force d'entrer, de sortir, de gravir l'escalier et de parcourir les chambres, les apprentis aveugles produits par la lumière crue dont s'inondent les rues et les boulevards blancs, ont usé la maison, et qu'il faut maintenant la reconstruire. Que d'aveugles, monsieur, grâce à ces rues larges comme des fleuves d'Amérique, et à ces maisons blanches comme des visages de Pierrots! et encore je n'ose espérer que parmi eux il se rencontrera un seul Homère!

L'Orient, grâce aux rues étroites, savoure la fraîcheur et les délices de l'ombre, et nos aïeux avaient rapporté des croisades cette invention de génie, qu'avec non moins de génie vous avec plus tard désinventée. On me dira que ces rues étroites étaient dangereuses pour la santé publique; mais l'ophthalmie et les fluxions de poitrine valent-elles mieux que la peste? Un savant archéologue, dont les travaux sont illustres, n'a pu s'habituer aux belles voies qui font notre orgueil, et sous aucun prétexte il n'a consenti à habiter parmi leurs ouragans. Cependant, comme il est retenu à Paris par ses fonctions de conservateur d'un musée, il a pris un parti définitif et d'une rare audace. Il a loué une masure dans la rue de Venise, une rue que vous avez oubliée, monsieur, ou épargnée! et après avoir fait réparer l'intérieur en conservant soigneusement la façade où le moyen âge a laissé de curieuses sculptures, il l'a ornée de tapisseries, de meubles antiques et dans cet hôtel de Cluny en miniature, dont les vitraux ont été merveilleusement restitués, il se console d'avoir vu sur sa route tant de pierres plus candides que la neige et les cygnes!

Certes, la rue de Venise fleure moins bon que la rose, et on n'y voit pas clair en plein midi, mais qu'à cela ne tienne! l'archéologue allume sa chandelle de cire, (car il n'a pas adopté la lumière électrique) et, à sa bonne clarté honnête, lit les manuscrits copiés sur parchemin en lettres gothiques, et ornés de miniatures curieusement peintes. Mais, hélas! monsieur, tout le monde malheureusement ne peut pas demeurer dans la rue de Venise, où l'on est certain de ne pas être écrasé, parce qu'elle n'est pas assez large pour le passage d'une voiture.

Les voitures! c'est la grosse question, celle qui nous promet mille morts, et après les avoir promises tient parole, et nous les donne. Vous aviez pensé, et bien d'autres avec vous, qu'en ouvrant des rues énormes, on y trouverait la place des voitures, et aussi celle des piétons. C'était une grave erreur! en ces immensités il n'y a de place que pour les voitures, et les piétons n'y peuvent être accueillis, sinon sous la figure de piétons écrasés.

C'est que c'est précisément ce vaste espace qui crée les voitures, et il y aurait mille fois plus d'espace qu'il y aurait mille fois plus de voitures. Équipages, fiacres, tramways, omnibus à deux chevaux et à trois chevaux, charrettes chargées de pierres de taille, haquets, trucs à roues portant des arbres vivants dont la tête est voisine du ciel et dont les racines pendent avec horreur, tous ces monstres se choquent, se culbutent, montent les uns sur les autres, entrent les uns dans les autres, se brisent réciproquement et s'émiettent, les plus forts éventrant les plus faibles, en raison du principe sacré de la lutte pour la vie. Quant aux simples passants, est-il utile de dire qu'ils sont concassés, pilés, réduits en bouillie et dispersés aux quatre vents du ciel?

Dans le remaniement que vous avez fait de notre ville, monsieur, il y avait deux opérations; l'une économique, et dont la beauté me frappe; car il fut en effet admirable de créer de grands capitaux avec des terrains qui ne valaient pas deux sous, et de changer en voies monumentales les cloaques habités par ces bouges où la Torpille recevait Carlos Herrera; l'autre, architecturale, qui m'inspire moins d'enthousiasme. Car étant donnés les prix nouveaux des terrains, il fallut naturellement élever dessus, et jusqu'aux astres, des maisons droites, rigides, infinies, si bien qu'on a l'air de se promener entre deux paravents démesurés. Les architectures de tous les temps, moyen âge, renaissance, dix-septième et dix-huitième siècles, toutes excepté celle-là, ont eu des pointes, des saillies, des lignes courbes, un dessin, une physionomie quelconque; mais aujourd'hui nous nous agitons entre deux planches, et comme dans un conte d'Edgar Poe, on se figure qu'elles vont se rapprocher lentement, et qu'on sera pris d'abord, puis scié entre deux planches, selon la formule d'un supplice connu.

Et les Parisiens ont beau adorer leur ville, et en aimer les verrues, les ruisseaux, les fanges et tout le reste! désormais le rêve de tout Parisien est de fuir Paris et de ne plus être écrasé devant les encombrants magasins qui tiennent tant de place et où il est si difficile d'acheter pour deux sous de fil! Certes, ils vou-

draient s'en aller pas bien loin, pas plus loin que
l'oiseau familier dont parle Juliette, ou tout au plus,
aux rives prochaines, comme le pigeon du fablier. Eh
bien! il faudrait que quelque grand architecte, un
Garnier par exemple, créât ce qui n'a pas été trouvé :
LA VILLE MODERNE, et la construisît très près de Paris,
à une heure de chemin de fer. Il pourrait même bâtir
deux villes, l'une pour les gens du monde et les artistes, l'autre pour les ouvriers des métiers, qui ici manquent d'air et de soleil et de joie et sont condamnés à
des bouges infects. Mais j'entends : des villes où on
pourrait vivre, où selon le système si simple proposé
par Théophile Gautier, les rues dans toute leur longueur seraient, à la hauteur du premier étage, ourlées
d'une marquise vitrée sur de légères armatures de fer;
des villes où ne manqueraient ni les chemins souterrains, ni les ponts suspendus au-dessus des rues, ni les
chemins aériens, ni les jardins, ni les promenoirs couverts, ni rien de ce qu'il serait si facile d'imaginer et
de réaliser, sur des terrains qui ne coûteraient pas
mille francs le mètre.

Quant au Paris proprement dit, on pourrait l'abandonner définitivement aux tramways et aux administrations publiques, si bien que les tramways voitureraient
uniquement des employés, et que tous les employés
iraient à leurs travaux en tramways, de telle sorte que
l'écrasement cesserait, faute de piétons. Mais soit
qu'on bâtisse les Paris nouveaux que je réclame, soit
qu'on s'en tienne à l'ancien, sans se soucier de la vie
des hommes, qu'au bout du compte la nature reproduit
et remplace avec une incontestable facilité, il se peut,
monsieur le baron, que vous soyez appelé de nouveau
à repétrir la face de la Cité, car la République aurait
grandement raison d'employer votre talent, votre expérience et votre rare puissance d'initiative.

Eh bien! si ce cas, qui peut être prévu, se présentait,
vous pourriez, après avoir jadis inventé les larges rues,

inventer maintenant les rues étroites, où l'on aurait chaud en janvier, où on jouirait en juin d'une délicieuse fraîcheur ; et aussi les maisons basses, où l'on pourrait, pendant les mois d'été, dormir sur les terrasses, à l'ombre des caisses de myrtes et de lauriers-roses. Je sais qu'au premier abord le prix des terrains semble s'opposer à cette combinaison si pratique ; mais après que nous avons conquis l'électricité, vaincu le temps et la distance, et forcé les Dieux à nous livrer un à un tous leurs secrets, comme les perles d'un collier qu'on égrène, ne serions-nous pas bien infirmes si nous étions tenus en échec par la question des sous, et si nous n'arrivions pas à deviner une simple énigme financière, trois mille quatre-vingt-seize ans après le jour où le roi OEdipe a vaincu la Sphinge ?

III

LE PLAGIAT

A M. VICTORIEN SARDOU

En dépit de vos luttes, de vos victoires, de vos triomphes, de vos glorieuses défaites, de votre patience obstinée, de votre bravoure intrépide, il n'y a pas d'homme qui ait été plus mal jugé et plus calomnié que vous. Toutes les cinq minutes, on vous accuse d'avoir volé les tours de Notre-Dame, et cependant, monsieur, vous ne les avez jamais volées, et elles sont toujours à leur place. Un grand magistrat prétendait qu'en pareille occurrence il faut commencer par s'enfuir; mais, à ce compte-là, vous vous enfuiriez toujours, vous passeriez votre vie en bateau et en chemin de fer, vous seriez forcé de parcourir tous les pays décrits par Jules Verne, y compris le pays des fourrures et les icebergs de la mer de glace, et même, à un moment donné, de vous faire bombarder, à l'aide d'un coup de canon, à travers les montagnes glacées de la lune.

Car dans le monde du théâtre, aussitôt que quelque chose disparaît, *ou même ne disparaît pas,* on s'écrie tout de suite : « C'est Victorien Sardou! » A entendre ces rumeurs, on penserait que vous devez avoir des poches gonflées comme celles du Bertrand de *L'Auberge des Adrets,* et au contraire vos poches sont vierges, parfaitement régulières, et personne n'y retrouvera sa montre et ses couverts d'argent, non plus que son mouchoir de poche.

Je le sais bien, monsieur, moi, poète exilé, qui ai si longtemps gardé les feuilletons chez Admète, et qui ai curieusement suivi tous vos travaux, depuis *La Taverne des Étudiants* et *Les Gens nerveux* jusqu'à *Fédora*, non seulement vos sujets, vos conceptions, vos situations, vos personnages, vos caractères, votre style sont à vous, mais votre art lui-même, dans son ensemble, vous appartient. Et il vous appartient si bien en propre que, s'il était possible de jouer une pièce de vous sans que nulle indiscrétion révélât le nom de l'auteur, tout le monde se mettrait à crier, et légitimement, cette fois : « C'est Victorien Sardou! » Non, cette agilité, cette adresse, cette ingéniosité toujours en éveil, ce don de faire jaillir l'effet prévu de façon qu'il surprenne même ceux qui l'attendent le plus impatiemment, cet art de grouper mille détails subtils de façon à les faire concourir à une impression large et simple, cette mobilité nerveuse et raisonnée cependant, ce tact dans la fougue, ce dandysme qui consiste à creuser exprès des abîmes pour les côtoyer toujours sans y tomber jamais, vous ne les avez empruntés ni de Scribe, ni de Beaumarchais ; tout cela vous ne le devez qu'à vous-même, à votre tempérament, à vos études, à votre originalité native cultivée par l'expérience, par la réflexion et par les plus sagaces recherches.

Non, vous n'êtes pas, vous ne serez pas, vous ne fûtes jamais un plagiaire ; et en général, sauf d'honorables exceptions, ceux qui vous accusaient de les avoir dérobés étaient à l'abri des voleurs, naturellement et par la force même des choses. Vous n'êtes pas un plagiaire, quoi qu'en aient dit les honnêtes gens qui, pour cause, sont empêchés de rien voler jamais, et c'est pourquoi je puis librement causer avec vous du Plagiat, et sur ce point mettre à nu pour vous mon âme tout entière.

Eh bien! monsieur, je n'y vais pas par quatre chemins, et je regarde bien où est le plat, pour mettre mes pieds dedans. Absolument, résolument, passionnément, je suis partisan du Plagiat, à tous les degrés et sous toutes les formes, et je pense que rien n'est plus juste, plus honnête, plus salutaire et plus légitime.

A l'axiome d'Alphonse Karr : *La propriété littéraire est une propriété,* je ne change moi, qu'un seul mot, mais décisif, et je dis : *La propriété littéraire n'est pas et ne saurait pas être une propriété.*

Ici se place un dilemme impérieux, et auquel il n'est pas possible d'échapper : ou l'œuvre pour laquelle je me suis inspiré de mon prédécesseur existe, et alors elle a eu raison de naître, puisqu'elle a en elle la force sacrée de la vie; ou elle n'existe pas, et alors je n'ai rien pris, rien dérobé, rien volé; ce n'est qu'une cendre vaine, qui tout à l'heure sera dispersée aux quatre vents du ciel. On a dit très spirituellement qu'en littérature, lorsqu'on dépouille un homme, il faut avoir soin de l'assassiner. Ceci est très ingénieux, mais parfaitement faux, car, dégagé du style figuré, cet axiome signifie que pour avoir le droit de vivre, l'œuvre inspirée d'une œuvre précédente doit avoir détruit et anéanti sa devancière. Or, les exemples sont là, évidents et clairs, pour nous prouver que cette prétendue vérité n'en est pas une. Il est, n'est-ce pas? hors de toute discussion que Balzac a fait *Le Père Goriot,* ce merveilleux chef-d'œuvre! sous l'obsession directe du *Roi Lear* de Shakespeare ; eh bien! son roman durera aussi longtemps que la langue française, et je ne vois pas qu'il ait fait le moindre tort à la tragédie immortelle.

Le même Balzac, en composant *Le Lys dans la Vallée,* a suivi pas à pas un conte de la reine de Navarre ; c'est la même invention, les mêmes scènes, les mêmes péripéties, les mêmes personnages. Cependant, en prenant tout à son modèle, à chaque ligne, à chaque mot, à chaque virgule, le grand Tourangeau a fait œuvre de créateur, car le génie transfigure tout ce qu'il touche! et il n'a pas du tout détruit l'historiette primitive; la mère et l'enfant se portent bien. Et qui de nous oserait regretter que Balzac ait écrit *Le Lys dans la Vallée* et *Le Père Goriot ?*

Si je regarde un peu dans le passé, je vois tout de suite que le plus effronté des plagiaires est précisément le plus grand des poètes français : le divin, l'adoré, l'inimitable, le prodigieux La Fontaine! Celui-là ne s'en cache pas, il dit les choses comme elles sont, il a toute honte bue, il ne prétend pas avoir inventé un seul des sujets de ses fables, et il écrit tout naïvement sur le titre : « Fables choisies *mises en vers* par M. de La Fontaine. » Oui, il les avait choisies où il avait voulu, partout, chez les anciens, chez les modernes, chez les contemporains, chez Abstémius, chez Aristote, chez Bidpaï, chez Lokman, chez Hippocrate, chez Pulci, chez Philoxène de Cythère, chez Planude, chez Plutarque, chez Regnier, chez madame de Sévigné, après quoi il les avait mises non seulement en vers, mais en chefs-d'œuvre; il en avait fait cette comédie aux cent actes divers dont le décor est le monde entier; il avait même sans scrupule dévalisé Homère, et croyez-vous qu'en prenant ces privautés, il eût détruit quelque chose ou quelqu'un qui eût le droit de vivre, Homère par exemple, ou Rabelais, ou Boccace? Non, certes, nous possédons le trésor des Fables, et pour cela nous n'avons pas perdu l'*Iliade,* ni *Gargantua,* ni *Le Décaméron;* nous avons acquis de nouvelles richesses sans être appauvris des anciennes, et pour nous dans cette affaire tout est gloire, orgueil, renommée justement acquise — et bénéfice!

Quels hardis plagiaires, monsieur, que Shakespeare et Molière! Du temps de Shakespeare, le tien et le mien en poésie n'avait pas un sens bien défini; le poète retouchait, débarbouillait avec de l'ambroisie un manuscrit quelconque; après quoi la comédie était jouée, sans qu'on sût au juste à qui elle appartenait, et c'est ce dont le grand créateur se souciait le moins, non plus qu'un pommier ne se soucie de ses pommes. Je ne crois pas que ni l'un ni l'autre des deux plus grands génies dramatiques ait jamais inventé un sujet de pièce, et en vérité, ils se moquaient bien de cette méprisable argile! La pétrir de leurs mains formidables, lui donner la beauté sacrée, la brûler d'une âme ravie aux Dieux mêmes, voilà la tâche qu'ils acceptaient, et qui leur semblait digne de leur labeur. En vérité, il faut que nous vivions dans un temps bien misérable, pour qu'on s'y dispute des situations, c'est-à-dire des lieux communs nécessairement tombés dans le domaine public, (car la Vie seule, qui ne touche rien chez Roger, en invente!) et des sujets de pièce, c'est-à-dire des cailloux, de la boue, un peu moins que rien, de la terre glaise, de la cire, une pierre, du cuivre et de l'étain, un bloc de marbre qui ne sait pas s'il sera dieu, table ou cuvette! Sur l'ordre donné par une grande princesse, Corneille et Racine, tous les deux en même temps, composaient leurs *Bérénices*, de même que les tragiques grecs avaient tous fait des *Électres*, sans avoir cru se voler quelque chose! Mais aujourd'hui, quelqu'un qui a planté des choux, (comme dit le poète de *La Coupe et les Lèvres*,) ou qui s'est mouché, prend pour cela un brevet d'invention, avec ou sans garantie du gouvernement, et désormais entend priver tous ses contemporains de soupe aux choux et de mouchoirs de poche.

De notre temps, (où il s'agit toujours de cinquante centimes, et où Bilboquet pense que toutes les malles doivent être à lui!) si les théâtres avaient tous des succès avec un *Don Juan*, Molière, à la prière de ses acteurs, ne pourrait à son tour imiter la comédie de Tirso de Molina, et grâce à ce respect de la propriété, qui alors ne pourrait plus être le vol, nous aurions perdu *Le Festin de Pierre ou l'Athée foudroyé*, rien que cela ! Et *passim,* nous aurions perdu le jeu de la porte dans *George Dandin,* celui de la fenêtre dans *Le Médecin volant,* la scène d'Orgon sous la table, celle de la femme voilée dans *Le Sicilien* et dans *L'École des Maris,* et cent autres, et la scène d'amour entre Valère et Marianne, entre Éraste et Lucile, que Molière a empruntée au lyrique Horace, avec des ciseaux; car toutes ces scènes, Molière les avait ramassées en courant le monde, dans les comédies italiennes et dans la farce des rues.

— « Eh bien ! me dira-t-on, prenez, j'y consens, les sujets de comédie et les jeux de scène qui sont à tout le monde, mais le style, l'expression, le mot, le verbe sacré qui est bien la propriété personnelle du poète, et la résultante expresse de son tempérament, halte-là ! vous n'avez pas le droit d'y toucher, sans quoi vous êtes bien décidément un voleur ! » — Sachez d'abord que je ne suis pas effrayé par ce gros mot, dont les Dieux jaloux ont, il y a si longtemps, flétri Prométhée pour la première fois, et il n'a nulle signification raisonnable dans le monde idéal. Quant à votre arrangement, je n'y consens pas; je veux prendre les sujets, les scènes, et aussi les mots, les épithètes, les adjectifs, les images, les tropes; je veux tout prendre pendant que j'y suis, et je trouve qu'on ne prend jamais assez de choses aux génies. Un très grand écrivain mort récemment et que la Muse regrette avec des larmes amères, me disait qu'il passait sa vie à lire uniquement Rabelais et Dante, et à leur emprunter des images; et qu'arrivait-il? C'est que d'abord, en traversant son cerveau de poète, ces images se transformaient et se renouvelaient, et qu'ensuite elles lui enseignaient à créer par imitation d'autres images magnifiques, originales celles-là et parfaitement nouvelles.

Oui, ce dont je me plains, c'est qu'on ne vole pas assez ! Je voudrais que les apprentis poètes volassent Victor Hugo beaucoup plus qu'ils ne le font, car alors ils rimeraient bien au lieu de rimer à peu près bien ou tout à fait mal; ils auraient la virgilienne variété des sons, au lieu d'être monotones, et leurs vers seraient reliés en phrases bien construites. J'aurais voulu que l'ingénieux Scribe volât les écrivains corrects, ceux qui ne disent pas : « Une grande dame ! serait-ce la mienne ? » J'aurais été ravi que Guilbert de Pixérécourt, et ses succeseurs! voulussent bien déshabiller, piller, dévaliser Eschyle et le laisser nu comme un petit saint Jean, car dans cette hypothèse, leurs personnages qui disent déjà de très belles choses, en auraient certainement dit de plus belles encore.

— « Mais la question d'argent! me crie cet honnête Roger dont je parlais tout à l'heure. Ne voyez-vous pas que si Damon vous prend votre sujet de comédie, il vous prend en même temps vos droits d'auteur! »

A cela je n'ai rien à répondre. L'Art est une chose et l'argent monnayé en est une autre, et il n'y a entre eux aucun accord possible. Enfin, monsieur, l'Académie, dont vous faites partie à si juste titre, a de notre temps consacré d'une façon éclatante son droit au Plagiat. Car en ne nommant pas Leconte de Lisle, vos confrères actuels ont volé l'idée de leurs devanciers, qui précédemment n'avaient pas nommé Baudelaire, Théophile Gautier, le premier Alexandre Dumas et le grand Balzac. Et certes, ce n'est pas moi qui le leur reprocherai; ils obéissaient à l'instinct de la race qui ne nous trompe jamais, au principe sacré de la lutte pour la vie, et ils avaient très bien senti ce que ces puissants génies avaient en eux de foncièrement révolutionnaire, — et de peu académique!

IV

LES ÉTIQUETTES

A M. PAULIN MÉNIER

Contrairement à l'opinion généralement admise, vous n'avez jamais joué, monsieur, le rôle de Chopart, dit l'Aimable, dans un drame intitulé : *Le Courrier de Lyon, ou l'Attaque de la Malle-poste*, et qui relate les aventures du coupable ou de l'infortuné Lesurques, car les criminalistes ne sont pas d'accord sur ce point. Les affiches de théâtre, les programmes, les articles de journaux, qui vous représentent comme ayant joué le rôle de Chopart, ne sont autre chose que les instruments d'une calomnie inventée par vos ennemis pour vous perdre, et pour réduire à néant, pour faire finir en queue de poisson votre si belle carrière d'artiste.

Quoi! monsieur, après avoir incarné les héros du drame avec une rare puissance; après avoir exprimé les poétiques amours de tant de Roméos; puis ensuite, après vous être révélé comique de premier ordre, après avoir imaginé des types de soldats et de paysans que vos successeurs copient toujours; après avoir montré de pied en cap un Roquelaure qui fut une vraie peinture d'histoire; après avoir imaginé un Rodin saisissant, terrible, plein de génie, plus grand que Tartuffe! et dont la création vous affirmait capable de vous mesurer avec les plus grandes figures de Shakespeare et de Molière; après tant de luttes, de travaux, d'inventions et de recherches heureuses, vous vous seriez donné tout entier à un croquis, amusant sans doute et curieux, mais tel que vous pourriez en faire mille autres aussi originaux, et dont le peu d'importance détonnerait avec la vivace énergie de vos pensées!

Quoi! vous si inépuisable, si varié, si divers, si agile en vos transformations innombrables; vous qui avez étudié l'homme avec une observation sagace, et qui savez modeler votre crâne, votre visage et votre corps d'après le modèle choisi, à ce point que lorsque vous imitez l'immatériel Rodin, vous n'avez plus de corps! vous qui pouvez singer Achille aussi bien que Jocrisse et qui, selon votre caprice, savez être ou un beau jeune homme, ou un capitaine robuste, ou un vieillard, ou un enfant, ou une vieille femme, tout enfin! vous auriez consenti à ce rapetissement, de devenir l'acteur d'un seul rôle, à vous appeler non plus Paulin Ménier, mais Chopart dit l'Aimable, à paraître sur la scène uniquement pour jouer Chopart, à vous en aller en représentations sans emporter d'autre bagage que Chopart, et à faire partie intégrante des reprises du *Courrier de Lyon* qui non seulement n'existerait plus sans vous, mais sans lequel vous n'existeriez plus! Allons donc! qui pourrait croire à une pareille abnégation, à une pareille naïveté, à un pareil marché de dupe, où vous auriez donné pour un tas de gros sous les richesses d'un Rothschild!

Certes une telle assertion dénonce une ruse trop grossière, et vous devez intenter un procès, dix, vingt, cinquante, cent, cent mille procès en diffamation à tous ceux qui de près ou de loin propagent ces billevesées. Non, vous n'avez jamais vu *Le Courrier de Lyon*, ni sur la scène ni dans la salle; vous ne connaissez ni Lesurques, ni Lechêne, (l'un et l'autre se disent,) ni Dubosc, ni le brave Daubenton, ni Fouinard, sans cesse abandonné par son soulier fugitif, ni les auteurs de l'éternel drame, Siraudin, Moreau et Delacour, et tous ces gens-là vous sont aussi étrangers que le Grand-Turc ou le roi de Cappadoce. Non, monsieur, vous n'avez jamais joué le Chopart dit l'Aimable du *Courrier de Lyon;* ou si vous l'avez joué, car enfin tout est possible et nous ne sommes sûrs de rien, il faut faire comme moi, et soutenir hardiment que ce n'est pas vrai et qu'on en a menti, car tout mauvais cas est niable. Mauvais cas, entendons-nous! qu'il vous ait plu d'animer une statuette burlesque, de faire avec rien, avec un bout de rôle écrit à la diable, une figure digne de Daumier, et pour un soir de faire tenir dans ce bonhomme votre raillerie, votre ironie, votre furie, votre verve passionnée, tout un monde! à la bonne heure, rien n'était plus légitime, et à tout prendre, c'était là un puissant et curieux caprice d'artiste. Mais qu'on vous ait enfermé, tassé, emprisonné dans ce Chopart, qu'on y ait cloîtré votre âme vivante, avec le couvercle par-dessus, voilà qui passe un peu la permission et qui fait songer aux plus affreux supplices des enfers de glace!

Eh bien, oui, convenons-en, avouons-le, vous l'avez joué, ce Chopart; vous ne l'avez que trop joué, vous l'avez joué sans miséricorde, sans trêve, sans repos, sans merci; vous l'avez joué effroyablement et vous le jouerez toujours, à moins que, par une sublime et audacieuse révolte, vous ne vous affranchissiez de Daubenton, de Siraudin, de la malle-poste et de son attaque, comme un titan qui, mal couché sous un tas de montagnes, les brise et les disperse au loin, en secouant ses fortes épaules. Vous l'avez joué, vous le jouez, et quand Larochelle écrit sur son affiche : « Paulin Ménier jouera Chopart, » vous obéissez, stupéfait et ébloui par ce *Manê, Thécel, Pharès*, qui fait couler dans vos veines une prodigieuse épouvante. Vous le jouez, quand vous pourriez employer votre temps à jouer Harpagon,

Shylock, Richard III, Sganarelle, et c'est en quoi vous subissez la plus obstinée et la plus noire des injustices.

Et savez-vous, monsieur, de qui vous êtes victime ? Du grand monstre, de la paresse moderne, de cette indifférence raisonnée qui, pour se débarrasser des gens et n'avoir plus à s'occuper d'eux, se hâte de leur coller une étiquette sur le front, de les cataloguer et de les ranger dans un carton vert, afin de n'y plus penser jamais. Suivre les études, les progrès, les recherches, les coups de génie, les imaginations, les erreurs, les succès, les luttes d'un artiste, cela est infiniment compliqué ; mais en revanche, comme c'est vite fait d'écrire une fois pour toutes : « Paulin Ménier, homme qui joue Chopart, » et de s'en tenir là ! Et une fois classé, ne venez plus nous dire : « Je sens en moi le don de tout exprimer : la colère, la haine, l'avarice, l'hypocrisie, l'immense amour, le sauvage appétit du pouvoir, et rien de ce qui est humain ne m'est étranger. » On aurait vite fait de vous répondre : « Ah ! ne nous tourmente pas, et ne nous empêche ni de danser en rond, si c'est là notre plaisir, ni de n'y pas danser, si nous l'aimons mieux ! Une fois, tu as bien joué Chopart ; eh bien, sois Chopart, joue toujours Chopart, ne cesse jamais de jouer Chopart, et d'être enroué ! » Mais si cela peut vous consoler, consolez-vous, monsieur, vous n'êtes pas le seul à qui on ait collé sur le front l'impérieuse étiquette, avec défense de l'arracher jamais, et parmi les victimes de ce procédé infernal et bureaucratique, je puis vous citer même des Dieux !

Victor Hugo, par exemple, et Théophile Gautier. Le divin poète de *La Légende des Siècles* et des *Châtiments* était tout jeune, adolescent à peine et imberbe encore, lorsque Chateaubriand eut l'idée perfide de l'appeler : « Enfant sublime. »

Enfant sublime ! enfant sublime ! cette association de mots eut du succès, on n'appelait plus autrement le jeune rimeur, et il courut le risque de traîner éternellement ce boulet doré. Mais Victor Hugo, qui est un malin, prit le parti, d'abord de vivre quatre-vingts ans, évoquant l'histoire, modelant des peuples entiers, forgeant des colosses, et quand il eut entassé des milliers de chefs-d'œuvre, quand le vent de l'exil eut bruni et tanné sa peau, quand sa voix fut devenue de bronze à force de lutter avec les sanglots de l'orageuse mer, quand le Temps, qui n'ose le courber, eut blanchi sa barbe et sa chevelure de lion, il se tourna vers la montagne où dort Chateaubriand, bercé par le flot tumultueux, et il lui cria avec une joie farouche : « Eh bien! suis-je encore l'enfant sublime? » Mais c'est égal, avec un peu moins de résolution, il restait catalogué « Enfant » sans rémission.

Vous le savez, monsieur, Théophile Gautier portait ses cheveux noirs et soyeux, longs comme ceux d'une femme. On lui assura que cette excentricité nuisait à son avenir, et comme il était très conciliant, un jour il se fit raser, tondre jusqu'à la peau, et marcha dans la rue en tenant son chapeau à la main, pour bien montrer qu'il cédait volontiers aux sages conseils. Comme il se promenait ainsi, avec un crâne aussi lisse, raclé et parfaitement nu qu'une boule de bilboquet, vinrent à passer deux dames académiciennes, dont l'une, en le voyant, dit à l'autre : « Ah! voilà ce Gautier! Est-il révoltant avec sa longue crinière! » Comprenant alors qu'il avait fait inutilement le sacrifice de ses cheveux, il se hâta de les laisser repousser comme auparavant et de reprendre son « Chopart » sans murmurer! De même, Balzac fut menacé de rester toujours « l'auteur d'*Eugénie Grandet* » ; il semblait qu'il commit une ncongruité lorsqu'il publiait un livre intitulé autrement, et pour échapper à ce terrible *Courrier de Lyon*, il lui fallut tirer de son front jupitérien les cent actes palpitants de *La Comédie humaine!*

Mes autres exemples seront tirés d'animaux plus petits. Il y avait au Vaudeville un acteur nommé Hippolyte, qui ayant des affaires de famille très pressées, passa trois fois de suite devant son théâtre en cabriolet. Aussitôt pris, aussitôt pendu ; séance tenante on l'appela Hippolyte Cabriolet, nom qu'il ne devait plus quitter jamais! et le lendemain, quand on le vit venir à pied, on lui demanda avec tant d'insistance, d'indignation, d'étonnement comminatoire pourquoi il n'était pas en cabriolet, qu'il se résigna, voyant l'impossibilité de lutter contre l'opinion toute faite. Désormais, bien qu'il n'eût plus jamais de courses à faire, il se décida à être toujours en cabriolet, *Courrier de Lyon* qui lui dévora toutes ses économies, et même ses appointements. Tel, Léo Lespès qui, distrait et cherchant une combinaison financière, offrit un cigare princier au garçon de restaurant qui lui apportait son addition. A partir de ce jour-là, c'est en vain qu'il payait son déjeuner et y joignait un pourboire énorme ; le garçon restait planté devant lui jusqu'à ce qu'il eût reçu le cigare, et Lespès approvisionna ainsi de cigares tous les garçons de tous les restaurants.

Avez-vous connu à l'Opéra-Comique une très belle cantatrice nommée Léontine Marzio? Le hasard avait voulu qu'elle aimât l'un après l'autre deux ténors qui avaient débuté dans *La Dame Blanche*. En peu de temps, la légende s'établit ; il fut convenu qu'elle devait aimer tous les ténors qui débuteraient dans *La Dame Blanche*, et ni elle, ni les ténors n'y résistèrent, tant on cède facilement au préjugé!

Un jour, le ténor Augis, qui le lendemain devait paraître dans le chef-d'œuvre de Boïeldieu, obtint pour cela un raccord ; mais à son grand étonnement, mademoiselle Marzio ne lui donna pas la réplique, se mit à regarder les portants comme des pièces curieuses, et ne bougea pas plus qu'une souche.

— « Pourquoi avez-vous été si méchante? lui demanda le régisseur.

— Mais, fit Léontine, je ne demandais pas mieux que

de répéter ; seulement, j'attendais toujours. M. Augis ne m'a rien dit !

— Que devais-je donc lui dire ? » demanda Augis, à qui cette réponse fut rapportée.

Obligeamment, le directeur le mit au courant, et lui apprit qu'avant de chanter *La Dame Blanche* en compagnie de mademoiselle Marzio, chaque nouveau ténor devait avoir effeuillé avec elle un brin de myrte. Augis, qui est un excellent mari, et fidèle ! fut très contrarié, très perplexe, et il alla soumettre le cas à sa femme elle-même.

— « Eh bien ! mon ami, dit madame Augis en essuyant une grosse larme qui coula sur sa joue, tes appointements nous sont indispensables. Fais donc ce qu'il faut : c'est pour nos enfants ! »

Vous voyez, monsieur, que tout le monde a son *Courrier de Lyon !* Comme votre premier mouvement avait été bon, lorsque vous aviez refusé le rôle de Chopart dit l'Aimable, qui, à ce qu'on a dit, vous fut imposé ensuite par exploit d'huissier ! Mais ce prétendu huissier n'était qu'une divinité travestie, et si vous lui aviez violemment enlevé son masque, vous auriez reconnu avec épouvante le visage effrayant de la Destinée !

V

LA COMÉDIE

A JULES CLARETIE

Mon cher ami, on va jouer dans quelques jours la comédie que vous avez tirée de votre livre intitulé : *Monsieur le Ministre,* et vous aurez pour spectateurs, d'avance disposés à vous applaudir, tous les lecteurs de votre beau roman, c'est-à-dire tout le monde. Comme c'est un besoin absolu et invincible chez l'homme de s'intéresser uniquement à ce qu'il connaît, et comme il veut toujours savoir à qui il a affaire, on s'imagina qu'en créant le ministre Sulpice Vaudrey, vous aviez voulu peindre monsieur Bardoux, aujourd'hui sénateur inamovible. Il n'en est rien, on s'était trompé du tout au tout ; monsieur Bardoux était le dernier des hommes à qui vous aviez songé, et c'est bien loin, très loin de lui qu'il fallait chercher votre modèle. De même, quand fut représenté à la Comédie-Française, avec un succès inconnu jusque-là, *Le Monde où l'on s'ennuie,* d'Édouard Pailleron, beaucoup de gens, qui pourtant ne sont pas des sots, furent persuadés qu'en inventant Bellac, l'auteur avait songé aux succès mondains et à la grâce séductrice de monsieur Caro. Ceux-là s'abusaient comme les premiers, et comme s'étaient abusés ceux qui avaient cru reconnaître dans le fougueux et indécis méridional

Numa Roumestan une grande personnalité politique.

On s'était trompé, et il était impossible de conserver là-dessus aucun doute, puisque Pailleron et vous et Daudet, vous avez mis ces suppositions à néant, par des dénégations formelles. Mais enfin, les spectateurs et les lecteurs étaient un peu excusables de s'être fait illusion ; car, certainement par un effet du hasard, vos personnages fictifs ne laissaient pas que de rappeler un peu les modèles que vous n'aviez pas choisis. Monsieur Bardoux, j'aime à le croire et je le crois, a toujours donné tout ce qu'il avait promis, et plus encore ; mais à tort ou à raison, à tort sans doute, il passe pour avoir été si sensible qu'il voulait laisser du moins à ses clients la consolante illusion, lorsqu'il ne pouvait leur offrir autre chose. Bellac n'a ni l'érudition, ni le goût, ni le solide et sérieux talent de monsieur Caro ; mais on entend murmurer autour de lui les mêmes gazouillis extasiés et les mêmes froufrous de robes admiratrices que l'illustre professeur ne peut empêcher de bavarder sur ses pas.

Enfin chez Numa Roumestan, comme chez le grand charmeur qu'Alphonse Daudet n'a pas copié, on retrouvait par instants le geste, la passion, la colère et la farouche caresse d'un Mirabeau. Mais vous niez formellement, vous niez tous, il suffit, personne n'est tenté de révoquer en doute votre parole. *Hé bien! on vous croit donc; et c'est tant pis pour vous.*

Oui, mon ami, et je jette le masque ingénu, que d'ailleurs je n'avais jamais appliqué sur mon visage! Pour moi, c'est le droit et c'est le devoir du poète comique de s'attaquer à des personnages vivants, de les prendre corps-à-corps, et de les traîner tout frémissants sur la scène, sous la lumière enragée du gaz! Thalia n'est pas une dame serrée dans son corset, stupéfiée par le cant et qui prend des mitaines pour bâtonner Géronte. Non, c'est une fille effrontée, à la fois bestiale et divine, dansante, couronnée de raisins noirs, ivre de vin et de poésie ; et elle rit follement, en montrant ses dents de loup, lorsque avec son doigt barbouillé de lie elle a marqué au front le sophiste ou le soldat fanfaron ou l'abuseur du bonhomme Peuple !

Ah ! çà, qui trompe-t-on ici ? Croyez-vous qu'après de longues années révolues, une colombe puisse descendre d'un crocodile ? et le père de tous ceux qui essayent de perpétuer la comédie n'est-il plus le divin Aristophane ? Est-ce dans ses veines, par hasard, que nous aurions puisé ce sang raisonnable et timide qui nous rend circonspects et ennemis des personnalités ? Lorsqu'il voulait s'attaquer à Cléon, est-ce qu'il prenait la précaution de le nommer X ou Trois-Étoiles, et de le défigurer ? Non ; et il mettait en scène Socrate sous son nom, et ne trouvant pas d'acteur qui voulût se charger du personnage de Socrate, le jouait lui-même ; car rien n'égalait la bravoure de ce poète, religieusement dévot à Eschyle !

Je soutiens que non seulement la Comédie a le droit de faire de flagrantes personnalités, mais que sans cela elle est impossible, inutile et non avenue ; car le spectateur ne s'intéresserait pas à des êtres purement chimériques, et à propos de leurs actions ne manquerait pas de s'écrier : « Qu'est-ce que ça me fait ! ». Et surtout, il révoquerait en doute leur réalité, s'ils osaient sortir du lieu commun vulgaire. Comme Balzac le disait à sa sœur, au romancier de pure imagination le lecteur ne permet pas d'être vrai ; et il le force à se contenter de la vraisemblance. Or lui, le créateur de *La Comédie Humaine,* qui voulut avoir le droit d'être vrai, il choisit des modèles assez illustres et connus de tous pour que la réalité de leurs images fût évidente et crevât les yeux. On ne put contester là possibilité d'une Camille Maupin au génie viril, parce qu'on revit en elle George Sand, travailleuse obstinée dans tout l'éclat de sa jeune gloire, prenant les déceptions et les douleurs de son cœur meurtri pour en brûler ses chefs-d'œuvre. Claude

Vignon pouvait-il exister? Sans doute, puisqu'il y avait Gustave Planche. Et celui-ci était Janin, celui-là Pyat, cet autre Luchet, et ce Joseph Bridau, horrible de génie, et la tignasse emmêlée par un ouragan, tout de suite on l'avait nommé : Eugène Delacroix ! Et ce Bixou caricaturiste, mystificateur, inventeur de comédies improvisées qu'il jouait dans la vie, capable pour attraper son monde de se muer en prêtre ou en vieille femme, c'était Henri Monnier, peignant ses aquarelles ironiques aussi bien que son visage !

Oui, tous étaient des papillons cloués vivants sur le papier avec une épingle d'or, et Balzac l'avouait naïvement, et il n'eut jamais l'idée de prétendre que Vidocq n'eût pas servi de thème à Vautrin, et que Mercadet n'eût pas été peint de pied en cap d'après le fameux Harel. Mais, mon ami, vous le savez mieux que personne, vous moliériste émérite, Molière aussi prenait les gens tout vifs ; seulement il ne l'avouait pas, bien au contraire, parce qu'il ne vivait pas comme nous dans un siècle de liberté, et parce que, traqué par la foule haineuse des gentilshommmes, il avait pour seul et unique protecteur le Roi. Et cette protection, ne l'achetait-il pas bien cher, lorsque, pareil à Sosie craignant le bâton, il renonçait à s'indigner, à être lui, et dans son terriblement spirituel *Amphitryon*, affirmait à monsieur de Montespan trompé, mécontent et vêtu de deuil, qu'*Un partage avec Jupiter N'a rien du tout qui déshonore ?*

Certes, sur ces points-là Molière, qui n'avait pas les mêmes raisons que vous d'être sincère, mentait comme un arracheur de dents, et en dépit de ses mensonges, les gens qu'il avait attaqués y voyaient très clair, comme le lui fit bien voir monsieur de la Feuillade, lorsque, sous couleur de l'embrasser, il saisit d'une forte main la tête du grand comique, et lui mit le visage en sang à force de le frotter contre les boutons de diamant de son habit, en lui criant : « Tarte à la crème ! tarte à la crème ! « Cependant, qui doute aujourd'hui qu'en écrivant *Les Précieuses ridicules,* Molière ait voulu attaquer les vraies précieuses, pas ridicules du tout, et que son don Juan ait été audacieusement dirigé contre monsieur de Vardes, et que sous prétexte de combattre les faux dévots dans son *Tartuffe,* il y combatte les vrais dévots et la religion elle-même ? Il suffit d'ouvrir le premier commentaire venu pour savoir qu'Alceste est l'exact portrait de monsieur de Montausier, et toute la comédie de Molière est ainsi pleine de portraits, dont les originaux lui étaient souvent désignés et indiqués par le roi ; ce sont des points acquis à l'histoire.

Eh bien, mon ami, ne prétendons pas être plus purs que Molière et que le tendre Racine ! Celui-là ne prit pas beaucoup la peine de dissimuler sa pensée, lorsque, voulant hâter la chute de Louvois, il le prit à partie, et par provision, l'attacha sous les traits d'Aman à la potence. Cette Montespan, qui tout à l'heure, chez Molière, était la charmante Alcmène, est devenue l'altière Vasthi, comme madame de Maintenon est la plaintive Esther, et je cherche en vain dans toute l'œuvre de Racine quelque chose qui ne soit pas l'histoire de la cour et des amours de Louis XIV, et c'est bien les douleurs de Madame qui s'exhalent dans les harmonieux sanglots de Bérénice ! Ne soyons pas plus honnêtes que Shakespeare, âme divine, qui prit son Falstaff dans la vie, et le servit tout cru aux amants de la robuste joie ! Viendrons-nous aux modernes ? Les exemples seraient si nombreux, qu'il serait difficile de choisir. Son Excellence monsieur Rougon n'est pas monsieur Rouher ; non, c'est le chat, et mettons, si vous voulez, (car il n'en coûte pas plus cher,) que le nabab Jansoulet est de pure imagination, et qu'en inventant la Faustin, Goncourt n'a pas songé à Rachel !

Oui, dans le roman, dans la comédie et partout, il est difficile de trouver des êtres chimériques et vains, parce qu'il n'y en a pas ; parce que la vérité s'impose à nous, entre malgré nous et de force dans nos conceptions, et prétend que les miroirs sont faits pour se mirer dedans. S'il était possible de rencontrer dans les livres des personnages absolument éclos de la fantaisie, ce seraient, au contraire, ceux que le caprice du poète a baptisés de noms réels. Ainsi, par exemple, dans un roman intitulé : *La Canne de monsieur de Balzac*, madame Delphine de Girardin a fait du magicien porteur de la canne un être qui n'est pas du tout Balzac, et elle l'a baptisé de ce grand nom, uniquement pour exprimer qu'il sait tout et que ses regards percent tous les voiles. L'appétit de la Comédie pour le réel est si impérieux, si poignant, si conforme à la nature des choses, que les acteurs le sentent instinctivement, et tous les jours il arrive que, pour mieux préciser le type esquissé par l'auteur, *ils se font la tête* de tel ou tel Parisien connu.

Si le comique Raynard eut tant de succès dans *Les Chevaliers du Pince-Nez* et résuma si bien en une fine caricature les *crevés* de son temps, c'est qu'il avait copié trait pour trait un *crevé* célèbre et connu comme le loup blanc. A ce qu'affirme la légende, un pensionnaire de la Comédie-Française alla plus loin, osa emprunter sans crier gare, un visage auquel il devait le respect, celui de son directeur, et fut mis à la porte ; mais il avait fait là du très bon Aristophane.

Cela se passait, dit-on, dans une pièce d'Émile Augier, de ce même Augier qui, en sa virulente satire, n'avait pas du tout voulu désigner monsieur Veuillot. Pour moi, mon cher ami, je suis pour les personnalités dans la comédie, me souvenant que lorsqu'elle commença à chanter avec les vendangeurs ivres, au milieu des outres gonflées de vin, Thalia ne se gênait pas pour interpeller celui-ci ou celui-là en le nommant par son nom, et pour lui dire son fait en plein visage. Si vous voulez m'en croire, appelez un chat : un chat, et Rollet : un homme pratique ; saisissez vos modèles de vive force, comme les Turcs d'Alger s'emparaient des passagers des navires et les enchaînaient sur leurs galères ; prenez monsieur Bardoux et monsieur Caro, et monsieur Veuillot, et le premier venu, et tout le monde, et les présidents, et les princes, et les sénateurs, et les marchands de peaux de lapin, et le diable si vous voulez ; mais rappelez-vous Voltaire disant au perruquier : « Faites des perruques ! » et seulement — faites des chefs-d'œuvre. Mais pour cela, cher ami, vous n'avez pas attendu mon conseil !

VI

SOLUTIONS FACILES

A HENRI LAROCHELLE

Mon cher ami, vous serez certainement à un moment donné directeur d'un des théâtres nationaux, et cela pour plusieurs raisons. D'abord, à ce que je crois, parce que vous le voulez ; puis, parce que vous avez la volonté, la patience, l'intrépide courage du travail, l'instinct, le flair dramatique, l'expérience, et enfin l'argent, qui vous permettra d'aimer l'art pour lui-même, et sans vous préoccuper des questions de cinquante centimes ! Vous serez directeur d'un des théâtres nationaux, mais vous ne l'êtes pas encore ; on peut donc causer.

Mille fois, n'est-ce pas, comme je l'ai entendu moi-même, vous avez entendu dire qu'au théâtre surtout, le grand art s'en va mourant, et qu'on n'y peut rien. Cela ne vous a-t-il pas rappelé tout à fait le mauvais écolier paresseux qui dit avec conviction : on ne peut pas faire cette version-là ! Eh bien ! on a tort, et on peut faire tout ce qu'on veut. Mais il faut commencer par prendre la poêle comme il convient, non par le bassin mais par la queue, et ne pas mettre frire le beurre sur un feu absent. Napoléon ne disait pas : Il n'y a pas de généraux, il n'y a pas de savants, il n'y a pas d'administrateurs. Il disait, au contraire : Il me faut tout cela, et trouvait des génies et de grands capitaines où il y en a, c'est-à-dire dans l'inépuisable jeunesse. Dieu, qui n'est jamais paresseux et qui n'a ni le temps ni la volonté de l'être, ne s'arrête pas de créer des intelligences et des âmes; il s'agit seulement de ne pas les laisser croupir dans l'inaction. Car, si vous ne mettez jamais le gigot à la broche, il ne sera jamais rôti. C'est un axiome élémentaire, que tous les cuisiniers savent, mais que beaucoup d'administrateurs ignorent, parce qu'ils espèrent que le gigot rôtira spontanément, et sans feu.

Déblayons, voulez-vous? La question des théâtres nationaux est hérissée d'un tas de broussailles; mais écartons-les, supprimons-les d'un bon coup de hache, et qu'il n'en soit plus question. On dit beaucoup de niaiseries, et celles-ci entre autres : Il n'y a pas de grand art et de petit art. — Le beau est ce qui plaît au public. — Un mercier abandonné par ses filles est tragique au même titre que le roi Lear; un savetier qui tue sa femme est aussi émouvant qu'Othello. — La famille Nonancourt, si elle est vraiment déchirée par des passions farouches, est aussi intéressante que la famille d'Atrée et de Thyeste, etc. Finissons-en une bonne fois avec ces billevesées.

D'abord, dans les théâtres nationaux, qui s'adressent à un public beaucoup trop distingué pour cela, il n'y a jamais de merciers, ni de savetiers, ni de famille Nonancourt; et on n'y montre que des gens corrects, possédant au bas mot quinze mille francs de rente. Mais pour écarter toute équivoque, s'il s'agissait seulement de représenter des pièces actuelles et modernes, dites *en habit noir*, les théâtres nationaux seraient inutiles, puisque le Gymnase et le Vaudeville ont parfaitement suffi à monter les plus belles œuvres d'Alexandre Dumas fils, d'Émile Augier, d'Octave Feuillet, de Meilhac et Halévy, de Gondinet, et que ces œuvres, en même temps qu'elles font honneur au directeur qui les joue, lui rapportent de grosses sommes d'argent.

Évidemment, et en dehors de toute contestation possible, les théâtres nationaux sont subventionnés *surtout* pour représenter des tragédies et des comédies *ayant pour thème l'histoire, et pour moyen d'expression la poésie.* Comme il serait possible que ces œuvres d'une haute portée ne rapportassent pas d'argent, on indemnise par avance le théâtre des pertes que pourrait lui occasionner le culte du grand art. Il ne remplit donc pas sa fonction, et il ne gagne pas tout à fait la subvention qui lui est accordée, s'il ne joue pas de pièces historiques et poétiques.

Cela semble simple comme bonjour, mais les directeurs, vos confrères, ne se laissent pas convaincre si facilement, et contre cette thèse, en apparence si claire, ils ont toute une série d'arguments que je discuterai un à un, si vous avez le temps de m'écouter.

Le directeur dit d'abord :

— « On veut que je joue des chefs-d'œuvre ; mais je ne les ai pas, moi, les chefs-d'œuvre ; je ne sais pas où on en trouve, ni où cela se fabrique, ni comment on s'approvisionne de cette marchandise-là ! »

A quoi je réponds :

— « L'objection n'est pas sérieuse, et il n'est pas plus difficile de se procurer des chefs-d'œuvre que d'engraisser des dindons. Athènes, qui en voulait toujours, en a toujours eu, parce que Dieu ne se lasse pas plus de fabriquer des hommes de génie que de fabriquer des rosiers. Adressez-vous donc à eux, donnez-leur une scène et des acteurs, et laissez-les tranquilles ! Par exemple, après que Leconte de Lisle eut fait ses admirables *Érinnyes,* obtenir de lui un second drame de cette envergure était aussi aisé que de tirer une seconde bouteille de vin d'un tonneau plein, qui en a déjà versé une. Il eût été aussi très facile de jouer le *Lorenzaccio* d'Alfred de Musset, c'est-à-dire le plus beau drame, après ceux de Hugo, qui ait été écrit dans l'époque moderne. »

Mais le directeur ne se tient pas pour battu et répond :

— « Comment voulez-vous que je monte ces machines superbes, si je n'ai ni acteurs pour les jouer, ni public pour les écouter? Je pense avec vous que Racine, Corneille, Molière, Regnard, Marivaux, pourraient seuls former des tragédiens pour les poètes nouveaux; est-ce ma faute à moi, si mes acteurs les jouent sans amour et sans flamme, et si leurs poèmes n'amusent plus le public? »

Eh bien, mon ami, je ne réponds plus à ce directeur; c'est à vous que je parle, et je vous assure que, pour dénouer les problèmes qui l'embarrassent, il y aurait des solutions extrêmement simples. Et à ce sujet, comme dit le héros d'une exposition célèbre : Je vais vous conter une histoire!

Il y a eu pendant la République de 1848 de très belles choses oubliées, et dont il faudrait se souvenir. On eut l'idée d'ouvrir dans le quartier Poissonnière une salle où les places coûtaient cinq sous et dix sous, et où, dans la journée, étaient exécutés des morceaux de chant et des récitations poétiques. Roger de l'Opéra, madame Viardot, Déjazet, beaucoup d'autres grands artistes s'y firent entendre pour rien, à titre absolument gratuit, et ce qui fut admirable, c'est qu'ils sortaient de là enivrés, ravis, fous de joie; ils n'en étaient pas sortis qu'ils demandaient à y revenir, et ils aimaient infiniment mieux chanter et réciter pour rien là, qu'ailleurs pour un ou deux billets de mille francs. Et pourquoi cela? Parce que, dans cette salle humble et pauvre, ils avaient trouvé tout de suite ce qu'ils espéraient en vain à l'Opéra ou à la Comédie-Française : des applaudissements ardents et passionnés, et ce qui vaut mieux encore, une sympathie clairvoyante, une intelligence vive, rapide et sagace des plus subtiles délicatesses de l'art. Car, mon ami, ne l'oublions jamais, l'instinct vaut le génie, comprend tout ce que comprend le génie, et il y a dans le peuple des trésors d'admiration et d'intuition. Nous ne sommes pas assez démocrates pour nous l'avouer, et nous faisons de la République bourgeoise : c'est-à-dire un assemblage infâme! Le plus niais, le plus méchant, le plus indécrottable des publics, c'est celui qui a perdu l'instinct et qui est resté dans une ignorance aggravée par un tas de lieux communs appris. Napoléon, dont je vous parlais tout à l'heure, et qui fut un pétrisseur d'hommes, faisait des généraux et des rois, avec des laboureurs, des casseurs de cailloux et des garçons d'écurie; mais il n'eut jamais l'idée de mettre sur des trônes des merciers opulents, qui auraient continué là leurs inventaires et leurs écritures!

Mon ami, les grands hommes du dix-septième siècle eurent un spectateur, Louis XIV, qui les consolait de tout, les vengeait de tout, les soutenait contre tous; mais il ne dépend que de nous d'en avoir un plus grand, plus puissant, plus intelligent que Louis XIV. Supposez la chose impossible, c'est-à-dire qu'un ministre veuille bien s'occuper à autre chose qu'à faire l'écureuil dans la cage politique. Eh bien! il dépendrait de lui de plonger nos chefs-d'œuvre, *Phèdre*, *Esther*, *Andromaque*, *Horace*, *Le Cid*, *Tartuffe*, *Don Juan*, dans une fournaise d'où ils sortiraient beaux, vivants, brillants, adorés, éclatants de jeunesse comme au premier jour. Soit aux frais de l'État, soit aux frais de la Comédie-Française, (la chose importe peu, car la dépense serait extrêmement minime,) il suffirait d'ouvrir, avec six décors très simples et machinés à la vieille mode, une salle où les places coûteraient dix sous et cinq sous, et où on jouerait les chefs-d'œuvre devant le peuple. Là, j'en atteste Dieu qui voit mon âme, les nuances les plus fugitives seraient saisies et comprises, tous les nobles sentiments, tous les grands cris de haine et d'amour trouveraient un écho immédiat, et, j'en réponds, échauffés, embrasés, pénétrés par le

génie du peuple, tous les acteurs auraient du talent,
sinon du génie. Et lorsque, redevenus réellement
Achille, Rodrigue, Hippolyte, dans cette communion
avec la généreuse foule, ils retourneraient jouer ces
personnages à la Comédie-Française, ils y emporteraient avec eux l'ardeur, la conviction, l'âme populaire, qui les aurait transfigurés. D'ailleurs, si l'on faisait cela, aujourd'hui comme en 1848, les gens du
monde iraient par curiosité entendre Racine dans la
salle à cinq sous; ils seraient pris, eux aussi, par le
magique enchantement, et lorsqu'après cela, ils entendraient de nouveau les chefs-d'œuvre à la Comédie, ils
seraient tout étonnés de les sentir et de les comprendre,
ce qui ne leur était jamais arrivé!

Et il y aurait bien encore un moyen excessif, audacieux, radical, absolu de renouveler la maison de
Molière, de façon à ce qu'elle ne fût plus réfractaire au
génie; mais celui-là ne sera jamais appliqué, parce
qu'il faudrait faire dans l'intérêt de l'art, de la Muse,
de la grande patrie de France que nous sommes, — un
sacrifice d'argent! Or, vous savez que les saucisses ont
été inventées spécialement pour ne pas attacher les
chiens. Enfin, je vais vous dire mon idée; mais ne la
révélez jamais, car sans doute on me trouverait couché et sanglant aux pieds du portrait de Rachel par
Gérôme, ayant dans le cœur un poignard sur le pommeau duquel seraient gravées ces trois lettres : C. D. X !

La voici donc. Il faudrait résolument, pour renouveler la Comédie, en chasser le plus possible l'élément
bourgeois, et y attirer le plus possible l'élément aristocratique et populaire. Pour cela, il faudrait augmenter
hardiment les belles places, les réserver aux ducs et
aux millionnaires, et, d'autre part, refaire de tout le
rez-de-chaussée un immense parterre qu'on mettrait à
vingt sous, en jetant à la rue les fauteuils, stalles et
autres engins qui servent à la digestion de spectateurs
ignorants et blasés, inaptes à se laisser enflammer par

la poésie. Et quand vous auriez mis à sa place le peuple qui comprend tout, il faudrait lui rendre la musique, et rétablir les violons stupidement supprimés, qui avaient pour mission de mettre les âmes dans la disposition où les veut le poète. Alors les poètes vivants pourraient venir, et je vous assure que Molière, Corneille et Racine leur auraient préparé des citoyens dignes de les entendre!

J'espère, mon ami, que vous aurez oublié cette lettre quand vous serez devenu directeur d'un des théâtres nationaux, car peut-être, si vous vous la rappeliez, me feriez-vous envoyer à Nouméa. Pour le moment, étant chaque soir en contact avec le peuple, vous n'êtes pas encore rebelle aux nobles idées, et vous comprendrez peut-être que le désir de ne plus voir les génies méconnus et humiliés soit entré dans le cœur d'un vieux poète!

VII

JUSTES NOCES

A MADEMOISELLE X..., COURTISANE

Vous vous mariez, mademoiselle; vous épousez un prince en polonaise de velours et en bottes à la hongroise, et là-dessus les journaux poussent les hauts cris, comme si tout le monde n'était pas libre de contracter une union légitime. Quoi! disent-ils, elle, la révoltée, la superbe, la maîtresse des plus riches palais, la dompteuse des chevaux effrénés, la prodigue qui foulait l'or sous ses pieds comme de la boue, elle va sombrer piteusement dans la vie honnête et bourgeoise! Ils sont furieux, comme si vous leur voliez quelque chose, et ils oublient que si vous vous êtes quelquefois prêtée, vous ne vous êtes pas donnée, et que vous êtes maîtresse de vous-même. Mais surtout, ce qui me semble excessif, c'est qu'on veuille vous renvoyer à vos fêtes, à vos palais, à vos folies, à vos perles de Cléopâtre fondues dans un vin de pourpre, et à vos robes de déesse traînant sur les tapis énamourés.

D'abord, la vie que vous allez prendre ne diffère pas sensiblement de celle que vous quittez, car une princesse n'est pas une mercière; mais quand même il vous plairait de mettre des socques et des tartans, de vous régaler d'un miroton de portière et d'aller vous amuser à la Gaîté en seconde loge, à applaudir un beau jeune homme en collant gris, qui donc, je vous prie, pourrait y trouver à redire?

Car cette prétention de vos critiques ne va rien moins qu'à supprimer le fruit défendu, c'est-à-dire la seule chose qui mérite la peine de vivre. Or, le fruit défendu, si c'est pour la femme du monde les amours furtives, les rendez-vous donnés par un signe convenu, l'appartement de l'ami où on se glisse avec le voile baissé sur un front rougissant; pour la courtisane, c'est la maison calme et régulière, la sonnette guérie de son épilepsie, les valets qui ne savent pas de secrets, et le papotage élégant des dames qui viennent parler pour ne rien dire.

Lorsque les tentations la sollicitent et brûlent ses lèvres, la femme restée honnête ne s'imagine-t-elle pas que des baisers d'amant auraient une autre saveur que des baisers de mari, et que dans les bras d'un ravisseur non autorisé par monsieur le maire, elle s'enivrerait de tout un ordre de sensations inconnues? Ne rêve-t-elle pas alors de robes tapageuses, de parures absurdes, de folles nuits où elle s'étourdirait, un masque sur le visage, au milieu des musiques, écoutant les murmures et les adorations bruire autour d'elle? Eh bien, pourquoi, en revanche, la courtisane ne s'imaginerait-elle pas que les baisers d'un mari lui feront connaître des voluptés bizarres et nouvelles? Et n'est-ce rien que de porter ce voile et cette fleur d'oranger, de monter l'escalier de la mairie, et d'entendre l'officier de l'état-civil vous lire les articles de loi qui ne semblaient pas faits pour vous? Mais tout cela, dira-t-on, vous l'usurpez! Pas plus que les femmes honnêtes n'usurpent les chevelures au vent, les ceintures dorées et les violentes amours. Posséder ce qu'on ne devrait pas posséder, être où on ne devrait pas être, revêtir une figure qui n'est pas la vôtre, n'est-ce pas tout le piquant et tout l'imprévu de la mascarade humaine?

On voit des femmes de bien se glisser, se précipiter, palpitantes d'un désir anxieux, là où sont les Cidalises, et chercher à surprendre le secret de leurs sourires, de leurs attitudes, et des liens subtils dont elles emprisonnent les âmes. Une, dont l'histoire a été tragiquement racontée, a voulu savoir ce qu'elle vaudrait, si elle était mêlée aux vulgaires marchandes d'amour, et elle s'est étalée au milieu d'elles, plâtrée, demi-nue, la face plaquée de rouge, la robe ornée d'oripeaux et de clinquant, pour voir ce qu'elle serait estimée au fait et au prendre, pour elle-même, sans le prestige dont l'entouraient son honnêteté, sa richesse et les conventions sociales. Vous aussi, vous saurez ce que vous valez intrinsèquement, sans le cortège passionné des Amours qui voltigeaient autour de votre front en agitant leurs tremblantes ailes et en exhalant le parfum capiteux de leurs chevelures. Femme passionnément désirée entre toutes, vous verrez ce que vous conserverez de vos séductions en qualité de simple dame, et comment se comportera l'admiration exempte de colère et de haine.

Et certes, vous êtes allée, dans la corruption, dans la recherche de l'inattendu et de l'inouï, bien moins loin que la grande dame dont je vous parlais tout à l'heure; car vous épousez un homme riche et beau comme un amant, ce qui ne vous change pas beaucoup; mais si véritablement vous aviez voulu épuiser les délices d'un travestissement complet, vous auriez choisi un mari chauve, bienveillant, obtus, employé dans une administration, qui avant d'aller à son bureau vous aurait donné l'étrenne de sa barbe, et qui le soir, sous la lampe à abat-jour vert, près de la table couverte d'un tapis à dessins noirs, ses lunettes sur le nez, vêtu d'une robe de chambre à carreaux, vous aurait lu les accidents, les faits-divers et un peu de politique! Vous lui auriez brodé pour sa fête des pantoufles et des bonnets grecs; les jours où il aurait touché une gratification, vous auriez ajouté au veau cuit dans son jus une

omelette soufflée, et un petit cousin fou d'amour, vous
aurait poussé le pied sous la table, et avant de vous le
rendre, aurait couvert de baisers votre gant tombé à
terre. Si cette union avait été bénie, vous auriez habillé
votre fils en artilleur, et vous l'auriez destiné à devenir
avocat.

Certes, si vous aviez été vicieuse, mordue par le désir
de l'impossible, vous vous seriez jetée à corps perdu
dans ces horreurs, et vous auriez savouré à chaque
minute l'ineffable joie d'être le contraire de vous-même.
Mais non, vous vous contentez de toucher des lèvres le
troublant nectar; vous ne faites qu'effleurer l'orgie
perverse, et vous en êtes bien punie, car pour un pauvre prince que vous épousez, on vous traite tout de
suite comme si vous alliez commettre quelque chose
d'énorme et de fabuleux.

Mais ce n'est pas la première ni la cent millième fois
qu'on est injuste envers vous et envers vos pareilles.
Et, en vérité, je me sens écœuré par les sottises prétendues spirituelles qu'on a écrites déjà à propos de vos
noces futures. Par des ironies grosses comme des poutres, et par de fines allusions, on vous reproche de
n'être pas vertueuse; mais ceux qui parlent ne me
paraissent pas jouir d'une renommée analogue à celle
de Fénelon ou de Malesherbes. On insinue que vous
n'avez pas gagné vos millions par l'exercice d'une profession édifiante; mais ceux-là mêmes qui vous incrimi-
nent ont-ils obtenu les leurs en donnant leur sang dans
les combats ou en poussant la charrue devant eux et en
faisant, sous le regard du soleil levant, le geste auguste
du semeur? Certes, il vaudrait mieux ne pas vendre ce
qui ne doit pas être vendu ; mais si l'on obéissait à ce
principe légitime, le commerce parisien ne vendrait ni
chocolat fait avec de l'ocre, ni faux poivre, ni vin frelaté ; les médecins se borneraient à dire ce qu'ils savent,
et pour ne pas avilir le Verbe sacré, qui a créé les univers et qui les tient suspendus dans l'espace, les avocats

se résoudraient souvent à ne rien dire du tout. Les écrivains qui ne sont pas sûrs d'avoir trouvé une forme personnelle et nouvelle, s'abstiendraient d'écrire, et les rhythmeurs qui ne riment pas parfaitement bien consentiraient à ne pas rimer du tout. Enfin les philosophes qui ne savent pas la sagesse ne l'enseigneraient plus, et les marchands de vessies ne vendraient pas leurs vessies sous le nom de lanternes, ce qui serait la fin de tout.

Certes on est injuste envers vous, en partant toujours de ce point de vue que c'est le lapin qui a commencé. Depuis que le monde existe on n'a jamais entendu dire qu'un gigot se soit mangé tout seul, et s'il n'y avait personne pour le manger, le gigot ne serait jamais servi sur les tables. Une courtisane suppose des courtisans. Ce qui erre douloureusement sur le trottoir avec des yeux libertins, une bouche profondément triste et des robes luxueuses, ce n'est pas seulement la prostituée, peinant comme un casseur de cailloux pour enrichir le marchand de soieries et son épouse; c'est aussi l'âme de ceux qui la reluquent et qui la payeront le meilleur marché possible, au lieu de se donner la peine de nourrir une femme, de faire des enfants et de leur acheter des culottes; car la misérable promeneuse errante ne pourrait se prostituer à la brise qui passe et aux rayons de la lune, et pour qu'elle se vende, il faut de toute nécessité que les honnêtes gens l'achètent.

Et dans cette vie sociale où les êtres se dévorent les uns les autres, et préalablement se volent avec frénésie, tâchant d'échanger des prospectus et des mots vides de sens contre de l'argent, la courtisane n'est pas plus redoutable que les autres commerçants, au contraire, car elle ne saurait tromper sur la qualité de la marchandise vendue. Une dame infiniment belle et de l'esprit le plus subtil me disait que Balzac a vieilli; je ne suis point de son avis, sur ce point seulement. Ce n'est pas lui qui est vieux, c'est nous qui sommes ingénus comme des enfants à la mamelle ; car nous n'avons pas encore compris l'indéniable vérité sur laquelle il avait édifié son œuvre, comme sur une puissante et inébranlable assise. Le premier entre tous, il a deviné que la vie sociale n'est rien autre chose qu'une histoire naturelle, où, selon leur construction et leur denture, les divers animaux luttent pour vivre et pour ne pas mourir. Et de même que le lion, le tigre et l'ours ne sont pas du tout plus féroces que la colombe et l'oiseau-mouche, qui se nourrissent comme eux de proies vivantes ; de même le brigand, l'usurier et la courtisane doivent inspirer moins d'épouvante que le couturier, destructeur des familles, et que le fabricant de romances pour piano. Celui-là surtout me semble formidable entre tous, car il ruine et déshonore le langage, grâce auquel les nations existent, et sans lequel elles ne sont que des troupeaux de bêtes insultés par les ouragans et brûlés par les rouges soleils.

Enfin, mademoiselle, n'oublions pas que nous jouissons de l'Égalité, qu'elle est la règle de nos droits et qu'elle est entrée dans nos mœurs. Le premier drôle venu peut, s'il le veut, traiter Shakespeare d'idiot et Michel-Ange d'imbécile, et les chiens ont le droit de regarder les évêques, bien plus certainement que les évêques n'ont le droit de regarder les chiens. Un cochon est tout à fait en son droit, en achetant les manchettes qui sont en vente au *Bonheur des Dames*, et nul n'est autorisé à lui dire : « En ta qualité de cochon, les manchettes ne te vont pas. » Bref, tout appartient à tous, et rien particulièrement à telle ou telle famille d'individus.

C'est pourquoi, si telles honnêtes dames traînent sur les tapis des robes de Laïs et d'Impéria, parlent argot pour être modernes, et enferment dans leurs volières un tas de petits Amours polissons, plus nombreux que les feuilles des bois, je ne vois pas pourquoi on vous interdirait la famille, les joies sereines, les fortes bottines, les jupes noires, la flanelle, les bébés révoltés, le duel incessant avec la cuisinière, et enfin tout ce qui constitue une existence pure. Mariez-vous donc, ne fût-ce que pour connaître les voluptés de l'avocasserie, quand vous plaiderez en séparation. Et laissez dire les détracteurs.

Ils ont moins de pitié que d'envie, ceux qui tant de fois ont fait des grimaces de singe dans le but d'obtenir une parcelle d'or, pour le mortel heureux qui aura la mine d'or à lui. Que vous ayez le droit de vous marier, comme Sémiramis et Javotte, ils n'en ont pas douté un instant dans leur for intérieur; mais ce qui les ennuie, c'est que vous n'êtes pas pour leur fichu nez, et que la mariée est trop belle!

VIII

PRIX DE POÉSIE

A MESSIEURS LES QUARANTE DE L'ACADÉMIE FRANÇAISE

Messieurs, le hasard, le bonheur ont voulu cette fois que vous ayez pu donner le prix de poésie à un excellent poète, à Jean Aicard, l'auteur des *Jeunes Croyances*, de *Miette et Noré*, de l'*Othello* d'après Shakespeare, et de cette *Smilis* que va représenter la Comédie-Française. Cependant, il est rare que la fortune vous serve aussi bien, et les chefs-d'œuvre échappent à ce point à vos recherches, que l'année dernière il ne vous avait pas été possible de décerner le prix. Pourtant, il y a toujours de bons poètes, et même de grands poètes; Dieu, qui est un bon organisateur et qui ne laisse pas ses cadres vides, ne se lasse pas d'en fabriquer. Si donc, en général, ces luttes ne produisent rien, c'est que votre système de concours est mauvais et mal imaginé.

Il l'est aussi mal que possible! Dans sa combinaison, tout est à changer, à reprendre, à retourner comme un gant, et pour arriver à un bon résultat, il faudrait décréter exactement le contraire de ce qui a été fait jusqu'ici, et modifier toutes vos conditions, une par une. La première erreur et la plus grave, est d'imposer à tous les concurrents le même sujet; car de la sorte, vous avez un devoir, une composition de collège, et rien de plus. Le choix du sujet est une des manifestations par lesquelles le poète montre le mieux sa force, ses tendances, les aspirations de son esprit; et l'en priver, c'est déjà lui ôter un moyen primordial et simple d'affirmer son génie. En fait de concours, comme en toute autre matière, ayons toujours les yeux fixés sur la Grèce maternelle! Si nous voulons lui obéir fidèlement, elle nous donnera la juste inspiration et la bonne règle à suivre. Les poètes qui briguaient la suprême récompense faisaient chacun et le même jour représenter une tragédie, mais ces tragédies n'étaient pas écrites sur un sujet unique.

Car sans compter que tel poète traitera mieux le sujet d'Hélène et tel autre celui d'Ajax furieux, et que leur liberté doit toujours être sans limites, n'est-il pas absolument évident qu'un très grand nombre de poèmes sur le même sujet use et fatigue l'attention des juges, à ce point de rendre tout jugement impossible? Si vous voulez égaliser les chances, et mettre les concurrents dans des conditions similaires, décidez, si vous voulez, que le poème ne pourra dépasser tel nombre de vers, et qu'il sera, pour tel concours, écrit soit en vers alexandrins, soit en vers lyriques; mais en vérité, c'est la seule gêne qu'on puisse et doive imposer au poète.

Et encore n'est-elle pas nécessaire! En effet, si nous voulons juger par analogie, nous verrons que les expositions de peinture sont de véritables concours, puisqu'elles donnent lieu à des récompenses, à des médailles, à des prix du Salon, à des nominations et à des promotions dans l'ordre de la Légion d'Honneur. Cependant on n'impose aux artistes ni sujet uniforme, ni dimensions convenues pour leurs figures ou pour leurs toiles. Or, ce qui se peut ici se peut là à plus forte raison; et si quelqu'un doit être réduit en esclavage, est-ce donc préférablement la Muse, essentiellement libre, dont l'aile ne peut être captive, dont la pensée parcourt en un instant des millions de lieues comme fait la lumière, et qui n'obéit à d'autre loi qu'à la loi sacrée du Rhythme, surnaturelle et divine, dont l'âme gouverne les astres, les infinis et tout l'ensemble des choses créées ?

Voilà donc un premier point, le sujet imposé, qu'il faut condamner sans rémission. Je passe à un autre, qui mérite d'être raturé, avec plus de rigueur encore. C'est l'anonymat des poèmes soumis au jugement de l'Académie, le nom de l'auteur étant caché dans une enveloppe, qui sera ouverte seulement après la décision des juges. Ceci est absurde et impie. Le poète lyrique se raconte lui-même, il est l un des éléments indispensables de son œuvre, que je ne puis apprécier en faisant abstraction de lui; et s'il y a quelque chose de non impersonnel au monde, c'est un poème. Et ne me faites pas le raisonnement enfantin, ne me posez pas le dilemme connu, qui est faux! ne dites pas : Le poème, tel qu'il se comporte, est bon ou mauvais, quel que soit le nom de son auteur, et ce nom il est nécessaire que le juge l'ignore, afin de n'être pas influencé par des considérations particulières et de pouvoir juger impartialement. — Non, là-dedans rien n'est vrai, et il ne faut pas que le juge soit impartial, il faut au contraire qu'il soit très partial, et qu'il tienne compte de la personnalité, des actes, et de la vie passée de celui qui parle. Car tel vers, tel mot, peut être beau ou ne pas l'être, selon qu'il est prononcé par tel ou tel poète, et le soldat Eschyle, tout sanglant encore de la bataille, a le droit de prononcer des paroles qui, venues d'un timide ou d'un lâche, ne seraient qu'une ignoble forfanterie. C'est pourquoi dans les concours académiques, le nom du poète, loin d'être caché, devrait être visiblement écrit en grosses lettres sur son poème, au commencement de la première page. Et bien plus, il faudrait que l'académicien qui fait le rapport s'informât de la vie des concurrents, la connût parfaitement, et en résumât devant ses collègues l'esprit et les principales lignes.

Car s'il m'importe peu d'acheter de la toile chez un mercier malhonnête, (et encore cela pourrait-il être discuté!) en art cela n'est pas du tout la même chose, et un être d'instincts vils ne peut me livrer aucune marchandise valable et sincère. Ce que donne l'artiste, c'est son âme exprimée, et si les nobles sentiments, l'enthousiasme, l'adoration du beau n'existent pas dans cette âme, il ne les en sortira pas, non plus qu'on ne saurait tirer de l'argent d'une bourse vide. Il ne m'en donnera qu'une ignoble et hypocrite contrefaçon, et c'est contre quoi je dois me tenir en garde, et c'est pourquoi son âme et ses actes doivent m'être connus, pour que je puisse juger avec certitude. Car cette contrefaçon dont je parlais peut être assez adroite, ingénieuse et séduisante au premier abord pour que je puisse m'y tromper.

Je sais bien que la fausse perfection ne résistera pas à un examen patient et attentif; mais précisément, la connaissance que j'ai de l'artiste me guidera très bien dans cet examen, et me fera voir plus tôt et plus sûrement si j'ai affaire à un génie ou à un comédien simiesque. Et, pour en revenir à mes comparaisons de tout à l'heure, est-ce que ces grands artistes, Henner, Carolus Duran, Bastien Lepage ne signent pas leurs toiles, sous prétexte que la grande médaille peut être attribuée à l'une d'elles? Et pourquoi les poèmes seraient-ils anonymes, plus que les tableaux? Non, je comprends le poète, soit comme l'a voulu peindre Ribeira, vêtu d'une draperie idéale et affirmant son origine divine par la seule expression de son visage, soit couronné de lauriers comme Dante et comme le Hugo du statuaire David; mais je ne saurais le voir déguisé par un faux nez, comme le Coquardeau de Gavarni errant à travers le bal masqué, en quête de chimériques bonnes fortunes.

Mais j'arrive, messieurs, à la critique essentielle, à celle qui est la plus utile de toutes! A votre jury, où se trouvent réunis le goût, le savoir, le discernement, l'érudition technique, il manque un élément indispensable et sans lequel, en fait de poésie, aucun jugement n'a le droit d'exister : c'est l'instinct! Il vous manque le Public, la Foule, le Peuple, en qui réside le sentiment inné, la prescience impeccable, l'âme divine, et sans lequel vous ne pouvez rien faire autre chose que de la bouillie pour les chats, quels que soient d'ailleurs votre haute compétence et vos talents. A Athènes, les tragédies des concurrents étaient représentées dans une théâtre immense, où étaient présents les neuf archontes, les cours de justice, le Sénat des cinq cents, les officiers généraux de l'armée, les ministres des autels; au-dessus d'eux les jeunes gens qui avaient atteint leur dix-huitième année; puis des femmes placées dans un endroit où elles étaient éloignées des hommes et des courtisanes; puis, emplissant les gradins, tout le peuple, et au-dessus de lui, dans la nuée, semblaient planer les figures des Dieux. De telle sorte que le jugement ne se passait pas à huis-clos, comme chez nous, où le moindre danger pour le poète est d'être souligné, lu finement, dramatisé avec esprit, et pour tout dire, interprété de la façon la plus contraire à la fougue envolée et libre de la poésie lyrique.

Mais enfin, critiquer ne suffit pas et il faut indiquer des solutions. Comment donc faire aujourd'hui? Nous n'avons plus ces amphithéâtres qui contenaient trente mille spectateurs et où on venait de toutes les parties de la Grèce; mais nous avons la Presse qui est, elle aussi, un amphithéâtre inondé de clarté et ouvert au grand soleil. Il est convenu que les poètes concurrents choisiraient leur sujet et signeraient visiblement leur poème. Sur les œuvres offertes, il y aurait à faire un premier, puis un second travail d'élimination, et ce travail, les poètes qui font partie de l'Académie ont parfaitement qualité pour le faire; je suppose donc qu'ils écartent tous les poèmes mal rimés ou prosodiés, ou dont la langue ne serait pas correcte; soyez assurés qu'alors il n'en resterait pas beaucoup! Enfin, l'opération serait continuée et poussée jusqu'à ce qu'il demeurât seulement trois concurrents. Alors les trois poèmes de ces premiers élus seraient imprimés, en même temps et le même jour, dans tous les journaux de Paris, afin que la conscience publique fût consultée, combinaison très simple, à laquelle la presse parisienne se prêterait certainement. Le lendemain même, dans un local aussi grand qu'on pourrait se le procurer, par exemple dans le Cirque des Champs-Élysées, devant le peuple d'abord, puis devant des délégations de la Chambre, du Sénat, de la haute magistrature, du barreau, et enfin devant tout l'Institut rassemblé, les trois concurrents réciteraient eux-mêmes leurs poèmes, qu'ils devraient savoir par cœur; par l'impression produite sur le peuple et sur les élites réunies là, on pourrait savoir ce que leur œuvre contiendrait de beauté vraie et de sincérité, et c'est seulement après cette récitation que l'Académie irait aux voix et prononcerait son arrêt.

Et il faudrait que le poète couronné fût en une fois tiré de pair, mis à son rang, honoré d'une haute récompense nationale. Je sais bien que mon plan n'a nulle chance d'être adopté; car si on le voulait, avec de l'humilité et de la bonne foi, toutes les questions qui embarrassent les mortels seraient résolues en cinq minutes; mais, alors, que deviendrait l'art de s'agiter sur place et de parler pour ne rien dire?

IX

L'AVENIR

A MM. BERTRAND ET PLUŃKETT

Messieurs, dans un de ces feuilletons qu'il écrit avec une plume de diamant, un excellent poète que j'aime de tout mon cœur, que tout le monde aime comme moi, et pour le nommer tout de suite, l'auteur du *Reliquaire*, des *Intimités*, du *Trésor*, de *Madame de Maintenon*, vous reprochait, sans amertume il est vrai, d'avoir construit un théâtre où manque l'idéal. L'idéal ne manque pas plus chez vous que dans les autres spectacles, car il manque expressément dans tous. Il faudrait être bien peu Parisien pour ignorer qu'à chaque théâtre est attaché un employé spécial, à appointements fixes, dont la mission consiste précisément à raturer, effacer, enlever des manuscrits tout ce qui, de près ou de loin, pourrait rappeler cette infirmité choquante. Pour tout mettre au pis, à défaut de l'employé empêché, les directeurs n'hésiteraient pas à retrousser leurs manches et à faire eux-mêmes la besogne; et, au besoin, de simples particuliers s'en chargeraient. C'est ainsi qu'à Bruxelles, le grand peintre Courbet, présidant je ne sais plus quelle solennité, commença son discours par ces paroles restées célèbres : « C'est moi, messieurs, qui ai détruit l'Idéal!... »

Mais, messieurs, en admettant que votre théâtre soit moins idéal que les autres, ce qu'il faudrait démontrer, il y a pour vous absoudre une raison meilleure que tout, c'est que ce n'est pas vous qui avez construit l'Éden! Ou, du moins, c'est vous qui l'avez le moins construit; ses architectes, c'est tous les mortels de ce temps; tout le monde y a apporté sa pierre, comme pour lapider saint Étienne; et si l'Éden représente, en effet, le triomphe de la matière sur l'esprit, je ne connais personne qui n'ait travaillé à édifier ces murailles, et vous seuls peut-être n'y avez pas contribué. Tout ce qu'on appelle des CLOUS, les cortèges inutiles, les praticables dressés pour faire défiler des armées, les ballets dans le drame, les incendies, le tapis de table de quinze cents francs dans *Michel Strogoff*, les chiens de Duquesnel, les vases de trois mètres de haut érigés sur la scène du Théâtre Français dans *Le Sphinx*, uniquement pour cacher Sarah Bernhardt! la coiffure mécanique de mademoiselle Croizette, qui se levait à l'aide d'un ressort à boudin; les femmes nues, en maillots violets ou groseille, ou blancs comme du linge, pendues à des tringles, celles-ci maigres comme des rats affamés, celles-là grosses comme des éléphants engraissés artificiellement; les meubles de tapissiers, les toilettes de Worth et de Félix, les appareils d'éclairage de n'importe qui; tout cela c'était l'esquisse, l'ébauche et l'embryon de l'Éden. Car la question est simple comme bonjour, et le dilemme est absolu. L'impression produite sur mon cerveau le sera, ou par la matière, étalée en ses plus éblouissantes magnificences, ou par la parole, par le Verbe sacré, par l'esprit. Mais c'est l'un ou l'autre, car entre ces deux éléments, nulle association, nul compromis, nul accord possible.

Eh bien! déblayons, et écartons tout de suite les choses inutiles. L'esprit, n'est-ce pas? c'est bien convenu, est condamné, aboli, classé dans le vieux jeu, relégué parmi les empêcheurs de danser en rond; il n'en faut plus du tout, et Gavroche, en son langage imagé, n'hésiterait pas à s'écrier : « Asseyez-vous dessus ! » Cela va bien, comme dit le méridional. Reste donc la matière, elle seule, en premier et sans partage. Rien de plus évident, rien de plus légitime, j'y souscris, j'en tombe d'accord ; et une fois placé sur un terrain solide, j'arrive au véritable objet de cette lettre. Moi aussi, messieurs, je veux vous adresser une critique ; mais, loin de ressembler à celle que vous a faite mon ami François Coppée, elle est tout le contraire. Car moi, je trouve votre installation un peu simple ; il me semble que chez vous, cela manque de peintures, de dorures, de mosaïques, de festons, d'astragales, de décors, de costumes, et surtout de femmes, et que vos danseuses ne sont pas en assez grand nombre.

— « Peste, monsieur, me direz-vous, vous êtes bien dégoûté ! Que vous faut-il donc ? » C'est bien simple. Il me faut plus de choses que vous n'en donnez. Il me faut encore plus de tapis, encore plus d'étoffes, encore plus d'or, encore plus de femmes. Et voici pourquoi. La Poésie crée des visions illimitées, et un vers de Shakespeare me montre la forêt de Titania pleine de sylphes, d'âmes, de lutins, de fées envolées. Là les ailes bruissent et frissonnent en si grand nombre, que je n'en saurais désirer plus. Mais notre esprit a cela de particulier qu'il s'habitue tout de suite à la réalité, qu'il se blase immédiatement sur les choses matérielles, et il ne saurait être satisfait par rien qui soit visible avec les yeux de la chair. Si vous dites à un enfant : « Un palais où il y avait beaucoup de Polichinelles... », il les verra plus nombreux que les étoiles du ciel ou les feuilles des arbres ; mais si vous lui donnez un vrai Polichinelle, en chair et en os, je veux dire en satin et en bois, il ne tardera pas à vous demander deux Polichinelles. De même, vous avez, je crois, cent cinquante danseuses, évoluant avec une précision mathématique. Mais, après les avoir comptées, le spectateur se dit :

« Pourquoi pas trois cents? Pourquoi pas d'autres jambes encore, d'autres bras, d'autres épaules, d'autres croupes, qui se recourberaient aussi en replis tortueux, et pourquoi le nombre de ces croupes est-il limité? »

Un homme qui vit dans un palais aux plafonds de diamant, au pavé d'or, où les torches aux flammes roses sont portées par des servantes nues, et un autre homme jeté dans un cachot noir et suintant, habité par les rats, les limaces et les scolopendres, prennent bien vite, et à un degré égal, l'habitude de leur domicile respectif; la différence n'est que dans la pensée et dans le rêve; aussi se peut-il que le prisonnier du cachot voie se dérouler devant lui les plus belles demeures et les plus divins paysages, et que l'hôte du palais n'aperçoive qu'un monotone et ennuyeux miroitement. Prenons, si vous voulez, un autre exemple. Vous êtes trop jeunes, messieurs, pour avoir vu représenter les charmantes féeries de Brazier et de Sewrin. C'étaient des comédies qu'on pouvait monter avec cent écus, avec moins encore, avec rien du tout, car le dialogue et les couplets étincelants d'esprit se chargeaient de susciter des merveilles et d'emporter les âmes des spectateurs dans le monde enchanté du bon Perrault. Et nul ne résistait; on voyait bien Cendrillon emmenée au bal par la fée, et perdant sa pantoufle de verre, et le petit Chaperon Rouge mangé par le Loup, et Riquet à la Houppe donnant de l'esprit à la princesse ingénue qui lui donnait la beauté. Au dénoûment, le prince Charmant et la princesse Azurine étaient unis par le dieu Amour, devant un autel de bois peint et doré qui valait bien trois ou quatre francs, et sur lequel brûlait un petit punch rouge d'une simplicité initiale. Mais on s'était si vivement intéressé aux amours de ces beaux êtres, on désirait tant les voir mariés, l'apothéose était si bien la récompense voulue et due de leurs combats fidèles, qu'elle paraissait pleine de pompes et d'éblouissements.

Nos féeries d'à présent, c'est tout le contraire. Deux

ou trois imbéciles qui disent des calembours périmés devant un rideau de manœuvre; puis le changement fait et la scène agrandie, des armées, des Turcs, des éléphants, des maillots, des guerrières avec des boucliers luisants comme des casseroles; une assez grande quantité de femmes, toujours uniformément vêtues du justaucorps collant de canotier, avec ou sans ailes sur le dos, tout cela défile stupidement, et nous laisse, comme disait madame de Pompadour, aussi froids qu'une macreuse. Quand cela a duré assez longtemps, commence une apothéose *en douze transformations,* inondée de lumière électrique comme s'il en pleuvait. C'est des toiles et des crêpes qui tour à tour s'enlèvent, des clairières, des paysages, des jardins de fleurs, des aquariums, toujours agrémentés de femmes naturelles et pas assez surnaturelles! pendues à des tringles, et auxquelles succèdent, dans le prétendu lointain, des femmes plus petites, équipées en papier. Hypnotisé par ce spectacle monotone, on regarde avec un ennui tranquille les toiles se rouler et se dérouler, et les femmes être pendues; quand cette navette s'arrête, on se demande pourquoi cela a fini et pourquoi cela avait commencé, et on s'en va boire un bock, avec les yeux aveuglés et ennuyés par l'éblouissement obstiné, et on a dans l'esprit, non des idées de féerie, mais seulement des idées de paillons et d'étoffes.

Certes, messieurs, si quelqu'un est innocent de ce mouvement artistique, c'est bien vous. Selon l'inéluctable fatalité, la littérature dramatique part d'un point pour arriver à un autre, sans que rien puisse l'en empêcher; et ayant commencé par l'Ode, par le chant sacré, elle finira inévitablement par l'exhibition pure et simple. Née de l'esprit, elle mourra dans l'inepte et splendide matière. Vous êtes hors de cause, messieurs, car vous êtes d'honnêtes gens et des artistes; les magnificences que vous montrez ne sont là que pour servir de cadre à la Danse, que les Grecs mettaient si haut, qui est un si grand art, et qui nous apparaît comme la figure visible de l'Ode. Enfin vous travaillez pour cette France, qui en dépit de tout sera toujours une nation d'imagination et de pensée. Mais il n'est pas difficile de deviner que chez quelque peuple plus pratique et plus américanisé que celui-ci, entre les mains de directeurs moins délicats que vous ne l'êtes, le genre de spectacle dont vous nous avez donné la primeur ne tardera pas à se transformer dans un sens particulier.

Étant donnés l'universelle paresse, le nihilisme des idées, le désir de tout obtenir sans peine et d'avoir ce qu'on souhaite à la portée de la main, dans ce pays neuf dont je parle et où le sol de fabrique récente n'a jamais été foulé par les pas des Dieux, les gentlemen qui auront trouvé les danseuses jolies sur la scène et qui éprouveront le besoin de le leur dire, s'aviseront que les heures sont lentes, que le temps est de l'argent, que demain c'est bien loin, et le directeur qui aura lu dans leurs âmes, leur évitera le dérangement et l'ennui de l'attente, en créant à leur usage un local intermédiaire, une sorte de parloir de famille, où les spectateurs et les danseuses pourront se rencontrer, soit pendant les entr'actes, soit après la comédie, et échanger leurs idées, en buvant des boissons glacées ou brûlantes. Mais bientôt, l'indifférence, l'ennui, le quiétisme, le désir de ne pas être opprimé devenant à chaque instant plus intenses, on ne voudra plus être occupé par des attitudes et des gestes troublants, et on se demandera s'il est bien nécessaire que les danseuses dansent !

On remarquera avec juste raison que le gracieux et violent exercice auquel elles se livrent, en développant démesurément les pieds, les jambes, les mollets et les hanches, laisse le torse et les bras atrophiés, et que les femmes costumées garderaient une beauté plus harmonieuse et mieux équilibrée, si elles restaient calmes.

Elles resteront donc calmes, pour obéir au désir des spectateurs, qui sont les suprêmes juges, et bientôt, au bruit d'une vague musique, qui sera priée de ne pas faire trop de bruit, et qu'on pourrait même supprimer, les spectateurs assis devant un décor de paillons et les femmes immobiles se regarderont patiemment et silencieusement, comme deux troupes d'oies. Je prends ici le nom de ces oiseaux dans son sens le plus noble et le plus homérique, en tant qu'exprimant la majesté froide et sûre d'elle-même.

Alors les parloirs de famille seront bien toujours ouverts, mais on n'ira plus : à quoi bon? Pourquoi se déranger si peu que ce soit, faire même un pas et se donner la peine de savourer un bonheur dont on est sûr, et qui ne peut nous échapper? Et Thalia, devenue muette, et ayant enfin achevé son long voyage, restera commodément assise dans un bon fauteuil où elle aura parfaitement oublié les vendanges, l'outre pleine de vin qui pend sur les flancs de l'âne, pareille à un Silène, et les hymnes à la louange de Bakkhos, et toutes les autres comédies. Nous aurons enfin atteint ce progrès, qu'on paiera sa place dans des théâtres où on n'entendra rien du tout, et où on ne verra rien du tout, sinon des femmes décolletées à souhait pour le plaisir des yeux ; et peut-être arrivera-t-on à supprimer les femmes, comme faisant longueur, ne tenant pas à l'action, et rappelant d'une manière encore trop précise l'idée de la scène à faire. Et ce sera l'absolue perfection!

Si jamais les choses en arrivent là, messieurs, nous vous devrons cette justice que vous n'y aurez contribué en rien; car loin de nous pousser à cet implacable nirvana, vous nous donnez l'action, le mouvement, l'idée du progrès scientifique, des armées de femmes qui évoluent comme des guerrières de Thrace, et les orageuses harmonies de la Musique, et les enivrements enchantés de la Danse, dans un palais où tout est joie, extase, ruissellement de vie et de lumière. Et si les

Édens futurs doivent, comme j'en ai peur, se simplifier et se résumer en une synthèse d'une simplicité formidable, vous n'en êtes pas plus responsables que Corneille et Molière ne sont les auteurs de *La Biche au Bois* et de *La Queue du Chat!*

X

LA RIME

A M. H. TAINE

Je ne cesse jamais, monsieur, de vous lire avec la plus vive et la plus sympathique admiration, car chez vous l'écrivain, l'historien, le philosophe sont doublés d'un grand artiste, et vous savez évoquer une époque, non seulement avec ses passions, ses aspirations et son génie, mais aussi avec ses décors, ses costumes et toute son allure physique. Aussi est-ce un bonheur de vous entendre causer, et je tâche toujours de me procurer cette grande joie quand j'ai la fortune de vous rencontrer dans le salon illustre où il est encore permis de parler d'autre chose que de la politique, et où même on ne parle jamais politique. Il y a, monsieur, un sujet unique sur lequel nous ne nous entendons pas tout à fait : ce sujet, c'est la poésie; mais comme nous sommes tous les deux de bonne foi, et comme votre discussion est toujours mesurée, aimable et polie, il n'y a aucune raison pour que nous n'abordions pas la question qui nous divise le plus. Voici quelques mois, au bout de ce salon où s'est réfugiée l'âme spirituelle de Paris, nous causions dans une embrasure de porte tendue en damas rouge, et s'il m'en souvient bien, vous m'adressiez à peu près textuellement les paroles suivantes :

— « Un très grand poète, me disiez-vous, m'a affirmé que tout est bien si les vers se terminent par de belles rimes sonores, et que ce qu'ils contiennent d'ailleurs importe peu. Croyez-vous qu'il était sincère? »

Oui, je crois qu'il était sincère! mais je crois aussi que pour aller plus vite, par paresse et dédain des paroles inutiles et même utiles, il s'exprimait avec une prodigieuse ellipse. Donc puisqu'il n'est plus là, malheureusement! pour mettre sur ses I les points qu'il avait omis volontairement, permettez-moi de le suppléer dans la mesure de mes moyens, et de mettre en son lieu et place ces mêmes points dédaignés. Non, il n'est pas nécessaire que l'ensemble du vers soit, hors la rime, absurde et quelconque; et cela est même impossible, si le poète a bien rimé. Mais ce qui est très vrai, c'est que si le vers exige du bon sens, de la logique, un enchaînement exact d'idées, le poète n'a pas à s'occuper de tout cela, parce que ce travail, qu'il le veuille ou non, est fait à son insu, indépendamment de lui, par l'inspiratrice, par la souveraine, par la Muse, qui de son vrai nom se nomme : la Rime!

C'est Elle, monsieur, qui invente, imagine, combine, harmonise, compense; en cet art tout surnaturel, étonnement toujours nouveau de ceux qui le pratiquent, celui que nous nommons le poète n'est qu'un instrument passif; il suffit qu'il soit humble, qu'il obéisse et qu'il n'entrave pas l'action de sa divine maîtresse. A la voix de cette dominatrice, de cette charmeresse, les idées, les harmonies, les mots s'arrangent d'eux-mêmes, et comment cela s'est fait, le poète l'ignore plus que personne; cela ne prouve absolument rien contre l'œuvre, au contraire; et ce n'est pas du tout une raison pour que les vers soient imbéciles, parce qu'ils ont été pensés et dictés par une déesse. L'ouvrière lui, n'y est pour rien, ou il y est pour peu de chose; il ressemble à ces ouvriers des Gobelins qui, placés derrière le canevas, exécutent, sans en saisir l'ensemble, une tapisserie qu'ils ne voient pas; elle n'en est pas pour cela moins parfaite et moins belle. Tel aussi le médecin, qui en fait de thérapeutique ne sait rien ou presque rien, et volontiers l'avoue à ses heures; qui ne peut en réalité ni combattre ni détruire une maladie, et dont tout l'effort doit se borner à écarter les obstacles imprévus qui l'empêcheraient d'accomplir son évolution normale.

La Rime, qui sait tout et qui peut tout, écarte dédaigneusement les superbes, et plus on est humble, plus elle vous chérit et plus volontiers elle se donne à vous. Oui, elle se donne, ardemment, passionnément, sans restriction, où et quand elle veut, et alors on a tout le reste par surcroît; mais si elle ne se donne pas, on ne possède jamais ni elle, ni le reste. Je sais bien que certains faquins se sont vantés de l'avoir violée; mais ils en ont menti par la gorge, et ils ont pris pour la dame quelque Gothon ou quelque Maritorne affublée d'oripeaux volés. Vous ne le savez que trop bien, à ce qu'assurait Boileau, la Rime est une esclave et ne doit qu'obéir. Mais si elle doit cela, il est certain qu'elle ne l'a pas payé, et ne le paiera pas. Est-ce qu'une déesse, est-ce qu'une reine, est-ce qu'une femme quelconque obéit jamais? Les maris qui se flattent de mener leur femme à la baguette, de la réduire à une somme dérisoire avec laquelle elle fait face à tout, et de lui imposer tous leurs caprices, sont précisément les plus grands — sganarelles du monde, et portent sur leurs fronts ingénus de tels bois de cerf qu'ils passeraient malaisément sous les portes triomphales. Sans compter qu'une fois les étrangers partis et la porte close, ils en rabattent beaucoup, baissent leur ton impérieux, et redeviennent très petits garçons.

Certes, il y a un moyen, mais un seul pour que la femme vous appartienne, c'est d'abord de vous donner complètement à elle sans arrière-pensée, de l'aimer, de la protéger, de lui montrer une âme sincère exempte de mensonge sur laquelle on puisse compter toujours, de savoir la toucher avec des mains fermes et délicates, et de la rendre assez fière de vous pour qu'à chaque moment elle vous veuille et vous choisisse de nouveau. Tout le reste n'est que songerie et chimère. Or la Rime, déesse et femme, se donne exactement comme les autres femmes, et non autrement, analogie évidente, et qui devait nécessairement échapper au législateur du Parnasse!

Mais, monsieur, je veux bien parler d'elle, de la sainte et toute-puissante Rime sacrée, comme si elle n'était pas ce qu'elle est en effet, un Être volontaire et conscient, et accepter la fiction tout idéale du langage technique. En ce qui concerne la poésie, dans le monde surtout, mais aussi dans les lycées et dans les plus hautes écoles, on ne dit et on n'enseigne que des sottises. On croit généralement, et on affirme que le poète est placé dans l'alternative de sacrifier la Rime à la raison, ou la raison à la Rime, et que plus sa rime est incolore, invertébrée et inanimée, plus il a la chance d'avoir le sens commun, tandis qu'en revanche il lui sera facile de bien rimer, s'il consent à parler à tort et à travers. Eh bien! c'est le contraire qui est vrai, et la plus vulgaire expérience nous le démontre. Ce sont précisément les vers bien rimés qui sont clairs, fermes, corrects, disent ce qu'ils veulent dire; et ce sont les vers mal rimés qui sont embrouillés et obscurs, et cherchent midi à quatorze heures.

Mais, pour s'entendre, il faut d'abord définir les termes, de façon à éviter toute amphibologie. Le vulgaire, (celui-là même dont La Fontaine haïssait les pensers!) se figure que bien rimer c'est rimer richement, c'est-à-dire en reproduisant à la fin de deux vers jumeaux la plus grande quantité possible de sons et de syllabes identiques. Eh bien, vrai, ce serait trop simple. C'est comme si on disait que pour être bien habillée, une dame doit nécessairement être vêtue d'une robe en velours bleu très décolletée! La vérité c'est que, selon qu'elle ira dans un salon bourgeois, ou princier, ou en promenade, ou aux Courses, ou au Bois, ou à l'Opéra, ou à la Comédie, elle sera bien habillée avec telles soies, tels damas, tels velours, telles peluches, telles étoffes à fleurs Pompadour, entourées de légers nœuds de rubans! Elle sera bien habillée avec un peignoir de dentelles pour recevoir son amant, et avec un caraco en indienne pour épousseter ses bibelots précieux; bref, la toilette véritablement bien choisie est celle qui s'accorde à l'usage pour lequel elle est destinée. Et il en est de même de la Rime! Il ne s'agit pas de rimer, comme disait ironiquement Musset, à tour de bras, mais de rimer d'une manière conforme au sujet, au ton adopté, à l'effet qu'on veut produire, richement ou gracieusement, ou avec légèreté ou avec emphase, ou avec la verve bouffonne, ou avec la force tragique, et sous le mouvement de l'esprit qui la soulève, la Rime doit être aussi changeante, variée et diversifiée que les innombrables flots de la mer sonore. Elle est une reine avec le diadème au front, une guerrière au corset de fer, une nymphe inclinée sur le bord murmurant des sources, une dame dans son salon charmant, une aïeule aux cheveux de neige, une fillette dont le sourire ressemble à une pâle rose; elle est enfin, dans ses incarnations agiles, tous les êtres féminins, excepté pourtant la bourgeoise chargée de gros bijoux d'or que serait la Rime platement et uniformément riche!

Bien rimer, c'est donc avoir toutes les inépuisables ressources du talent et du génie. Mais qu'est-ce que la Rime, en elle-même? Sa magique puissance consiste-t-elle, comme on se l'imagine, dans le choix et dans l'accouplement de deux mots terminés par des consonnances pareilles? O aveuglement! Mais s'il en était ainsi, tous les ouvriers rimeraient aussi bien les uns que les autres, puisqu'ils ont toujours à leur disposition ces mots, que d'une part ils savent par cœur, et qui d'ailleurs leur sont fournis par tous les lexiques. Aussi la question n'est-elle pas là du tout! Ce qui fait le génie de la Rime, ce n'est nullement de choisir deux mots aux désinences pareilles, c'est de trouver entre ces deux mots un rapport vif, soudain, précis, ingénieux, décisif, sublime de force, d'esprit, ou de bon sens, ou de colère, ou de tendresse caressante, ou de douleur, ou de joie!

Or c'est ce que fournit, non aucun lexique, mais une âme chaste, enflammée, voyante, humblement livrée au délire et à la sagesse de la Muse. Je l'ai dit ailleurs, mais c'est une historiette qu'on ne saurait trop raconter, le plus grand de tous les rimeurs, Victor Hugo, qui a pitié de toutes les victimes, non seulement des êtres et des personnes, mais aussi des mots et des vocables disgraciés, eut un jour, lorsqu'il écrivait *Les Contemplations*, pitié d'une rime tombée au dernier degré d'avilissement. C'est la rime AMOUR et JOUR, usée par l'incolore tragédie, déshonorée par les romances, déchiquetée parmi les jeux dans les pensionnats de demoiselles, adoptée à cause de son emploi facile par tous les mauvais poètes, devenue plus honnie et méprisée que les Turcs des rues et les chiens qui traînent à leur queue des lèchefrites. Eh bien ces deux mots, qui formaient *un assemblage infâme,* il trouva le moyen de les relier, chaque fois qu'ils paraissaient, par de tels rapports imprévus, lumineux, splendides, par de telles chaînes de diamants et de fleurs, que dans son livre on souhaitait passionnément leur retour, autant qu'on le redoutait et qu'on le haïssait jadis.

Despréaux se trompe lorsqu'il croit aller chercher au coin d'un bois le mot qui l'avait fui. Car le mot, je le répète, est dans tous les dictionnaires; il n'est pas au coin d'un bois, où l'on peut rencontrer des bandits et des colombes, des loups et des bergères, mais pas de mots. Ce qui l'avait fui, ce n'est pas le mot, c'est le génie qui permet de l'enchaîner par une vive et subtile pensée à un autre mot de consonnance pareille. Mais CELA est dans l'esprit ou n'y est pas, et on pourrait, comme Orlando, parcourir toute la forêt des Ardennes, sans l'y trouver jamais.

Seulement, celui qui aura eu assez de génie pour trouver CELA, en aura assez pour trouver tout le reste, les mots complémentaires, les sons que les autres sons appellent, les mots longs qui font équilibre aux mots très courts, enfin toutes les harmonies. Donc, monsieur, le grand poète avait raison d'affirmer que si les vers riment bien, il n'y a point à s'inquiéter du reste. C'est comme s'il eût dit : « Occupez-vous seulement d'avoir les millions de Rothschild, et ensuite vous n'aurez pas à être inquiets sur les moyens d'acheter du pain et des souliers! » Je conviens qu'il avait exprimé sa pensée sous une forme un peu et initiale et brève; cela tient à ce que cela l'ennuyait un peu de parler en prose. Mais enfin, je suis là, à défaut d'un plus digne, pour lui servir d'interprète, et c'est pourquoi j'ai pris la liberté de vous tenir ce petit et trop long discours. Car enfin, monsieur, si nous n'étions pas autre chose que de vains enfileurs de perles et de vieux enfants d'Eldorado qui jouent avec des pierreries, les contempteurs de la poésie auraient la partie trop belle. Mais la Rime et le Rhythme non plus ne sont pas si bêtes qu'ils le supposent, et dans le joli vaudeville intitulé : *Riche d'amour*, Arnal avait parfaitement raison de dire à propos du roi Orphée, indûment comparé à une huître : « Ce n'est pas ainsi qu'on le représente! »

XI

THALIA

A ALEXANDRE DUMAS FILS

Cher et illustre confrère, je vous remercie tout d'abord du grand honneur que vous m'avez fait en m'offrant votre Théâtre dans la belle *Édition des Comédiens*. Je lisais hier les admirables *Notes* étincelantes de logique, de bon sens, d'esprit, de points de vue nouveaux, d'images inattendues que vous avez écrites à la suite du *Fils Naturel*, et comme toujours j'admirais les inépuisables ressources de votre imagination éternellement créatrice.

Dans le livre, vous prenez votre lecteur à bras-le corps, comme au théâtre vous prenez votre spectateur, et vous ne le lâchez pas avant qu'il soit vaincu, terrassé, dompté, et, ce qui est plus difficile encore, persuadé. Telle est la force de votre raisonnement net, serré, précis, bien agrafé au sol, prompt à l'attaque et à la riposte, servi par un coup d'œil agile et rapide, que vous auriez encore l'air d'avoir raison, même si vous ne l'aviez pas; mais, heureusement, vous avez toujours raison.

Il n'y aurait que profit et honneur à discuter avec vous, car vous êtes le vrai honnête homme, en tout état de cause, loyal la plume à la main comme dans les actions de la vie, et vous n'avez jamais invoqué ce privilège arbitraire grâce auquel certains écrivains prétendent avoir le droit de se dédoubler et de renier, en tant qu'artistes, leur personnalité réelle. Non, ce que vous pensez, vous le dites, vous l'écrivez, vous le faites ; en aucune occasion, vous ne voulez être irresponsable, et quand on s'adresse à vous, on trouve toujours à qui parler. Toutefois, je ne désire pas discuter ; je voudrais seulement vous traduire quelques-unes des impressions que j'ai subies en lisant vos *Notes* éblouissantes, et j'espère que vous les accueillerez avec indulgence, car vous devez croire, je m'en flatte du moins, que je suis sincère, moi aussi, comme vous l'êtes vous-même.

Pour excuser votre Jacques Vignot, qui juge son père et se refuse à l'absoudre, vous dites que le Léandre des *Fourberies de Scapin* agit bien plus cavalièrement encore avec Géronte, et qu'appeler son père : Mon oncle ! est une action bien moins irrespectueuse que de le laisser fourrer dans un sac et bâtonner par un valet. Certes, ce raisonnement est inattaquable ; il ne présente nul défaut, nulle tare, et on n'y saurait fourrer une épingle. Cependant il ne m'avait pas laissé convaincu ; je me suis demandé pourquoi, et je crois que cela tient à plusieurs raisons. D'abord, à la grande différence qu'il y a entre les acteurs d'autrefois et ceux d'aujourd'hui.

En effet, tout comédien qui joue un rôle est un être double ; il est le personnage qu'il représente, mais il est aussi lui-même ; le public l'envisage sous ses deux faces, et tout en s'intéressant à l'être fictif, ne fait pas abstraction de l'être réel. Un soir, au foyer de la Comédie-Française la fine et spirituelle Madeleine Brohan disait un mot qui m'a beaucoup frappé, et auquel j'ai resongé bien souvent. « J'ai refusé, disait-elle, de jouer *Les Caprices de Marianne* avec M. Volny, parce que je suis une femme tandis qu'il est un enfant, et il y a là quelque chose qui blesse la délicatesse du spectateur. Cependant je joue volontiers cette pièce avec Delaunay, qui lui aussi a l'air d'être enfant; mais ON SAIT qu'il ne l'est pas. »

Je crois, mon cher confrère, qu'il y a dans ces deux mots : ON SAIT, toute une révélation. Non, l'acteur ne saurait disparaître et ne disparaît jamais complètement derrière le personnage représenté, et même travesti, changé, grimé, défiguré, affublé d'un déguisement, on lui tient compte de ce qu'il est dans la réalité. Lorsque, peu de temps après la mort d'une enfant adorée, l'excellent Regnier reparut un soir à la Comédie-Française dans la *Gabrielle* d'Émile Augier, au moment où il disait le beau morceau sur les enfants : *Nous n'existons vraiment que par ces petits êtres...* d'un mouvement spontané, délicieusement tendre, toute la salle à la fois l'acclama, l'applaudit, et déchirant violemment le voile idéal qui sépare le public de la scène, voulut avoir devant elle non plus l'avocat Julien, mais Regnier lui-même, l'homme, l'artiste, le père, et lui donner une éclatante marque d'estime et de sympathie.

Les acteurs d'autrefois, c'était différent! Beaucoup d'entre eux furent gentilshommes et braves et honnêtes gens, mais enfin ils n'appartenaient pas à la vie sociale; ils étaient les chevaliers-errants du grand chemin et de l'aventure; ils avaient dans leurs prunelles l'immensité des horizons et sur leurs souliers toute la poussière des chemins parcourus; on les voyait volontiers avec le diadème au front et l'épée au flanc; ils pouvaient être des ducs, des rois, des empereurs, vêtus de pourpre vraie ou fausse et parés de pierreries qui étaient des rubis ou des cailloux; ils étaient des chevaliers, des vagabonds, des héros, des Achilles, des Amadis; personne ne leur disputait le trône de Cappadoce ou l'empire d'Orient, mais il ne leur eût pas été permis d'usurper la bourgeoisie et de se donner comme les égaux de monsieur Orgon ou de monsieur Dimanche.

Et la même différence existe entre la comédie d'aujourd'hui et celle d'autrefois. La nôtre veut être la fidèle image de la vie, et tout doit y être pris au sérieux ; jadis, au contraire, entre les deux côtés de la rampe, il y avait une séparation grande comme le monde. Précisément pour pouvoir être au fond plus sincère, pour avoir le droit de montrer l'âme humaine dans toute sa hideur, et avec l'affreuse lèpre de ses vices, la Comédie s'occupait de séduire les yeux, de barioler ses personnages, de les couvrir de clinquant et d'étoffes couleur de rose, afin de dissimuler ce qu'elle a de profondément triste. Ses jeux se passaient, parce qu'elle le voulait ainsi, dans le domaine de la fantaisie pure, dans une Sicile foulée par les pas de Cérès et où chante le flot bleu, dans une vague Italie où le bagne n'était déshonorant pour personne, et où Scapin en revenait avec un magnifique habit de satin rayé, aussi éblouissant et propre que s'il fût sorti tout à l'heure de chez le marchand. Ses personnages n'étaient ni des comédiens ni des hommes, mais des acteurs bouffons, et quand Scapin battait Géronte, qui était, comme son nom l'indique, non pas le Père, mais le Vieillard, c'était tout simplement un bouffon qui en battait un autre, dans un décor fabuleux, avec un bâton chimérique, et il n'y avait pas de quoi fouetter un chat.

La personne vraie persiste si bien sous la personne figurée que, lorsqu'il voulait montrer dans quelque pièce nouvelle, une jeune fille donnant l'idée de l'innocence et de la pureté absolues, Scribe, le plus habile théâtriste du monde, avait grand soin de se procurer, toutes les fois que cela lui était possible, une comédienne tout à fait inconnue du public, et, notoirement du moins, n'ayant dans son passé rien qui jurât avec l'ingénuité du rôle.

Madame Delphine de Girardin obéit au même sentiment lorsqu'elle fit engager Émilie Dubois, ignorée encore, pour représenter la jeune fille dans *Lady Tartuffe*, et il est, je crois, évident que pour une bonne part le comédien, sous un visage d'emprunt, reste lui-même. Eh bien! mon cher confrère, les comédiens aujourd'hui ont voulu la respectabilité et l'ont obtenue ; ils sont citoyens, magistrats, pères de famille; on les inhume en terre sainte, et beaucoup d'honnêtes gens, qui sont mariés de la façon la plus régulière, l'ont été par l'acteur Tronchet ou par l'acteur Lafontaine. Nous savons que ces artistes sont des hommes pareils à nous, aussi soucieux que nous de leur dignité, et c'est pourquoi nous souffrons difficilement que Léandre les fasse bâtonner dans un sac, même moralement, et, s'il est leur fils, les appelle : mon oncle! Je crois que l'excellent comédien Got n'a pas joué depuis longtemps le Pasquin (ou l'Arlequin) de Marivaux; mais, si j'ose le dire, il me semblerait presque monstrueux qu'il le jouât. Il m'est impossible de ne pas voir en lui le doyen à cheveux blancs, le chevalier de la Légion d'Honneur estimé et respecté de tous, et je serais humilié que Dorante, déguisé en valet, lui donnât, en ramassant son chapeau, le célèbre coup de pied classique.

Et Léandre n'était pas plus un Fils que Géronte n'était un Père! Il était la jeunesse, les vingt ans, l'amour, et il fallait que l'amour triomphât dans notre ancien théâtre, comme vous le lui reprochez, un peu sévèrement peut-être. Mais en ce temps-là le poète n'était pas un juge ; il était l'avocat de la nature contre la loi sociale, qui a pour la défendre des juges, des magistrats, d'innombrables armées, mille moyens de répression, tandis que la nature, elle, n'a que le poète. Vous le savez mieux que moi, mon cher confrère, les lois et les mœurs changent, les événements se déroulent, l'histoire éperdue bat la breloque comme une horloge détraquée, tout se transforme, excepté pourtant les formes poétiques, lentes à éclore, qui ne vont pas si vite que les révolutions et les batailles, et c'est plus tôt fait d'envahir et de détruire le colosse romain que d'imaginer un nouveau genre de poème.

Ayant à créer la Comédie en France, Molière, pour aller vite, dut la prendre au passé toute faite, avec tout son bagage, surtout pour ce qui concerne la farce. Aussi la farce de Molière, c'est celle de Plaute et de Térence ; c'est encore la comédie antique, celle qui naquit sur le char de Thespis, en pleine vendange, Nymphe effrénée, effrontée, barbouillée de raisin au jus rouge, couronnée de pampre, à demi ivre, et mettant son poing sur sa hanche pour échanger avec les vendangeurs les strophes religieuses et farouches de son ode dialoguée. Elle est née loin des villes, en dehors de toute convention, au milieu des Satyres chèvre-pieds et des loups, et sous l'œil des Dieux, et c'est pourquoi, dédaignant l'homme social, elle montre l'homme instinctif, à la fois bestial et divin. Pour elle, Géronte n'est pas plus intéressant qu'une ruine, et Léandre n'est pas plus responsable que la sève du printemps qui monte et bouillonne, sans se soucier des pierres brisées et des feuilles mortes.

Oui, Thalia est alors semblable à l'indifférente et féroce Nature, qui par tous les moyens sert et favorise la vie, la naissance, l'amour, la floraison, la reproduction, le désir, qui sont les outils dont se sert la Vie pour persister, comme c'est son devoir et son droit d'Immortelle. Que ce tronc mort, brisé, foudroyé soit un père ou un aïeul, elle ne le sait pas, et elle ne veut pas le savoir ; les feuilles, les végétations, les jeunes pousses, les verdures qui envahissent tout achèvent de l'étouffer, de le détruire, de le supprimer, au nom de la raison suprême qui est l'amour, le renouvellement, le besoin de vivre ; et la calme Nature, en sa richesse luxuriante et triomphale, abrite les nids, les ailes frémissantes, et sur son sein caressé par les brises amoureuses jette une odorante écharpe bariolée, où s'extasient les mille couleurs des fleurs.

Mais ce que le grand Molière n'avait pas eu le loisir de faire, ses successeurs l'ont fait ; délaissant l'homme bête et dieu, livré à ses instincts naturels, ils ont abordé l'étude de l'homme social; le théâtre des poètes est fini, et il a fait place au théâtre des moralistes et des philosophes.

Leurs personnages sont des hommes, et dans leur personnalité fictive et dans leur personnalité réelle. Il n'y a plus de Géronte à bâtonner, parce que Géronte n'y consent plus, ni le sentiment public, et parce qu'il n'y a plus jamais de bâtons oubliés derrière un des portants du décor. Si l'on en voulait un, il faudrait l'apporter exprès et dire pourquoi on l'apporte, et dès l'exposition, faire pressentir son entrée. Dans les bois, les roses, les églantiers, les fleurs, les oiseaux, les cerfs, les gazelles, vivent comme il leur convient, prodiguant des tas de baisers dont personne ne leur demande le compte, et au milieu d'eux le Faune vit comme eux; s'il rencontre au bord de la fraîche source quelque vigoureuse Nymphe qui lui plaise, il ne se fait nul scrupule de l'empoigner aux cheveux et de la renverser dans l'herbe, toute meurtrie et rougie de ses baisers. Et il ferait beau voir que son père l'en empêchât! D'abord il s'inquiète fort peu d'avoir un père, il ne sait pas du tout à quel dieu ou à quel bouc il doit le sang qui coule dans ses veines, et il s'en soucie autant que des feuilles de l'an passé. Il épouse, sans crier gare, des vierges dont il n'a jamais entendu la voix, et sans avoir en aucune façon daigné les consulter.

C'est pourquoi Octave et Léandre, qui sont innocents comme les loups des bois et en somme n'ont pas plus de responsabilité que de petits Faunes, sont encore bien modérés en se bornant à épouser les premières Égyptiennes venues, et en laissant bâtonner par un valet, qui a l'air d'un bouquet de roses, des vieillards qui ne sont leurs pères que pour la forme. Entre Géronte et Sternay, comme entre Jacques Vignot et Léandre, la partie n'est pas égale. Je n'en admire pas moins les *Notes* de votre belle comédie, qui ont pour elles toutes les séductions, y compris celle du bon sens. Je ne parle pas de l'esprit, dont vous possédez un tel fonds que vous pouvez sans cesse le prodiguer, sans vous appauvrir jamais. Cela, c'est un bien qui vous vient de famille, car vous êtes né d'un père qui ne comptait pas et ne connaissait pas ses richesses!

XII

LE MARRONNIER

A M. ALPHAND

Monsieur, vous êtes le directeur unique et le suprême inspirateur des Travaux de Paris, cette ville toujours en travail. Les chemins, les chaussées, les quais du fleuve, les pierres des édifices existent et se comportent selon que vous l'avez ordonné.

Plus nombreux que les étoiles célestes, les camellias des serres de la ville attendent un signe de vous pour fleurir, et tous les arbres parisiens vous obéissent. Même sont devenus parisiens, exprès pour vous obéir, beaucoup d'arbres des Tropiques et de l'extrême Orient, qui étaient réputés ne pouvoir vivre chez nous, et qui se sont parfaitement acclimatés dans nos squares, et s'y portent à merveille, uniquement parce que vous avez désiré qu'il en fût ainsi. Quant à nos vieux marronniers, dociles et disciplinés comme des soldats dans le rang, ils se gouvernent à votre fantaisie, et fidèles comme des vétérans qu'ils sont, ils ne se permettraient pas la moindre incartade. Aussi avez-vous dû, monsieur, être bien étonné de voir l'un d'entre eux près de manquer à la consigne : c'est le célèbre Marronnier du vingt mars. En effet, pareil au roi Louis XIV, vous avez failli attendre. Le bon vieil arbre, qui doit être en mesure à la date convenue, et dont la mission spéciale consiste à feuiller avant les autres, ne feuillait pas, restait indécis et ne savait quel parti prendre.

Nous-mêmes, qui n'avons sur lui aucune autorité et aucune supériorité hiérarchique, nous le trouvions impertinent, nous avions été douloureusement surpris à la nouvelle de son essai de rébellion, et nous ne comprenions pas bien pourquoi ce burgrave illustre, pourquoi ce *bonze,* comme on dit aujourd'hui, se moquait du monde.

Mais, en somme, comme chacun doit pouvoir dire ses raisons et comme il ne faut jamais condamner les gens sans les entendre, je suis allé aux Tuileries et j'ai interrogé l'arbre lui-même. Certes, il ne m'a pas parlé avec une voix articulée, comme font les orateurs et les tragédiennes; mais au moyen de ces effluves mystérieux qui vont d'une âme à l'autre, il a très bien trouvé le moyen de me communiquer sa pensée. Je crois l'avoir comprise, et de mon mieux je vous la traduirai en langage humain, en me servant des vocables généralement en usage dans les pays policés.

Eh bien! voici le fait. Le Marronnier est dévoyé et vit à l'aventure, comme un nautonier qui a perdu sa boussole. Autrefois il n'était nullement embarrassé, car rien n'est plus facile que de remplir un devoir connu, défini et librement accepté. Alors le devoir de cet arbre était de feuiller le vingt mars ou un peu auparavant, et sa fonction particulière consistait à *être en avance,* ce qui est simple comme une règle de trois et clair comme de l'eau de roche. Mais, dans ses interminables loisirs, le Marronnier a eu le temps d'observer les mœurs nouvelles, et comme il l'a vu, elles ont subi de tels changements que mettre le cœur à gauche serait désormais une transposition sans importance, ne méritant pas d'être mentionnée. Aujourd'hui, quand, comment et à quelles conditions est-on en avance? C'est ce qui est devenu difficile à déterminer. S'il est permis de résumer la situation par une formule, je dirai qu'à l'heure présente, tous les Parisiens sans exception ont le désir, la prétention, la volonté absolue de connaître les choses, de les posséder et d'en jouir avant qu'elles n'existent! Ils s'inquiètent de la sauce à laquelle ils mangeront le poulet, avant que la poule n'ait pondu l'œuf d'où le poulet sortira.

Parlons d'abord, si vous le voulez, du théâtre, qui est et fut toujours le divertissement favori des Parisiens. A une époque déjà lointaine, mais d'où le bon sens n'était pas exclu, les gens s'estimaient heureux qui voyaient la première ou l'une des dix premières représentations d'une pièce nouvelle. Mais bientôt la Mode souveraine en décida autrement, car d'après le mode nouveau récemment institué, le plaisir consiste, non plus à voir, mais seulement à voir avant les autres! Les préférés, les Dieux, l'élite, le Tout-Paris employèrent donc les plus hautes influences et mille ruses de sauvages pour assister à la répétition générale. Mais alors les millionnaires, les ducs, les puissants du jour et les malins dépourvus de toute espèce de titre, ayant vu qu'à cette répétition générale la salle était pleine comme un œuf, durent remuer ciel et terre pour assister à la répétition qui précède la répétition générale.

Et ainsi de suite, de répétition en répétition, remontant tous les échelons de l'échelle, ils finirent par prendre d'assaut la première répétition : ce n'était pas encore assez! A présent, sous peine de bourgeoisie et de déchéance, les gens véritablement distingués voient *la collation,* cette opération initiale qui consiste, pour les acteurs assis autour d'une table ronde, à lire pour la première fois leurs rôles transcrits en gros caractères par le copiste. Et persuadés qu'ils ont assisté à une représentation, décidés à ce qu'il en soit ainsi, les gens du monde, en se retirant, ne manquent pas de dire négligemment au directeur : « Prenez garde, cher ami, ce n'est ni assez tassé, ni assez enchaîné. Et puis, c'est *joué lent.* Enfin, je ne comprends pas du tout pourquoi mademoiselle Irma, qui fait l'ingénue, a une robe vert-bouteille ! » Cependant, si l'œuvre est signée d'un auteur en vogue, il se peut que la Mode impose aux Parisiens le devoir d'assister aussi à la vraie première représentation. Dans ce cas, à peine le premier acteur entré en scène a-t-il récité deux lignes, qu'un pâle jeune homme, ivre d'ennui, se penche vers sa voisine et murmure à son oreille : — « Encore cette pièce-là ! Ah ! mais, décidément, le directeur *nous la fait à la scie !* »

Pour la peinture, monsieur, c'est absolument la même chose. Pour se résigner à voir seulement l'Exposition des tableaux le jour de l'ouverture du Salon, il faudrait être au ban de la société, avoir commis tous les crimes, et pour qui se rendrait coupable d'une pareille faute, mieux vaudrait s'être montré avec un veston ou des souliers qui ne seraient pas trop étroits !

Bon pour les goujats, le jour de l'ouverture ! Comme on ne l'ignore pas, du temps que la reine Berthe filait, on nommait *jour du vernissage* le jour où les artistes vernissaient ou faisaient vernir leurs tableaux. Mais bientôt, pour arriver avant les autres, les Parisiens exceptionnellement protégés, au nombre de cent mille, envahirent ce jour-là tous les salons, en chassèrent les vernisseurs, et jetèrent les pots de vernis par les fenêtres. Il fallait donc vernir avant le jour du vernissage. Mais les spectateurs impatients ont déjoué cette ruse, avancé leur visite. Ils viennent maintenant voir les tableaux lorsqu'ils sont étendus par terre, tournés contre la muraille, et lorsque dans les salles non encore tendues et ouvertes à claire-voie, les balayeurs mettent les ordures en tas et avec leurs balais vertigineux font voler des flots de poussière !

Cependant beaucoup de Parisiens considèrent que ce mode d'investigation est tardif, et ils ont pris le parti d'aller voir les tableaux dans les ateliers mêmes des artistes. Ils y sont allés d'abord quand les tableaux étaient finis, et la chose n'avait pas grand inconvénient, si ce n'est les mille feuilletons parlés qui, avant que l'œuvre fût exposée, se répandaient par la ville et faisaient subir au thème primitif les interprétations les plus fantasmagoriques. Mais comment se contenter de si peu, et à quoi sert d'arriver tôt, si on n'arrive pas avant les autres? Peu à peu les belles, les victorieuses, les adorées, celles à qui on ne résiste pas, obtinrent de voir le tableau avant qu'il fût fini, puis plus tôt, plus tôt, plus tôt encore, car madame Y... et madame X... se soucient de la peinture comme du grand Lama. Le beau, c'est de voir avant les autres; aussi veulent-elles regarder les tableaux avant qu'ils soient commencés, quand l'artiste promène sur la toile un fusain irrité et farouche. Alors elles daignent quelquefois exprimer une opinion et dire en faisant une délicieuse moue en cœur, que ce n'est pas « de la peinture aimable ».

Comme à Paris on croit dîner, bien que dans les festins d'apparat on se nourrisse exclusivement de cristaux et d'argenteries, vaguement mêlés de roastbeefs crus et sanglants et de foies gras fabriqués dans les prisons, comme les chaussons de lisière, tous les comestibles, fruits, légumes ont dû gagner notre fièvre américaine, et comme nous battre la breloque.

Les laitues, les artichauts, les petits pois sont finis au moment où ils devraient n'avoir pas commencé; il y a du gibier en tout temps, excepté pendant le temps où la chasse est ouverte, et les perdreaux eux-mêmes ne savent plus dans quelle saison ils ont le droit d'être tués. Dernièrement, un très pauvre jeune homme de mes amis, peu habitué à ces fêtes, dînait en plein mois de janvier chez une très grande Parisienne qui, trop prodigue pour attacher ses chiens avec des saucisses, leur met au cou des colliers de perles fines. Lorsqu'on servit le dessert, le milieu de table fut remplacé par un immense bassin d'or ciselé par Vechte, dans lequel des fraises énormes, rouges, parfaitement mûres, étaient entassées en quantité fabuleuse et démesurée.

— « Ah! s'écria la maîtresse de la maison d'un petit air souverainement dégoûté, encore des fraises ! »

A son exemple, et pour se conformer à son précieux dédain, comme les coursiers d'Hippolyte à la pensée du héros, tous les convives refusèrent avec horreur ce mets par trop commun. Seul, mon ami, l'étudiant misérable, ayant toute honte bue, emplit son assiette de fraises qu'il mangea voluptueusement, car il avait pensé, non sans raison, que dans toute sa vie il ne retrouverait pas une autre occasion sans doute de manquer aussi parfaitement de distinction.

Les fleurs, monsieur, vous le savez mieux que moi, ne sont plus autorisées à naître ni à vivre, ni à mourir, comme elles avaient coutume; on leur a caché avec soin tous les calendriers, et leurs âmes toujours occupées, toujours en exil, toujours en travail sur la terre, n'ont plus jamais le temps d'aller se reposer dans aucun ciel. Il faut qu'elles fleurissent où et quand on les veut, et elles n'ont pas même, comme les journalistes à bout de force, la ressource d'inscrire sur leurs corolles : « Les ateliers étant fermés à cause de la fête, les roses ne paraîtront pas demain. » Non, il faut qu'elles soient toujours prêtes à être cueillies, respirées, effeuillées, clouées dans les chevelures et sur les corsages; car elles ne sont pas là pour s'amuser.

Des êtres qui s'ennuient, par exemple, c'est les lilas blancs! D'abord on les avait forcés à fleurir un peu avant le printemps, par dépravation; mais bientôt les femmes les voulurent toute l'année, pendant les douze mois, pendant les cinquante-deux semaines! et ils n'ont jamais de répit. Alanguis, désolés, anémiques comme de vrais Parisiens qu'ils sont, décolorés jusqu'à avoir perdu même leur couleur blanche, penchés, ne pouvant plus dresser leurs fleurs vers le ciel, douloureusement caressés par leur verdure qui n'est pas verte, ils nous regardent désespérément, semblant dire : Quand donc nous reposerons-nous? — Allons, blancs lilas de nos festins et de nos fêtes, ne vous faites pas d'illusion vaine, et parlez plus raisonnablement. Est-ce qu'on se repose !

Au milieu de tout ce tohu-bohu, de ce carnaval des êtres et des choses, il est bien excusable, monsieur, qu'un simple arbre ait perdu la tête. Le pauvre marronnier a bien compris qu'en feuillant, comme à son ordinaire, aux environs du vingt mars, dans une telle société éperdue, il ne serait plus en avance. Mais pour être encore en avance, quel moment devait-il choisir, et y serait-il, par exemple, ou serait-il en retard, s'il se mettait à feuiller en novembre ou en décembre? Certes, on comprend trop bien qu'il ait eu un moment d'hésitation, car il sait comme nous que, même en ce qui concerne l'éclosion du printemps, les belles Parisiennes ne se contentent plus d'être invitées le jour de la répétition générale, ou le jour du vernissage !

XIII

LES FUGITIFS

A ARMAND SILVESTRE

Mon cher Armand, vous m'avez fait d'horribles aveux : certes, je ne veux pas en abuser pour vous perdre; mais j'en profiterai du moins, pendant que nous sommes seuls, pour lever le masque et pour parler sans feinte. Oui, et il serait inutile de nier, vous m'avez dit, parlant à ma personne, que vous n'aimez pas les voyages et que vous espérez bien n'aller jamais plus loin qu'Asnières. Et voici ce qu'il y a de plus grave dans votre affaire : ce que vous dites, vous le faites. Il est vrai que de temps en temps vous poussez jusqu'à Toulouse pour voir votre oncle, ou jusqu'à Amsterdam pour faire jouer un opéra en cinq actes; mais aller regarder des toiles de fond ou visiter un oncle qu'on aime beaucoup ne constitue pas des voyages, et en somme, au fait et au prendre, en tant que voyageur, vous ne dépassez pas Asnières, que vous habitez d'ailleurs, et où, dès que paraît avec son peplos couleur de safran la splendide Eôs née au matin, votre canot fend agilement les flots de la verte Seine.

Et pourquoi prendriez-vous un ticket pour des destinations plus prétentieuses? Si nulle locomotive ne conduit au pays de l'*Intermezzo* où Henri Heine chantait :

De mes larmes naît une multitude de fleurs brillantes et mes soupirs deviennent un chœur de rossignols, il n'en est pas non plus, je pense, qui mène à ce pays enchanté des *Renaissances* où passent les amants que vous décrivez ainsi :

>Pasteurs du blanc troupeau des rêves,
>Une étoile, au sillon vainqueur,
>A guidé leurs pas sur les grèves ;
>Un Dieu jeune est né dans leur cœur !
>
>L'encens, le cinname et la myrrhe
>Brûlent dans leurs souffles mêlés ;
>Le chœur des anges les admire
>Sur le seuil des Édens voilés.
>
>Sous le vent des harpes sacrées
>Frémissant des mêmes accords,
>Comme sous des mains inspirées,
>Leurs âmes vibrent dans leurs corps ;
>
>L'extase a figé les paroles
>Sur leurs lèvres au souffle éteint,
>Comme la rosée, aux corolles,
>Le premier frisson du matin.

Donc, je comprends très bien que vous ne vous fassiez pas emporter par le monstre de fer à la rouge gueule de braise enflammée vers de vagues pays provinciaux et géographiques ; mais votre aveu dépouillé d'artifice, comme celui de Néoptolème roi d'Épire, ne subsiste pas moins dans sa crudité cynique. Ah ! cher ami, vous n'aimez pas les voyages ! Eh bien venez, suivez-moi, allons-nous-en au bois de Chaville dans quelque clairière bien découverte, où nous serons sûrs de n'être entendus de personne, et où nous verrons venir à nous les importuns et les attentifs ; car si quelqu'un entendait nos paroles, nous serions certains de voyager plus que nous ne voudrions, et d'être envoyés à Nouméa où le flot sanglote et se lamente. Ah ! vous n'aimez pas les voyages ; moi non plus! Mais nous ne sommes pas les seuls de notre acabit; tous les Parisiens sont logés à la même enseigne, et ils ont même sur vous et moi ce désavantage qu'ils n'aiment pas du tout la nature.

N'allons pas trop loin. *Distinguo,* comme dit Thomas Diafoirus; ils ne dédaignent pas la nature de la banlieue, pourvu qu'elle soit agrémentée de fritures, de matelotes, de mirlitons, de pitres, d'hercules et surtout de fillettes coiffées en chiens fous; mais ils préfèrent infiniment les paysages purement parisiens, bornés d'un côté par le Trocadéro et de l'autre par l'île Saint-Louis. Et encore, ceux-là, ils leur font grâce à la condition qu'ils se montreront, non au naturel, en simple pierre et en arbres vivants, mais fictivement représentés par un bon peintre en décors sur quelque théâtre du boulevard, où il dresse ses toiles appliquées sur le bois chantourné et sur le léger canevas dont l'inconsistance permet d'imiter le frissonnement des feuilles. On l'a remarqué depuis longtemps, et c'est un phénomène qui nous crève les yeux. Très peu de Parisiens, pour ne pas dire aucuns, sortent de chez eux pour contempler la Seine sous les feux du soleil couchant ou sous les blancs rayons de lune; le Pont-Neuf avec son île, les barques noires, la ligne des quais s'enfonçant dans la nuit, Notre-Dame élevant ses tours dans le sombre azur, seraient pour eux dans la réalité un spectacle indifférent.

Mais qu'un théâtre noir, enfumé, sans air, où il faut payer à la porte et vivre avec des chapeaux de soie dans le dos et des coudes dans la poitrine, leur en offre la brutale et grossière copie, ils y courront avec rage, avec amour, avec ravissement, et apporteront leurs sous, comme s'il en pleuvait. Donc, suivez-moi bien, les Parisiens n'aiment que les voyages dans Paris et encore dans un Paris de toile peinte à la colle. Cependant, mon ami, dans peu de temps, dans quelques jours d'ici, dans cinq minutes, ils vont tous boucler leurs malles et s'en aller écouter le rugissement désespéré de la mer. Pourquoi cela? C'est ce que le philosophe doit étudier.

Affaire de femmes, mon cher Armand. Les dames qui ont des Lundis, des Jeudis, des Vendredis, qui se rendent un Mardi pour un Samedi, et que je ne sais quelle Locuste invisible et surnaturelle force à boire du thé à cinq heures, à l'heure où les malhonnêtes gens boivent de l'absinthe et les honnêtes gens rien du tout; ces dames féroces et naïves, qui espèrent obtenir quelque chose les unes des autres, (mais quoi? justes Dieux!) savent qu'elles sont destinées à vivre ensemble, que c'est là un sort inéluctable; et que d'autre part rien ne peut être ajouté à la somme des idées qu'elles échangent, ni à la forme dont elles peuvent les revêtir. Elles ont laissé toute espérance! elles savent que le dialogue sera toujours le même, que nulle correction n'y peut être introduite, et qu'elles en ont comme cela pour une cinquantaine d'années; car à Paris, la jeunesse dure si longtemps, grâce à la perfection des Cheveux pour Dames, et aux récents progrès introduits dans la fabrication des cosmétiques!

Eh bien! elles se disent qu'à la mer, ce sont toujours les mêmes discours, mais ce ne sont plus les mêmes fauteuils. Le dialogue étant et devant rester immuable, le décor du moins sera changé. Les costumes aussi, et voici pourquoi. A Paris, quand on s'est fait faire un certain nombre de robes pour aller à ses Samedis, à ses Lundis, à ses Vendredis réciproques et pour boire l'inexplicable thé de cinq heures, on n'ose pas en commander de nouvelles, par mille raisons. Principalement parce que les deux bouts sont si irrévocablement brouillés que personne ne peut les joindre; parce qu'on doit au propriétaire, à la couturière, à la lingère, à la corsetière, au fabricant de bottines, au couturier formidable! et même, accessoirement, au boulanger, à la fruitière, au boucher, à la poissonnière, à la marchande de volailles et au marchand de saucisses; mais quand on va à la mer, comme on a besoin de costumes composés par Worth et par les sous-Worth, il faut bien qu'on en fasse faire! En ce cas il faut faire de nécessité vice, ce qui est autrement agréable que d'en faire vertu. Quant aux hommes, ils suivent; ils obéissent, à leur ordinaire, comme des oies. Ils portent au fer de Calchas des têtes, pas trop innocentes, mais quelconques.

Et puis, n'effaçons pas l'homme tout à fait. Le Parisien mâle aime à se costumer, comme cet aimable Kalbrenner qui, d'ailleurs, possédant un génie de compositeur et de virtuose, se faisait faire un habit de marin pour aller en barque sur le lac du bois de Boulogne, un habit de chasseur comme dans *Le Freyschütz*, pour aller tuer des perdreaux dans les parcs de ses amis, et un habit d'amant pour attendre Turlurette. En outre, mon cher Armand, la villégiature parisienne a cela de bon qu'elle tresse et mêle ensemble deux mondes qui s'exècrent, s'adorent, se fuient, se cherchent surtout, se regardent comme deux chiens — non de faïence, — et brûlent de trouver un prétexte pour s'unir, aux bords des flots d'aigue-marine ou d'émeraude, et aussi sous les flammes des bougies et parmi le déchaînement des trombones. Je veux dire le monde des femmes très honnêtes et celui des femmes qui ne le sont pas tout à fait tant. Dans le premier Casino venu, toutes les femmes ont le même droit aux diamants et à la pourpre, comme tous les hommes sont comtes et ducs depuis saint Louis, si le cœur leur en dit, et décorés sur toutes les coutures, car alors ils font des ordres avec du désordre!

Pour une femme qui a jeté son bonnet par-dessus plus de moulins que n'en terrassa don Quichotte, et qui a rôti plus de balais qu'il ne fut rôti de volailles aux noces de Gamache, quelle joie de s'entendre parler avec respect, avec effroi, avec une timidité hésitante, et après avoir si souvent pataugé dans le ruisseau de la rue, de se rouler dans les étoiles! Et aussi, il faut bien l'avouer, pour la femme honnête, pure, irréprochable, sûre d'elle-même, en possession d'une vertu solide que rien n'entamera jamais, il n'est pas sans agrément de se voir manquer de respect, naïvement, par un malheureux qui ne sait ce qu'il fait. La dame rit alors, comme rit le marbre de Paros que rien ne peut souiller, et sur lequel tombe une impuissante goutte d'eau.

Il y eut jadis en Russie, au Théâtre Michel, une comédienne si parfaitement vertueuse et fidèle à son mari que les Ris, les Jeux, les Eros, les Cupidons, les Désirs et tous les enfantelets ailés et boursouflés d'une mythologie trop française pour être sérieuse, s'enfuyaient éperdus et mis en déroute, dès qu'on entendait frissonner et murmurer sa robe de soie. Mais, Julio, ce jeune premier aux cheveux crépus qui était élève de Bressant et lui ressemblait, se montra plus audacieux que ces enfants-oiseaux, et tous les jours il recommença la même plaisanterie, stupéfiante à force d'impudence. Chaque fois que madame Jorez gravissait l'escalier, il avait soin de monter derrière elle, et il lui prenait... — comment dirai-je? Il faut ici trouver un euphémisme, car je sais combien je vous désobligerais en employant un mot cru. Je dirai donc que Julio montait derrière madame Jorez, et brutalement, nettement lui — usurpait le torse! Alors elle se retournait, montrait son beau visage indigné.

— « Quoi, c'est vous, madame! Ah! j'avais cru que c'était Céline, » disait Julio véritablement désespéré, fou de douleur, et que sa victime elle-même se voyait obligée de consoler; mais le lendemain il recommençait fidèlement. Une fois Julio pendant trois jours fut malade, ou, pour parler plus exactement, chambré par une princesse, qui lui donnait des leçons de blason. Eh bien! pendant ce temps-là, madame Jorez regardait autour d'elle, toute dépaysée et surprise! — Quant à nous, mon cher ami, tel ou tel décor ne nous gêne pas, sûrs que nous sommes de pouvoir causer partout avec Rabelais et avec Shakespeare; quant au farceur qui nous forcera à parler pendant une heure de l'affaire Monasterio ou de l'incident Galiffet, je pense qu'il n'est pas encore fondu!

XIV

MISE EN DEMEURE

A PIERROT

Vous ne sauriez croire, monsieur, combien vous me manquez et comme votre absence me trouble. Vous avez été le conseil, l'exemple, la joie de ma jeunesse, qui en grande partie s'est écoulée dans votre joli théâtre de fantaisies et d'enchantements, où ce qui se jouait était à la fois la Divine Comédie et la Comédie Humaine. Fin, spirituel et si propre! blanc comme le papier blanc, hélas! sur lequel je vous écris, et comme la neige des cimes, vous ressembliez au Cygne et au Lys, ces deux symboles de ma foi. Votre seule vue me consolait de tout ce qui n'est pas blanc, c'est-à-dire, monsieur, de tout, car les dames elles-mêmes ne sont blanches que dans une certaine mesure. Oh! comme nous étions amis! Certes, je n'avais jamais pris la liberté de vous adresser la parole, et vous aussi vous ne m'aviez pas parlé; mais comme nous nous entendions bien d'un clin d'œil, d'un bout de sourire, et quand je m'étais égaré dans les chemins des mauvaises rimes, comme je le comprenais vite à votre regard juste, mais féroce !

Un jour, celle qui se bouche les oreilles et vous laisse crier, je veux dire : la pioche de monsieur Haussmann s'abattit sur votre petit théâtre adoré, qui fut anéanti, et à la place qu'il occupait, sur des boulevards inconnus, soudainement déroulés comme de longs serpents, on édifia des maisons dont la tête au ciel était voisine. Ainsi exilé de vos rues, de vos jardins féeriques et de vos palais en toile peinte, je crus que vous alliez vous répandre par la ville, et que je vous rencontrerais partout, au Bois, sur les boulevards, aux expositions des cercles, aux premières représentations, vous détachant en blanc sur la foule noire, comme un pain à cacheter blanc collé sur un tableau destiné aux démonstrations mathématiques.

Vain espoir, monsieur, je ne vous rencontrai jamais plus, je ne revis jamais la queue de votre souquenille, et je fus privé de vous, comme en fut privé ce grand Paris dont vous étiez la folie, l'orgueil, la raison, le sourire, la pensée rapide, la réconfortante et saine ironie. Vous aviez disparu, comme disparut jadis Thésée, roi d'Athènes, et moi, pareil à son fils, le chasseur Hippolyte, je me demandais quel exil imprévu pouvait vous cacher si longtemps à l'univers. Encore l'absence du fils d'Égée s'expliqua plus tard, mais par des raisons qui ne sauraient justifier la vôtre, car vous n'allez jamais, en compagnie de Pirithoos, ravir la femme du tyran de l'Épire. Je me demandai d'abord si ce n'était pas au contraire vous qui vous seriez marié; mais une telle hypothèse ne supporte pas l'examen, et en cette matière, poser la question c'est la résoudre. Je me rappelle fort bien comme vous agissiez du temps de la pantomime. Pour un instant, pour une seconde, pour l'espace de temps que dure un éclair vite envolé, vous vouliez bien, au hasard de la fourchette, pincer légèrement la taille de Colombine, et même lui dérober entre deux portes un vague baiser; mais si elle faisait mine d'y prendre goût et de s'acoquiner à ces passe-temps frivoles, vous vous hâtiez bien vite de la renvoyer à ses colombes, à ses soupirs mêlés d'entrechats et à ses amours réglementaires avec Arlequin. Et quoique à votre comédie on se mariât sans le secours d'aucun officier municipal, en étendant les mains sur un trépied où brûlait un feu de Bengale, par-devant un jeune Amour vêtu de crêpe rose et ayant au dos des ailes d'étoffe transparente, vous ne consentiez même pas à cette cérémonie primitive et élémentaire.

Non, monsieur, on ne pouvait vous supposer marié, puisque vos occupations consistent précisément à n'en point avoir. Vous êtes le plus grand des artistes, et pour exprimer la subtile et idéale pensée, vous n'avez pas besoin d'outils matériels, pas même de l'outil divin, qui est le Verbe. Or, on sait que de tout temps l'artiste a dû se méfier du mariage, car il faut qu'il soit libre de traiter ses rêves, ses créations et ses conceptions comme il l'entend; mais monsieur, si une femme gêne pour travailler, combien gêne-t-elle plus encore pour ne pas travailler! Car aller devant vous à l'aventure, vous mirer dans l'eau des sources, humer le rayon de soleil, poursuivre, en compagnie de Léandre et de l'imbécile Cassandre, une fugitive qu'Arlequin emporte et que vous n'atteindrez jamais, puisque les Fées la protègent, tels étaient vos labeurs, et encore préfériez-vous de beaucoup vous mêler aux foules, ou vous asseoir sur l'herbe à l'ombre des feuilles, pour y savourer tranquillement un pâté et une bouteille de vin, acquis par des moyens que peut seule absoudre la souveraineté du but. Eh bien! une épouse eût été capable de désapprouver des emplois du temps si judicieux; elle eût voulu, j'en frissonne! vous induire en travail, et vous inciter à apporter à la maison de l'argent monnayé pour payer le loyer, la boulangerie, la boucherie, le blanchissage et autres dépenses inutiles. Écartons ces tristes images.

Un événement qui explique très bien la disparition d'un mortel, c'est par exemple qu'il se soit fait homme de lettres. Car sans cesse occupé à noircir, à empiler des feuillets de copie, à recommencer quand il a fini, et à finir quand il a recommencé, il est toujours prisonnier dans une chambre, en compagnie d'une main de papier écolier, et d'un encrier plein d'un liquide noir comme le flot du Cocyte. Il peint la vie, mais il ne la voit pas, puisqu'il ne cesse jamais d'aligner les noirs griffonnages. Ainsi, monsieur, le célèbre Balzac n'a jamais vu ni un homme, ni une femme, ni une maison, ni un arbre, ni rien du tout; il a dû inventer son univers, le tirer complètement de son âme, et quant à lui, Balzac, personne non plus ne l'a vu jamais, puisqu'il n'est jamais sorti du cachot où, pareilles au vautour de Prométhée, les Lettres de l'Alphabet mangeaient son cœur et son foie.

J'ai donc pensé un moment que vous vous étiez consacré à la littérature, et que l'art qui consiste à évoquer trente personnages, à les empoisonner, à les égorger, à les jeter comme des proies à mille trépas divers, et à les ressusciter ensuite, grâce aux soins d'un habile médecin; ou à se montrer tous les matins spirituel, nouveau, inattendu, subtil, cruel, bon enfant, moraliste, facétieux et ironique, en bâtissant d'ingénieux riens du tout sur la pointe absente d'une aiguille imaginaire; ou à étudier une question, d'après des documents inédits miraculeusement retrouvés dans la bibliothèque d'un vieux château, j'ai pensé, dis-je, que cet art délicat, varié, complexe, d'un maniement, selon l'occurrence, si facile ou si difficile, vous comptait désormais parmi ses adeptes, et que vous étiez peut-être en train d'écrire, soit des volumes aussi nombreux que ceux de Voltaire, soit une plaquette nourrie de la moelle des lions, comme le Livre des Maximes. Mais je n'ai pas tardé à écarter cette nouvelle supposition, et voici pourquoi. Comme Héraklès enfant, l'écrivain, monsieur, se trouve placé entre deux routes qui s'ouvrent devant lui, ou, si vous l'aimez mieux, entre les deux cornes d'un dilemme. S'il s'arrête pour essuyer sa plume au moyen d'un essuie-plume, l'Inspiration, en profite pour s'enfuir, pour s'évader, pour s'engouffrer en plein ciel ; si au contraire, il ne l'essuie pas, il met immanquablement des taches d'encre à ses doigts, et sur ses habits, et même sur son visage. Or, monsieur, votre visage de neige, vos candides habits, vos mains plus blanches que celles de Cidalise, les voyez-vous souillés et maculés par cette horrible chose appelée : encre ? Non, vous n'êtes pas homme de lettres : c'est bon pour nous autres, misérables !

Vous n'êtes pas non plus député, car je ne me figure pas un homme aussi sage que vous l'êtes parlant des questions progressives, de l'équilibre des pouvoirs, disant sérieusement : *dans cette enceinte,* et se plongeant dans *le sein* des commissions. Comment consentiriez-vous à dire des choses inutiles, vous qui volontairement vous abstenez d'articuler des mots pour dire des choses utiles ! Car, monsieur, vous êtes muet, non comme le croient certains gobe-mouches, parce que des pirates barbaresques vous auraient coupé la langue, mais parce qu'il vous déplaît de provoquer dans l'air des vibrations incohérentes et quelconques. Vous avez très bien voulu parler, quand le divin poète Théophile Gautier s'est chargé de composer pour vous des discours pareils à ceux des Dieux olympiens ; mais passé cela, vous n'y avez plus acquiescé.

Vous n'êtes pas académicien, et pour cause. Lorsqu'à la cérémonie de la réception, votre aimable antagoniste, tout en vous affirmant sublime et plein de génie, aurait accessoirement insinué que vous n'avez aucun talent et que vous êtes bête comme une cruche, vous lui auriez certainement fait une grimace comique, si excessive et prodigieuse que tous les académiciens seraient morts à force de rire, et il n'y aurait plus eu d'Académie ; ce qui ne se peut. Je donne donc ma langue au chat et au tigre, et je l'avoue humblement, vous êtes pour moi aussi introuvable que la fameuse lettre volée d'Edgar Poe. Je vous ai perdu, mais je m'y résigne mal. Donc, où que vous soyez, monsieur, entendez-moi, écoutez-moi, exaucez-moi ; revenez prendre possession de votre Paris, qui vaut bien les mies, ô gué, puisqu'il les contient toutes! Si comme l'empereur Barberousse, vous êtes dans une caverne, dormant d'un sommeil farouche et surprenant, près d'une table de pierre, — dont votre barbe ne saurait faire trois fois le tour, puisque vous ne la laissez jamais pousser, — réveillez-vous! N'imitez pas le stérile renoncement du comte de Chambord. Montez à cheval! ou si comme je l'imagine, le cheval n'est pas votre affaire, montez à pied, mais venez, montrez-vous, ayez lieu, et d'un seul de vos fulgurants regards d'acier noir, réduisez en poudre, ou en ce qu'il vous plaira, les diseurs de paroles vaines. Il n'est que temps.

Cependant, monsieur, une crainte douloureuse me tourmente. J'ai vu, dans la plus sérieuse des Revues, des dessins michel-angesques signés par un peintre nommé Willette, et dans lesquels est retracée en divers épisodes la vie d'un jeune être qui vous ressemble. Il est jeune et divin, mais vêtu de noir ; ce doit être monsieur votre fils. Mais si c'est monsieur votre fils et s'il est en deuil, vous seriez donc... — Non, je ne puis le croire ; comme vous-même l'avez dit si éloquemment jadis, vous ne vous pendez jamais, et vous ne cherchez non plus aucun de ces mille chemins ouverts qui conduisent au but le plus probablement définitif. Si, comme je l'espère encore, vous voyez la douce lumière, ayez la bonté de me répondre poste restante, où vous voudrez, dans les Cyclades, dans les Florides, dans les îles d'Avalon, dans l'Ile Enchantée de Watteau ; ou, si vous le préférez, de m'écrire chez moi, à Paris, rue de l'Éperon, n° 10. Si au contraire vous êtes, comment dirai-je ? — *encore plus pâle que de coutume,* acceptez mes bien sincères compliments de condoléance, et croyez-moi, monsieur, votre très affectionné et très dévoué serviteur.

XV

ROMANS NOUVEAUX

A ALPHONSE DAUDET

Mon cher ami, vous et quelques grands écrivains dont les noms sont sur toutes les lèvres, élevant le roman à la hauteur du poème et de la comédie, vous aviez remplacé la fausse invention par l'intuition instinctive et par l'étude patiente, le vague ron-ron par le style ferme et sobre, les jeux d'esprit par une absolue sincérité, et il nous semblait que cela était bien ainsi. Mais comme nous voilà bien loin de compte ! O mon ami, je viens de lire quelques romans récents, et je suis affadi, écœuré, ivre de sucre candi, troublé par tout ce qui tient dans ce vers type de Musset : *Boire du lait sucré dans un maillot vert-tendre !*

O ciel ! revoir les défuntes Astrées, les Lignons abolis, les moutons figés, vivre de nouveau avec les Eglés qui ont un pied de rouge sur les joues et avec les Tircis en culotte courte, ornés de nœuds nacarat ! Quoi ! ce monde de convention deux ou trois fois mort, que nous avons vu éraflé, usé, effacé sur les panneaux gondolants, dans les boiseries pourries, les Cidalises en tablier et les Silvandres visant un oiseau écarlate, je serai condamné à le contempler de nouveau, et à regarder les bergères idiotes aux nez en trompettes, peintes avec des hachures! Et ce n'est pas les personnages de Watteau, égarés dans l'idéal et divinement tristes, ce n'est pas les Dianes de Boucher avec leurs cuisses crayeuses fouettées de rouge, ce n'est pas les paysans et les galants de Lancret et de Pater vêtus de satins aux plis cassés, qui vont me donner leur charivari de guitares et de flûtes; les acteurs qu'il me faut subir, c'est les plus mauvais Myrtils de leurs plus piètres imitateurs, ceux que les décorateurs de campagne peignaient pour vingt-cinq francs au-dessus des portes, du temps où les marquises gardaient les vaches!

Mais, mon ami, je vous entends me dire : « De quel Lignon parlez-vous et de quels bergers? » Hélas! je vous parle des bergers inévitables et du Lignon qui ne saurait être éludé; de ceux que nous amènera nécessairement la littérature peu dégoûtée qui se plaît à analyser les fanges, les choses immondes, les détritus de tout, et tout ce qui s'en va le matin dans le tombereau à ordures. C'est une loi physique — et morale — que la réaction est égale à l'action : aussi le progrès n'est-il qu'un vain mot! Tu sèmes des Hans d'Islande qui boivent le sang chaud dans des crânes, et tu recueilles des petites Fadettes parlant un langage précieux au bord des fontaines. Naturellement, les violences ensanglantées de 1830 devaient aboutir à des bergeries, et nous ne les avons pas échappées. Heureusement que George Sand avait du génie, sans quoi nous aurions passé de mauvais quarts d'heure.

Oui, je frissonne et j'ai froid jusque dans la moelle des os, en pensant que toutes les charognes seront expiées par une quantité égale de roses, et que nous serons douloureusement ensevelis sous cette pluie de feuilles de roses qui ne finira jamais. La réaction! il faut toujours y songer, car il n'y a pas un mouvement qui ne sera balancé par un mouvement en sens contraire. Ça m'est égal que Charlot s'amuse, sinon que je le déplore pour lui; mais ce que je ne puis lui pardonner, c'est les fades églogues d'amour, les madrigaux, les romances, les nœuds, les vœux, les flammes empruntés aux plus mauvais jours du dix-septième siècle, qui naîtront de son amusement stérile; car l'univers a de la suite dans les idées et ne consent pas à finir.

Je ne craindrais rien, mon ami, si au moment où un excès se produit, je ne songeais avec épouvante au moment où se produira fatalement l'excès contraire. Le pauvre Aubryet prétendait audacieusement que les régicides étaient tous devenus des chambellans de Napoléon, et peut-être n'exagérait-il que dans une certaine mesure: « Du coup, dit notre ami Zola dans son hardi roman *Pot-Bouille,* le flot d'ordures battit de nouveau les murailles du trou empesté. Adèle elle-même, qui prenait le bagou de Paris, traitait Louise de morue... » Je n'ai pas le courage de blâmer Adèle, et peut-être est-elle dans son droit en traitant Louise de morue; Zola lui-même, en nous décrivant les relents, les haleines pourries, les odeurs qui montent des plombs et des cuisines, peint la vie de Paris en historien ; mais ce qui me désole, c'est tous les ylang-ylang, tous les ixoras, toutes les parfumeries, les vinaigres, les Bully, les eaux de Cologne qui en résulteront, et dont nous serons empestés.

Oui, une violence en appelle une autre, et la crée nécessairement; peut-être n'y a-t-il pas d'autre raison pour rester dans la juste mesure, mais celle-là suffit. Sous la Restauration, il y avait dans mon pays un vieux gentilhomme qui s'affligeait en assistant aux persécutions d'aumônerie et de sacristie. — « Mais que vous importe? lui disait son petit-fils, puisque vous êtes très religieux et pratiquant? — En effet, répondait le vieillard, personnellement ces exigences ne me gêneraient en rien, mais tandis qu'on m'oblige à des billets de confession; je pense au temps, moins éloigné que tu ne crois, où on vous imposera des billets d'athéisme, et au point de vue de la liberté, l'un vaut l'autre. » Ce bonhomme était dans le vrai, à ce qu'il me semble, et je pense exactement comme lui. Les plus farouches inspirations de Rollinat ne me paraissent point excessives, et je me plais même à l'entendre décrire *Une dame au teint mortuaire, Dont les cheveux sont des serpents;* seulement, je ne puis m'empêcher de m'attrister en songeant aux innombrables bouquets à Chloris qui naîtront de ses champignons vénéneux, et je vois déjà les faveurs roses dont ils seront attachés! O Muse tragique! déguise-toi sous la pourpre ou sous le haillon; déchire tes victimes avec le surin ou avec le glaive; donne-leur à boire le fil en quatre de l'assommoir ou le poison que Médée apporta dans Athènes; cuisine l'arlequin d'un sou ou le sanglant festin d'Atrée; finalement, tu ne perdras pas moins tes peines, car la romance est collée à notre peau comme la tunique du Centaure à celle d'Héraklès, et tu as beau t'escrimer, tout finira toujours par de la parfumerie et de la confiserie, par de la pommade à la violette et des dragées à la vanille. Ce n'est donc pas la peine de faire tant la maligne, et de vouloir montrer la vérité dans sa sauvage horreur. Ne soyons pas si ambitieux, et tâchons seulement d'éviter la romance, la crème de cacao et le parfait-amour, ce sera déjà cela.

Je ne suis pas de ceux qui rient et lèvent les épaules de pitié en regardant la peinture impressionniste. Lutter avec le vrai, vouloir peindre les frissons, l'air ambiant, les horizons vagues, la transparence des feuillages, les jeux compliqués de la lumière, et le personnage humain tel qu'il est, incertain, guindé, formant une masse où disparaît l'importance convenue du visage, ce n'est pas déjà si bête. Il est horriblement facile de s'esclaffer en regardant une marine où le bateau à vapeur, juché au haut de la toile, semble n'avoir aucun point d'appui et devoir s'écrouler sur la partie inférieure de la bordure, et il n'est pas malaisé non plus de se tenir les côtes en contemplant les frotteurs de parquet, également suspendus en l'air et qui, selon toute apparence, vont dégringoler. C'est tout de suite fait de dire : « Quelle absurdité! » mais si les moqueurs implacables consentaient à étudier la nature, peut-être verraient-ils qu'elle se permet quelquefois ces singularités, et que sa perspective n'est pas tout à fait aussi régulière que celle de l'École.

Moi, des impressionnistes je veux bien tout, les arbres jaunes, les Venises flottant dans la brume, les mers d'un bleu pâle strié d'or, les habits noirs plus noirs que l'Erèbe, et les jeunes femmes à l'air imbécile, éblouissantes comme des potées de fleurs; j'aime tout mieux que le lieu commun, que l'imitation de l'imitation, et que la leçon toute faite. Cependant une idée m'obsède et me tourmente : je pense que les névroses, les délicatesses, les subtiles recherches, les efforts d'amour de ces coloristes extasiés susciteront forcément — près d'un siècle après David! — des Grecs de tragédie, nus comme des vers de terre, et coiffés de casques! non des casques de l'archéologie trouvés à Mycènes lors des fouilles récentes ou dans le trésor du roi Priam, mais des bons casques de pompiers, à aigrette et à queue. Et alors c'est toujours la même chose, et ce n'était pas la peine d'égorger les classiques et de leur manger la cervelle.

Oui les romans trop boueux m'ont écœuré, parce qu'ils feront couler des flots d'eau de rose! N'est-ce pas? nous abandonnons aux Jocrisses des provinces perdues l'argument avili et usé qui consiste à dire : « Je peins le libertinage pour en dégoûter les hommes. » L'expérience prouve trop que l'homme est imitateur quand même, et les sanglantes fêtes de la place de la Roquette ne dégoûtent pas du tout du crime les jeunes scélérats, qui par avance vont se voir guillotiner, en se disant gaiement : « Voilà comme je serai dimanche! » Mais un argument s'est produit, en apparence plus sérieux. — « Du moins, disait l'autre jour un écrivain de grand mérite, le Vice ouvre à l'art des horizons nouveaux et des mondes infinis. »

Eh bien, pas du tout! Je causais de cela avec une mégère en cheveux blancs, belle, terrible et savante, qui a été l'admiration et l'épouvante de toute une époque, et qui a passé pour avoir reculé les limites du raffinement et de la perversité. — « Vous savez quelle a été ma vie, me disait-elle, eh bien! moi à qui rien n'est inconnu, je ne sais pas ce qu'est le Vice, ou plutôt je sais que le Vice n'existe pas, du moins avec les complications que l'esprit moderne lui prête. Les choses que nous devons faire sont en nombre très restreint, et également celles que nous ne devons pas faire. Il n'y a pas tant de règles à violer qu'on se l'imagine, ni tant de principes à offenser, et voyez comme les anciens, qui ont tout trouvé, ont bâti leurs tragédies sur un petit nombre de crimes. Encore avaient-ils des lois à enfreindre, des Dieux à outrager, et vous savez comme cet élément indispensable nous manque. Il y a bien les colères, les châtiments et les vengeances de notre unique dieu, la Pièce de Cent Sous, qui attendent leur Balzac; mais ce dieu-là, ce n'est pas nos passions qui le blessent, et il en veut surtout à ceux qui n'ont pas su le dompter et le vaincre. »

Ainsi me parlait la tranquille vieille au front pâle qui naguère fut Messaline et Locuste, et je compris alors pourquoi les livres picratés lui semblent aussi indifférents que des berquinades. Mais tout cela ne vous regarde pas, cher ami, vous dont l'art est chaste, simple et grand, comme celui des vrais créateurs. Laissez donc s'enfuir dans la boue le ruisseau empesté et, comme vous avez coutume, faites des chefs-d'œuvre, tout bêtement, sans avoir souci d'autre chose que de la *bonne écriture* et de la sincérité.

XVI

LE CHAPEAU

A MONSIEUR DUVAL PÈRE

Monsieur, j'ai appris par les journaux, comme tout le monde, que *La Dame aux Camélias*, ce premier et excellent chef-d'œuvre d'Alexandre Dumas fils, va trouver enfin sa vraie patrie à la Comédie-Française, et j'en ai ressenti une grande joie. Avec partialité sans doute, j'aime particulièrement, entre toutes les pièces du maître, ce drame ému, tendre, cruel, prime-sautier, qui a jailli comme une fleur.

Certes le poète qui l'écrivait a eu plus tard plus de réflexion, plus de pensée et de plus hautes visées qu'à ce moment-là ; il n'a jamais eu plus de génie. Car, alors, il avait cet immense bonheur d'être encore exempt de tout système, de ne vouloir rien prouver, et d'obéir naïvement à son inspiration. La Vie lui avait fourni un modèle adorable et plein de grâce, que tout naturellement il avait purifié et idéalisé en le plongeant dans les vives flammes de l'amour, et ainsi, presque sans le vouloir, il avait créé une figure divine à qui ne manquent ni la réalité, ni la magie impérieuse de l'art.

Une femme qui aime et qui meurt dans tout l'éclat souriant de sa jeunesse, il n'y a pas de thème supérieur à celui-là, la poésie n'a jamais rien imaginé de plus beau, et c'est par la plus heureuse fortune que Dumas fils avait trouvé justement à renouveler et à rajeunir cette donnée immortelle. Écrit en huit jours, sans repentirs, sans hésitation, avec la superbe ignorance du danger, ce drame plein de conviction et de certitude vous emporte dans la fièvre, vous prend tout de suite au cœur et aux entrailles, et je ne sache pas de spectateur qui n'ait senti ses yeux mouillés de larmes lorsque viennent éclore sur le front de l'héroïne les tristes lys de la mort.

J'assistais le 2 février 1852 à la première représentation de *La Dame aux Camélias*, dans la loge de Nestor Roqueplan, et ce soir-là on a pu voir les deux vieux Parisiens que nous étions faisant craquer leurs gants et applaudissant de toutes leurs forces. Depuis trente-un ans, je n'ai pas manqué une des reprises du drame, et toutes m'ont intéressé au plus haut point, car Marguerite Gautier est tellement et si bien la femme moderne que toute comédienne, pourvu qu'elle ait du talent ou même, à défaut de talent, une nature sincère et vraiment féminine, doit rendre curieusement un des mille aspects de ce personnage si profondément humain.

Enfin, de jour en jour, la pièce m'intéressait davantage ; de jour en jour je savais plus de gré à Manon et à Des Grieux ressuscités de s'être débarbouillés de leur infamie, et, revenus au monde pour nous charmer, de n'avoir plus mêlé de fange à leur jeune amour. Je savourais le délicat plaisir d'entendre exprimer des sentiments qui n'ont rien de faux, ni de maniéré, ni d'emphatique, ni d'affecté dans le simple. Mais quelque chose troublait profondément mon plaisir et m'agaçait jusqu'à la haine, jusqu'à la rage ; et ce quelque chose, monsieur, c'est une idée que vous avez eue, et dont je ne vous fais pas mon compliment.

Oui, cette idée, c'est bien vous qui l'avez eue ; elle vous est personnelle, elle vous appartient en propre, car j'ai beau relire *La Dame aux Camélias* dans toutes les éditions, je ne vois pas du tout que Dumas ait été votre complice, et qu'il ait encouragé en aucune façon la grossièreté que vous commettez avec une innocence qui désarmerait les tigres. Lorsqu'à la scène quatrième du troisième acte, vous vous présentez sur le seuil de la porte en demandant : *Mademoiselle Marguerite Gautier ?* vous avez votre chapeau sur la tête, et je ne sais qui vous a permis cette tenue de recors dans l'exercice de ses fonctions, car la pièce imprimée dit : *Scène IV. M. Duval, Marguerite;* et elle ne dit pas : *M. Duval, avec son chapeau sur la tête, Marguerite.* Oui, monsieur, vous pensez d'abord que la Dame aux Camélias est une intrigante, une fille des rues, une vulgaire courtisane qui veut ruiner votre fils, et alors en lui parlant, vous gardez votre chapeau sur votre tête ; puis, en écoutant Marguerite, vous vous apercevez qu'elle a du cœur, qu'elle n'est pas la première venue, et qu'elle aime Armand jusqu'au suprême sacrifice; vous lui dites : *Pardon, madame, je me suis mal présenté tout à l'heure; je ne vous connaissais pas; je ne pouvais prévoir ce que je découvre en vous.* Et seulement alors, vous ôtez votre chapeau !

Oh ! monsieur Duval ! permettez-moi de vous le dire, vous me rappelez trop à ce moment-là que vous avez été le maître de Jocrisse, et entrer dans une maison avec son chapeau sur la tête ne prouve rien, sinon qu'on est un goujat. A qui voulez-vous que je parle, au comédien ou à l'homme? Au comédien, je dirai ceci : ayant à exprimer un revirement complet dans vos sentiments et dans votre façon de penser, c'est vous en tirer d'une façon beaucoup trop simple que de figurer ces évolutions de l'âme par un chapeau d'abord non ôté, puis ôté ensuite! Ces moyens de Tabarin, gardant et ôtant son chapeau, qu'en eût pensé la grande Clairon, cette pure comédienne qui interdisait à l'actrice l'usage du fard, car elle voulait que rien n'altérât la souplesse et l'impressionnabilité du visage, qui seul doit traduire les nuances les plus variées, les plus délicates et les plus subtiles? Et qu'en eût pensé même Deburau, le spirituel mime, qui d'une fugitive contraction, d'un clin d'œil rapide, savait tout expliquer et tout dire? C'est pourquoi, comédien chargé du rôle de Duval, ne délègue pas à ton chapeau le soin de jouer la comédie, puisque tu as pour cela un visage!

Mais à l'homme, monsieur, au véritable Duval que vous êtes, j'ai bien d'autres choses à dire. Je suis vieux, mais vous l'êtes aussi, et vous ne devez pas ignorer que toutes les femmes sans exception ont droit à votre respect, car ce que vous devez honorer et vénérer en elles c'est la Femme, dont il a plu à Dieu de faire un être auguste. Ne soyez pas, monsieur, plus fier que Louis XIV. Ses historiens nous apprennent que dans l'éclat de sa gloire, dans le triomphe de son pouvoir sans bornes, il ne passait pas devant une fille de chambre sans la saluer; ne craignez pas de vous abaisser en imitant sur ce point le grand Roi. Mais bien plus, chez elle surtout, vous devez votre salut à la dernière des drôlesses, et pour vous être sacrée, pour avoir droit à vous imposer le signe extérieur du respect, il suffit qu'elle montre la forme apparente de la Femme.

Pourquoi ne saluez-vous pas Marguerite Gautier? Est-ce parce qu'elle ne s'est pas bornée à *désirer l'œuvre de chair, en mariage seulement?* En vous plaçant à ce point de vue, vous vous exposerez fort, lorsque vous entrerez dans les salons les plus estimés et les plus considérables, à laisser quelques honnêtes dames non saluées. Mais celles-là du moins se donnent! Prenez -garde, car logiquement, si le cavalier qu'elle a daigné distinguer a eu le précieux honneur de faire accepter à la dame un joyau, un bibelot, une perle noire, vous arrêterez net l'élan que vous aviez pris pour ôter votre chapeau, et vous resterez coiffé, comme un grand d'Espagne. Ceci vous engage plus que vous ne pensez; à ce jeu, vous risquez fort de n'user aucun chapeau, et de garder toujours l'aspect réservé d'un flacon bouché à l'émeri.

Mais enfin, cette femme que vous ne daignez pas saluer, qui est-elle? Relisez, monsieur, en tête du roman où vous êtes né tout d'abord, le merveilleux morceau écrit par Jules Janin, admirable préface d'un livre admirable. Voici comment le modèle vivant de Marguerite Gautier, Marguerite Duplessis ou Alphonsine Plessis apparut à Jules Janin et à Liszt, dans le foyer d'un théâtre du boulevard :

« Il (Liszt) se demandait quelle était cette femme, si
« familière et superbe, qui l'abordait la première et
« qui, après les premières paroles échangées, le trai-
« tait avec une certaine hauteur, et comme si ce fût
« lui-même qui lui eût été présenté, à Londres, au
« cercle de la reine ou de la duchesse de Sutherland?
« Cependant, les trois coups du régisseur avaient
« retenti dans la salle, et le foyer s'était vidé de toute
« cette foule de spectateurs et de jugeurs. La dame
« inconnue était restée seule avec sa compagne; elle
« s'était approchée du feu; elle avait posé ses deux
« pieds frissonnants à ces bûches avares, si bien que
« nous pouvions la voir tout à notre aise, des plis
« brodés de son jupon aux crochets de ses cheveux
« noirs. Sa main, gantée à faire croire à une peinture,
« son mouchoir orné d'une dentelle royale, aux oreilles,
« deux perles d'Orient à rendre une reine jalouse. Elle
« portait toutes ces belles choses avec autant d'aisance
« que si elle fût née dans la gaze et dans le velours,
« sous quelque lambris des grands faubourgs, une
« couronne sur sa tête, un royaume à ses pieds. Ainsi
« son maintien répondait à son langage, sa pensée à
« son sourire, sa toilette à sa personne, et l'on eût
« cherché vainement sur les hauts sommets une créa-
« ture qui fût en plus belle et plus complète harmonie
« avec sa parure, ses habits et ses discours. »

Telles sont, monsieur, et se comportent les femmes

que vous ne saluez pas. De quelle chair céleste et de quel azur sont donc pétries celles que vous saluez, s'il en existe! Les évêques n'avaient peut-être pas raison de s'agenouiller devant madame de Pompadour pour lui mettre sa pantoufle ; mais vous, monsieur Duval, vous tombez tout à fait dans l'excès contraire.

D'ailleurs les gens qui gardent leur chapeau sur leur tête le gardent, non pas du tout parce qu'ils se trouvent en face de telle ou telle personne, plus ou moins digne de leur respect; mais uniquement, parce qu'il est dans leur tempérament, dans leur âme spéciale et dans leur génie particulier de garder leur chapeau. C'est même à propos d'eux qu'on inventa la société du CHAPEAU VISSÉ, dont notre regretté confrère Marc Fournier fut, sans conteste, un des plus hauts dignitaires.

Jeune homme plein d'ardeur et de foi, il voulut forcer et forçait les directeurs à jouer des drames littéraires; il venait à bout de ces tyrans par l'intimidation : ce n'était pas le moment d'ôter son chapeau. Plus tard, devenu directeur à son tour, il fit comme ses prédécesseurs ; il joua *La Biche au Bois* et *Le Pied de Mouton*, devint extrêmement riche, posséda des palais et toutes les femmes qu'il voulut; pourquoi aurait-il ôté son chapeau, à présent qu'il était le maître du monde? Enfin le malheur s'abattit sur lui ; vieux et malade, il dut reprendre la plume de l'homme de lettres ; personne ne le voyait dans la chambre-prison où il entassait des lignes de copie ; ce n'était plus la peine d'ôter son chapeau.

Sur ce chapeau vissé le poète Glatigny avait composé, non une parodie d'Eschyle, ces deux mots hurleraient d'être accouplés; mais une tragédie imitée de celle d'Eschyle. C'étaient la Puissance et la Force et le dieu Héphaistos clouant le Chapeau sur la tête de Marc Fournier, comme le Titan au sommet des rochers qui pendent sur le précipice. Des divinités particulières au boulevard du Temple venaient consoler le Chapeau, à titre d'Océanides; mais, moins heureux que Prométheus, le Chapeau savait qu'il était vissé et cloué définitivement, et ne serait jamais délivré par Héraklès.

Monsieur, écoutant la comédie de Scribe : *Le Verre d'Eau, ou les Effets et les Causes,* je trouvais que Bolingbroke s'exprime d'une façon bizarre. Le jeune Masham ayant murmuré dans son sommeil ces mots : *Une grande dame!* Bolingbroke inquiet, se dit : *Une grande dame! serait-ce la mienne?* Je pensais, moi, qu'il aurait dû dire : *Ce jeune homme parle d'une grande dame; s'agirait-il de lady Bolingbroke?*

J'exprimais timidement cette opinion, mais les sociétaires de la Comédie-Française m'affirmèrent que je n'y entendais rien, et que dire : *Une grande dame! serait-ce la mienne?* c'est DU THÉATRE. Entrant dans un ordre d'idées analogue à celui-là, peut-être me direz-vous, monsieur, que garder son chapeau sur sa tête en entrant chez une femme qui n'a pas été irréprochable, c'est DU THÉATRE. Néanmoins, à votre place, je profiterais de la reprise de *La Dame aux Camélias* à la Comédie-Française pour tenir mon chapeau à la main, et pour sacrifier ainsi le Théâtre à la Vérité. Et ainsi, un effet de scène grossier, misérable — et trop facile! — ne déparerait plus une œuvre, d'ailleurs parfaitement belle.

XVII

LES ALLUMETTES

A RAOUL PONCHON

Mon cher poète, beaucoup de gens affectent de mépriser la Richesse et la Gloire ; mais la plupart du temps, pour ne pas dire toujours, ce sont des êtres qui n'avaient aucun moyen de devenir opulents ni illustres, et qui par conséquent dédaignent à peu de frais ce qu'ils n'auraient pas su se procurer. Vous qui ne parlez jamais de cela, et qui même, en général, parlez de fort peu de chose, parce que vous aimez mieux chanter, vous me paraissez être le seul mortel qui sincèrement se soucie fort peu de ces babioles. Car vous ne l'avez pas dit, mais aussi vous l'avez prouvé. Vos vers gais, rabelaisiens, d'une facture solide et joyeuse, sont éclaboussés de vin et de soleil ; ils charmeraient sans doute les honnêtes gens qui les liraient ; mais en haine des gémissements, vous vous êtes refusé à faire gémir la presse. Tout au plus consentez-vous à écrire vos rimes sur des bouts de papier chiffonnés, qui se mêlent dans vos poches avec les papiers à cigarettes, et vous trouvez que c'est faire encore à la publicité un trop onéreux sacrifice.

Ordinairement, quand un poète non coté à la Bourse se présente en tenant à la main le manuscrit d'un volume de vers, l'éditeur justement offensé l'injurie comme s'il avait volé des couverts d'argent, et lâche sur lui des molosses furieux. En ce qui vous concerne, les choses ont marché tout autrement. Les libraires ont désiré vos poèmes et ils vous les ont demandés, précisément parce que vous ne les leur offriez pas ; vous aviez bouché vos oreilles avec de la cire, et vous êtes resté sourd aux chants de ces hommes-sirènes. Mais vous avez su aussi résister à de chères voix, ce qui était bien autrement difficile. Car les meilleurs de vos amis, Jean Richepin et Maurice Bouchor, sont venus ensuite, et ont vainement tenté de vous séduire. Ils vous disaient : « La cuisine littéraire t'ennuie et tu ne veux tenir la queue d'aucune poêle. Il te semble aussi fastidieux de disposer des feuillets, de corriger des épreuves *en première, en seconde, en révision*, et de combiner une mise en pages que de casser des cailloux sur le grand chemin ; eh bien ! délègue-nous tes pouvoirs, et tu ne casseras pas de cailloux ! Donne-nous seulement non pas un manuscrit, non pas un cahier, non pas des feuillets, mais les petits papiers que tu roules en tapon dans ta poche ; tu ne les reverras plus, tu n'en entendras jamais parler, et au bout de très peu de temps nous t'apporterons en échange un beau volume broché à couverture jaune, tout flambant neuf, où tu pourras voir ton âme paginée et mise en ordre. »

Ainsi parlaient vos amis, et certes ils vous faisaient la partie belle, mais résolument vous vous êtes abstenu, et vous êtes resté froid à l'idée d'entendre votre nom hurlé dans l'ouragan des foules par les trompettes farouches de la déesse Renommée. Pour passer à l'autre point, vous avez eu ce que le bon académicien Picard appelait une très belle place, et malgré les plus aimables sollicitations, vous l'avez quittée. Vous avez mieux aimé demander à des travaux obscurs et bâclés rapidement les miettes qui vous nourrissent, comme elles suffiraient à nourrir un moineau du ciel, et vous êtes bien vite retourné à la contemplation et à la flânerie dans les rayons de soleil. Donc, bien véritablement, vous avez laissé pour compte ce que les hommes paient de leur liberté, de leur repos, de leur vie fiévreusement dépensée, et comme vous avez eu raison, poète!

La Gloire? n'est-ce pas la plus artificieuse des chimères, car, ainsi que le disait Privat d'Anglemont, avec une absolue justice, il n'y a de vraiment connu que Napoléon. (Peut-être aurait-il pu ajouter : et surtout Victor Hugo?) Les autres hommes fameux sont des figurants plus ou moins illustres, connus de sept ou huit personnes qui, pareilles aux soldats des mélodrames militaires, passent et repassent très vite, pour faire croire à une foule. Mon cher poète, il n'y a pas actuellement un seul Français qui, pour sauver sa tête du coutelas, pourrait tout de suite et sans préparation nommer par leurs titres les principaux ouvrages de La Fontaine : jugez du reste! Quant à l'opulence, c'est une idée pure, une hypothèse conventionnelle; son plus grand tort c'est qu'elle n'existe pas. Depuis que le brochage des livres s'exécute en masse dans de grands ateliers, les ouvrières ont pris l'habitude de souiller et de tacher les feuilles en les touchant avec des doigts sales. Pour avoir dans sa bibliothèque des livres propres et non déshonorés, il faudrait donc qu'un Rothschild, par exemple, établît à ses frais et pour son usage personnel, d'autres ateliers de brochure, surveillés d'une façon particulière!

Je vais plus loin. Il n'est pas un prétendu riche qui, non seulement ne désire en vain quelque rareté difficile à obtenir, soit un piano pareil à celui que possédait le peintre Boissard, décoré et peint de la main même de Watteau, mais qui ne soit même, comme le premier misérable venu, privé de certains objets indispensables et de première nécessité. La semaine dernière, je dînais chez un homme qui possède des millions et de l'esprit à en jeter par les fenêtres, et en fait de fenêtres, pour y jeter n'importe quoi, d'immenses verrières attachées par des ferrures antiques trouvées dans un grenier à Amsterdam, et qui sont des chefs-d'œuvre. L'ami dont je vous parle a un talent qui fait de l'or comme un alchimiste; sa femme est belle, aimable et hospitalière, son fils beau et généreux. Son habitation est un palais en briques rouges, construit devant un jardin planté d'arbres antiques, et de trois côtés, le quatrième donnant sur la rue, entouré d'autres jardins. La demeure elle-même est somptueuse et même amusante; rien que les tapisseries qui ornent l'escalier suffiraient à constituer une belle fortune. Dans la maison, il y a de bons tableaux, des livres bien reliés, de beaux meubles à regarder et des meubles commodes pour s'asseoir, et des bibelots japonais qui feraient rêver Goncourt; bref, une installation convenable.

Le dîner auquel je fus convié était un dîner d'hommes, sans autre dame que la maîtresse de la maison, et comportait en tout seize personnes. Quand je vis les invités qui, sauf un seul, étaient tous des personnages éminents, illustres et faciles à vivre, car parmi eux il n'y avait pas un grand homme désagréable et féroce, je pensai qu'il avait fallu être bien malin pour trier sur le volet une assemblée pareille. Cependant (je vous montre mon cœur à nu) je n'étais pas sans inquiétude au sujet du repas. En effet, il n'y a pas là de millions, ni de goût, ni d'intrigue, ni d'ingéniosité qui comptent; on ne mange pas à Paris, où les bouchers, adroits comme des singes, gardent pour eux la bonne viande, où les poissons sérieux sont réservés à des duchesses du faubourg Saint-Germain qui traitent des archevêques, où les légumières vendent au prix du diamant des légumes poussés dans la boue de la banlieue, et, ce qui est plus grave que tout, où il n'y a pas de cuisinière !

Eh bien ! cher poète, au festin dont je vous parle, on

mangea! Il y eut ce qui n'a jamais existé, des sauces hollandaises réussies, et comme s'il en pleuvait, des truffes dénuées de tout artifice, et un salmis de bécasses qui demanderait à être célébré dans un long poème, car les bécasses étaient tendres, et la sauce, courte! exquise, ni trop épicée ni trop peu; il y eut encore toutes sortes de mets d'un ordre supérieur, et enfin, chose admirable à dire! on n'eût pas dîné mieux à Bourges ou à Moulins, et les vins de joie, de raisin et de soleil n'avaient été falsifiés par aucun chimiste. Mais voici qui est plus extraordinaire encore. Dans ce repas de seize convives, on ne chuchota pas à l'oreille de son voisin, et la conversation vive, légère, ailée, rapide, put être générale, tant ces Parisiens raffinés ont le génie de parler peu et à leur tour, de fuir toute tirade comme la peste noire, et de ne pas chercher à briller, étant naturellement ce qui brille. Peut-être la jatte de fraises fut-elle trop abondante et démesurée; mais on peut excuser ce léger défaut, si l'on songe qu'à ce moment-là les fraises se vendaient chez les marchands de comestibles comme primeurs, dans des petits pots d'argile où il y en a cinq.

Après le dîner, ceux qui voulurent eurent du café turc ou arabe, et les autres du café français exhalant les plus délicieux aromes, et on savait qu'on allait fumer! la maîtresse de la maison étant assez grande dame, c'est-à-dire simple et affable, pour permettre aux amis de son mari cette liberté, d'ailleurs rendue praticable par l'ampleur et par la hauteur des appartements spacieux. En effet on venait de passer dans une galerie où, comme dans un château au fond des bois, des arbres entiers brûlaient dans une cheminée monumentale, et si vaste que le billard dressé dans un coin y semble un jouet d'enfant. Alors furent offerts aux convives les cigares blonds et pas trop secs qui craquent comme le ventre d'une cigale, les cigarettes les plus rares, les tabacs les plus fameux de la Russie et de l'Orient, et enfin tout l'appareil de la meilleure fumerie.

Il ne restait plus qu'à allumer, qui sa cigarette et qui son cigare, et déjà le voluptueux désir brillait dans tous les yeux; mais il fallut en rabattre, car il n'y avait pas d'allumettes dans ce palais des enchantements, et seul je possédais une boîte d'allumettes. Un moment, grisé par le pouvoir souverain, je songeai avec un farouche orgueil que j'étais le maître absolu. Ceux-là seuls fumeraient à qui je voudrais octroyer cette faveur, et les autres ne fumeraient pas. Cependant je réprimai bien vite cette mauvaise pensée, et je m'empressai de faire circuler ma boîte d'allumettes; mais enfin, il fallait un certain temps pour qu'elle fît le tour des convives. Comme l'un d'eux souffrait évidemment de l'attente, notre amphitryon, pris de pitié et voulant lui donner du feu, saisit dans l'âtre, avec les pincettes colossales, un tison embrasé, dont nécessairement des morceaux tombèrent dévorants sur un tapis d'un prix inestimable. Quelques heures plus tard, je descendais l'escalier en compagnie d'un vieux Parisien qui sait tout, tant on l'a envoyé souvent, quand il était jeune, chercher l'Eau qui danse et la Pomme qui chante.

— « Ne croyez pas, me dit-il, que notre ami ait oublié quelque chose; il n'oublie jamais rien. Mais il s'est juré de n'offrir à ses conviés que des choses excellentes. C'est pourquoi il ne leur a pas donné d'allumettes, parce qu'il n'y en a plus qui soient dignes de ce nom, et elles sont devenues tout à fait trop mauvaises depuis que je ne sais quelle régie se livre à une détestable contrefaçon des anciennes allumettes suédoises! »

Ceci, mon cher poète, vous donne absolument raison. Vous voyez qu'on ne peut pas tout avoir, et que, par conséquent, il est indifférent d'être pauvre comme Crésus, ou opulent comme Job.

XVIII

LA MISE EN SCENE

A M. ÉMILE PERRIN

Oui, monsieur, en tout ce qui touche le théâtre et les arts qui concourent à sa splendeur, vous êtes un maître incontesté. Vous l'avez prouvé si brillamment et depuis si longtemps et par tant de créations diverses, qu'il serait absurde et fou de contester une telle vérité, dont l'évidence nous crève les yeux. Oui, vous le dites fort bien et j'en suis persuadé comme vous, quoi qu'il pense ou croie en penser, notre excellent confrère Sarcey est lui-même de cet avis. Le plus embarrassé et le plus habile aussi est celui qui tient la queue de la poêle, et celle que vous tenez est de toutes la plus lourde, la plus brûlante et la plus difficile à manœuvrer.

Assurément, il faudrait qu'on voulût bien dire, avec bon sens et bonne foi, comme vous le souhaitez : *Il y a à la tête de ce théâtre un homme qui travaille, qui est assidu, qui sait son métier, et, si les choses ne vont pas tout à fait bien, c'est qu'il est difficile qu'elles aillent mieux.* Mais enfin, comme les questions que vous avez traitées sont infiniment subtiles et complexes, doivent être élucidées souvent par le tact, par la divination, par le sens intuitif et ne comportent aucune vérité absolue, n'est-il pas permis au premier artiste venu d'en causer avec vous, ne fût-ce que pour rassembler sa pensée et pour s'éclairer lui-même?

Certes, il faut une mise en scène, car la Pensée ne peut pas se promener toute nue sur le théâtre, comme une Nymphe dans les bois; mais quelle mise en scène faut-il? Là est la question et toute la question. Il y a, monsieur, deux sortes de théâtre. Dans le théâtre courant, qui ne se préoccupe que de l'action matérielle, et qui ne fait voir par la parole écrite ni les profondeurs de l'âme humaine, ni la nature extérieure, ni ce qu'il y a au delà de la vie, l'auteur n'est qu'un associé du metteur en scène, du machiniste et du peintre, à qui il laisse le soin de montrer à nos yeux et à notre esprit tout ce qu'il n'a pas su ou voulu peindre.

Mais il y a aussi le théâtre du Poète, et par le mot *poète*, j'entends le créateur, soit qu'il écrive en vers ou en prose, celui qui, à l'imitation du divin Ouvrier, n'a pas besoin d'autre chose que du Verbe tout-puissant pour créer des mondes. Celui-là, rien qu'au moyen de la parole, fait frissonner l'herbe et les feuilles, ouvre des échappées sur le ciel, nous fait pénétrer dans les cœurs des héros et des scélérats comme dans des cavernes sombres, et il est lui-même le musicien, le décorateur et le machiniste de son poème. Je ne dis pas que son œuvre, à la représentation, doive se passer de machines, de décors et de costumes matériels; mais ils ne sont et ne peuvent être que la reproduction et le décalque de ceux que le Poète a inventés avec son art souverain.

De là ce principe, c'est que dans le théâtre d'ordre supérieur (et c'est le seul dont nous ayons à nous occuper, puisque nous sommes à la Comédie-Française) tout doit être subordonné à la volonté du vrai créateur. Il ne s'agit pas de représenter Rome ou Venise en telle année, telles que nous les donnent l'archéologie et l'histoire, mais Rome ou Venise telles que les a vues le

Poète dont nous interprétons l'œuvre. Or, à l'heure où nous sommes, tous les théâtres, sans exception, se placent à un point de vue exactement contraire à celui-là, et il faut bien le dire, le mauvais exemple est venu de l'Opéra, où on ne s'inquiète que de l'histoire et de la couleur locale en elles-mêmes, sans chercher jamais quelle a été la conception du musicien. Nous le voyons clairement par la représentation du céleste *Don Juan* de Mozart, qu'on a allongé et étiré jusqu'à ce qu'il fût assez long pour remplir exactement jusqu'au bout le lit de Procuste.

Nous l'avons vu mieux encore lorsque la *Sémiramide* fut transportée à l'Opéra ; on imposa au pauvre Rossini, qui n'en pouvait mais, une Babylone dont il n'avait pas eu, et pour cause, la conception, toute l'Assyrie des fouilles de Ninive, les colonnes à chapiteaux faits de bœufs adossés l'un à l'autre, à rinceaux coupant les fûts légers, et les terribles taureaux à tête humaine, coiffées de tiares, aux barbes calamistrées et aux ailes frisées.

Ces taureaux, et l'architecture bleue et rouge, nous les avons retrouvés à la Comédie-Française dans *Esther*; oui, c'était bien l'Orient grandiose d'Assuérus, et la farouche menace des monstres hiératiques. Pour que l'harmonie fût complète, il n'y manquait plus rien... que les vers de *La Légende des Siècles;* mais quant aux tendres et délicieux vers de Racine, ils avaient peur de ces grands diables de taureaux, et on entendait frémir, comme des colombes gémissantes, ses chastes rimes caressées pour les lèvres ingénues des demoiselles de Saint-Cyr. Le Poète d'*Esther*, qui de même que tout son temps, n'y cherchait pas malice, avait voulu montrer simplement *un des côtez du sallon où se fait le festin.* Pourquoi le contraindre à être plus archéologue qu'il n'a su et voulu l'être? Trop de taureaux !

Je sais bien qu'on ne se rapprend ni l'enfance, ni

l'ignorance, ni la naïveté, et que nous serions puérils au delà de notre droit si, lorsque nous représentons leurs œuvres, nous commettions l'erreur d'accentuer par le décor et par la mise en scène les fautes des génies, fautes qui appartiennent à l'époque où ils ont vécu, bien plus qu'à eux-mêmes. Phèdre a beau s'écrier : *Il me semble déjà que ces murs, que ces voûtes, Vont prendre la parole...* nous n'en serions pas moins criminels si nous montrions des *voûtes* dans le palais du roi Thésée. Je dis, non qu'il faille appuyer sur ces défauts et les souligner servilement, mais que nous devons ne pas contrarier, dans son ensemble et dans son sens intime, la conception qu'a eue le Poète de telle patrie historique ou légendaire. Tout cela est une affaire d'appréciation, de tact et de mesure, et tout sera bien si l'on veut servir fidèlement le Poète, et non pas le régenter et le remettre sur les bancs de l'école. Certes, lorsqu'on reprend *Psiché*, cette belle œuvre poétique, il serait impie de s'attacher à la lettre pour imposer à Molière un décor qui reproduirait exactement cette indication : *Le théâtre devient un autre palais magnifique, coupé dans le fonds par un vestibule, au travers duquel on voit un jardin superbe et charmant, décoré de plusieurs vases d'orangers et d'arbres chargez de toutes sortes de fruits.* Si le plus grand des poètes a ignoré que les orangers poussent en pleine terre dans les îles de la Grèce, ce n'est pas à nous, fils pieux, de l'en faire souvenir. Mais du moins, nous devons nous inspirer de sa description naïve pour ne pas emprisonner sa jeune déesse et son éloquent Amour dans un décor à bibelots et à curiosités d'Alma-Tadéma. Car Molière, dont la pensée plane au-dessus des formes changeantes, est l'historien de l'âme humaine, et non celui des armes, des vases et des architectures.

Ce faux système de brutale vérité historique, ne tenant pas compte de l'œuvre, qui, je le répète, nous vient de l'Opéra, j'en ai pu apprécier toute la fausseté lorsque fut montée à la Comédie *On ne badine pas avec l'amour*. On lut et on relut attentivement la pièce, pour déterminer l'époque approximative où elle devait se passer. Cette époque une fois choisie d'après les meilleures probabilités, on y conforma rigoureusement le costume d'après les documents les plus authentiques, et tant pis pour Musset, toutes les fois que son texte fut en désaccord avec le costume bourgeois, la poudre et le tricorne dont on avait affublé Perdican.

Ainsi la chaîne qu'il donne à Rosette devint un obstacle, un malheur, un véritable désastre, car cette chaîne malencontreuse n'avait aucun droit de s'étaler sur une veste, et le poète de *Rolla* fut le pelé, le galeux d'où venait tout le mal. On ne se dit pas que sa prose divine ne s'accordait pas au vêtement choisi, c'est le vêtement qu'il fallait changer; une telle solution eût été trop simple. Pourtant il n'y avait pas besoin d'aller bien loin pour trouver le vrai costume de ce Perdican, qui habite le pays enchanté de Musset et de Shakespeare, le costume même qui admet et veut la chaîne d'or! Notre grand Watteau, qui fut le vrai peintre de la Comédie, les a peints élégants et tristes dans la brume lumineuse, ces jeunes seigneurs en casaque de soie, au manteau léger, dont les cheveux blonds voltigeants n'ont jamais subi l'affront de la poudre! Mais comme cet artiste divin, frère de Marivaux, est le seul qui, dans ses figures idéales, ait délicieusement amalgamé le théâtre et la vie, il est le seul aussi que le théâtre ne consulte jamais, peut-être parce qu'il entraînerait les comédiens vers les parcs où bruissent les noirs feuillages et les fontaines sonores. Or, un ancien administrateur de la Comédie, qui depuis longtemps a pris sa retraite, me disait un jour avec une rage mal dissimulée, en parlant d'un de nos confrères : « Jamais nous ne nous arrangerons avec ce sauvage de X...! Il veut des paysages, et nous, nous ne savons planter et nous ne VOULONS savoir planter que des salons. »

Heureusement, monsieur, vous avez changé tout cela. Vous plantez des paysages où, comme dans celui du *Sphinx*, frissonne le pâle regard argenté de la lune, et la Comédie ne s'en trouve pas plus mal; quant aux salons, vous leur avez donné une vérité et une élégance inconnues jusqu'à vous; mais sur ce point, j'hésite, et je ne sais si nous devons nous en affliger ou nous en réjouir. Vous avez tout à fait raison de dire que le public veut retrouver au théâtre l'image de la vie, telle qu'il la voit et la connaît, et il est hors de doute qu'il y a dans tout salon des poufs, des crapauds, de larges fauteuils carrés, de lourds canapés couverts d'étoffe, et toutes sortes de meubles habillés des plus belles soies, dont le riche vêtement ne dissimule qu'à demi la laideur architecturale. Et s'il est juste de ne pas dédaigner la réalité, l'art étant un choix, il faut aussi faire entrer en ligne de compte le plus ou moins d'importance que les objets prennent dans notre esprit. Quand nous entrons dans un salon, nous voyons très peu les crapauds et les poufs, ils ne nous occupent pas, et nous sommes infiniment plus frappés par le moindre regard humain ou par le moindre objet d'art dans lequel s'affirme la pensée humaine. Donc, une scène représentée étant un tableau, les objets matériels n'y doivent pas tenir plus de place qu'ils n'en tiendraient dans un tableau de peintre bien composé.

Oui, la vérité! à condition qu'elle soit idéale, et le salon encombré est aussi faux idéalement que le salon trop nu. Gardons-nous de confondre la vérité avec la vulgarité trop familière. Montigny, par exemple, ce très grand, très sagace et très ingénieux metteur en scène, ne sut jamais rester sur ce point dans une juste mesure.

Je me rappelle ma stupéfaction lorsque je vis jouer pour la première fois *Le Pour et le Contre*, d'Octave Feuillet. Sous prétexte de représenter la vie comme elle est, les deux interlocuteurs ne cessaient de se lever et de s'asseoir, et s'asseyaient tour à tour sur tous les meubles du salon. Il y avait aussi une lampe, qu'ils déménageaient fidèlement sur toutes les tables et toutes les consoles qui pouvaient la supporter. Quelles sont ces mœurs-là, et n'était-ce pas bien le cas de dire : « Qui veut trop prouver ne prouve rien ? » De plus, pour que l'illusion fût complète, Montigny avait supprimé la boîte du souffleur, parce qu'il n'y a pas de souffleurs dans les salons! Mais dans les salons, il n'y a pas non plus de salles de spectacle, et il aurait fallu aussi supprimer la rampe, la salle, les loges, les spectateurs, — et même la prose, car dans la vie on ne parle pas en prose écrite !

Enfin, nous ne nous lassons jamais des splendeurs évoquées par le Verbe, tandis qu'en face des splendeurs matérielles, la satiété nous vient tout de suite. N'est-ce ce pas trop prouvé par les décors à *transformations,* du boulevard, dont l'œil se lasse au bout d'un instant, et par leurs apothéoses de tringles, où quatre cents femmes ne font guère plus d'effet que quatre femmes ? Voilà pourquoi le vrai Poète, qui sans avoir besoin de personne, crée avec une variété inépuisable, désire qu'on lui épargne le plus possible le bois chantourné, les décors à plantation, les praticables inutiles, et surtout la tapisserie de tapissier, qui invinciblement éveille une idée de boutique. Ce dont on ne saurait trop vous louer, monsieur, c'est que vous avez toujours su combiner ces éléments avec un tact exquis et leur donner justement l'importance qu'ils méritent. Sarcey a raison aussi, lorsqu'il défend le Poète, car, monsieur, quelle que soit votre bonne volonté et la bonne volonté de tous, la Matière, au théâtre, tend à se substituer au Verbe, et l'exhibition à la poésie. Parfois la Matière y met de l'hypocrisie et dit à l'Art sacré d'Eschyle et d'Aristophane : *J'ay mon Dieu que je sers; vous servirez le vostre : Ce sont deux puissants Dieux.* Mais l'Art se tient sur ses gardes; ce bloc enfariné ne lui dit rien qui vaille; pareil au guillotiné par persuasion de Chavette, il a de la méfiance, et il répond comme le petit Joas : *Il faut craindre le mien. Luy seul est Dieu, Madame, et le vostre n'est rien.*

Cependant il faut interpréter, mais avec beaucoup de discrétion et d'une main légère. Nous ririons si on nous montrait Achille en chapeau à plumes et en tonnelet, mais il ne faut pas non plus en faire un Grec dont Racine serait trop étonné. Comme vous l'en félicitez avec justice, Mounet Sully se costume admirablement. Dans *Iphigénie*, il est tout à fait bien le Pélèiade Akhilleus aux pieds légers et à la longue chevelure, venu de la Phthiotide sur ses nefs noires, et pour ma part, je me réjouis dans mon cher cœur en le voyant coiffé du casque au triple panache à aigrettes de fils d'or, et serré dans une cuirasse qui moule ses pectoraux ; j'aime sa ceinture de bronze et ses cnémides d'étain ; mais on ne peut s'empêcher de le penser en le voyant ainsi exactement vêtu comme le héros qui interpellait l'Atréide par ces âpres paroles : *Lourd de vin, œil de chien, cœur de cerf!* il faut alors qu'il soit bien effronté pour appeler Klytaimnestra : *Madame!*

XIX

PROPOS NOCTURNES

A JULES VALLÈS

Mon cher ami, en vos beaux livres écrits dans une langue ferme, claire, précise, excellemment française, vous avez tort de dire systématiquement que les bacheliers n'arrivent jamais en rien. J'en connais un, nommé Misery, qui est chiffonnier, et qui vit très bien de son état. J'ai fait sa connaissance un de ces matins derniers, en revenant de la comédie, qui maintenant, comme vous le savez, finit le matin. Je m'étais arrêté sur la place Notre-Dame argentée par un clair de lune magnifique, et dans l'espoir d'allumer ma cigarette, je frottais l'une après l'autre mes allumettes *sur un des côtés de la boîte;* mais pareilles à Hippolyte, roi de Trézène, elles persistaient à ne pas s'enflammer. Je maudissais par les mots les plus abhorrés la Compagnie générale des allumettes chimiques, lorsque je vis venir à moi, la hotte au dos et le crochet à la main, un grand vieillard très semblable à l'Eschyle du tableau d'Ingres. Il ôta de ses lèvres son court brûle-gueule tout noir, dont le fourneau était un brasier incendié, et me le tendit poliment. Moi, voulant le remercier de mon mieux, je lui dis :

— « Merci, citoyen!
— Oh! non, pas cela, pas citoyen! me dit le chiffon-

nier, qui se mit à marcher à côté de moi. Un citoyen, c'est un homme qui fait partie de la cité, et qui la gouverne ; moi, il est vrai que j'en fais partie dans une certaine mesure, principalement la nuit, mais je ne la gouverne pas du tout! Les citoyens aujourd'hui, c'est les bourgeois; or, monsieur, je ne suis pas un bourgeois. L'hiver je ne donne pas de bals blancs, ni de bals roses; je ne fais pas courir, je ne me promène pas autour du lac à cheval ou en voiture, je ne lis pas de romans vertueux, je ne suis pas abonné à la *Revue des Deux-Mondes*, et je ne vais pas à la mer sur les plages à la mode. Tout bonnement je me promène la nuit dans l'inextricable Paris, dans la belle et grouillante forêt de pierre, et je ramasse des chiffons avec mon crochet!

— Mais, lui dis-je, vous n'avez pas toujours exercé cette sage profession ?

— Non, dit Misery, on est si bête quand on est jeune ! Je suis bachelier, je sais beaucoup d'Homère par cœur, et parfois, quand la Seine gronde et se fâche sous les ponts, je la mets à la raison en lui récitant les grands hexamètres sonores pleins du sanglot de la mer. J'ai même été un peu professeur, mais il me déplaisait de me sentir bourreau de moineaux-francs et geôlier de papillons en cage. Enfin, je vis de mon état, très honnêtement, puisque je n'ai jamais manqué de tabac; mais je ne veux pas du tout qu'on m'appelle : Citoyen !

— Eh quoi! dis-je, est-ce que par hasard vous n'aimez pas la République ? Lui préférez-vous les rois ?

— Monsieur, dit vivement Misery, avez-vous vu au Louvre le portrait de Charles VII avec son museau de fouine et sa casquette à côtes de melon et à grande visière verte, pareille à celles dont se coiffaient autrefois, dans les temps évanouis, les épiciers de la rue Maubuée? Non, certes, je n'aime pas ce roi qui a trahi si souvent et si obstinément sa guerrière Jeanne d'Arc, et je n'aime pas non plus les autres rois de l'histoire. Ni François Premier, grâce à qui Étienne Dolet a brûlé comme ne brûlent pas vos allumettes ; ni Charles IX, qui ne sut pas massacrer complètement ou se tenir tranquille ; ni Henri III, avec sa coiffure de femme à la chinoise et ses perles en poires attachées aux oreilles ; ni Henri IV, doux à ses seuls ennemis ; ni Louis XIII, qui d'un cœur si léger laisse couper le cou à son favori le plus cher; ni Louis XIV, qui se laisse enfermer par Lauzun dans un cabinet de toilette — sans toilette! — ni l'ennuyé Louis XV ; ni Louis XVIII, qui passe sa vie à traduire Horace comme un magistrat de province !

— Mais enfin, dis-je, quels rois aimez-vous?

— Belle demande! fit Misery, tandis que nous marchions le long du quai dans l'harmonieux silence, je suis peuple jusque dans chaque goutte de mon sang, et j'aime les rois ambulatoires, qu'on peut accoster sans indiscrétion. J'aime les rois des contes de fées et les rois des comédies de Shakespeare, qui se promènent dans la rue avec la couronne sur la tête, le sceptre à la main et le manteau de pourpre sur le dos, afin qu'on les reconnaisse, et à qui un homme du peuple, une femme en guenilles, un enfant qui passe peuvent raconter leurs petites affaires et demander justice. Mais quant aux autres, je m'en soucie comme de ça ! ajouta-t-il en secouant et en vidant sur le parapet la cendre de son brûle-gueule.

— Alors, dis-je, vous préférez la République?

— Certes, dit Misery, je préfère la République, la seule République démocratique et populaire que je connaisse, c'est-à-dire la République d'Athènes! Car, si j'étais citoyen de la République d'Athènes, j'aurais le droit d'aller sur le Pnyx, je serais même payé pour y aller, et il ne tiendrait qu'à moi d'interpeller personnellement Périclès et de lui demander pourquoi il fait la paix ou la guerre, et il serait tenu de me répondre. Mais dans l'état actuel des choses, remarquez à quel point il est impossible que je cause jamais avec monsieur Grévy ou avec monsieur Jules Ferry! S'ils voulaient m'écouter, je leur demanderais pourquoi on inculque aux écoliers des lycées de si singulières idées sur la poésie, et pourquoi l'ouvrier de Paris, voué à l'empoisonnement, ne peut pas pour son argent boire un verre de vin sincère, et je leur demanderais beaucoup d'autres choses encore. Mais ils n'ont pas le loisir de m'entendre, ils ont bien d'autres chats à peigner, et ils les peignent avec un peigne d'or et de diamants que je leur ai acheté à mes frais.

— Mais enfin, dis-je, vos mandataires peuvent parler en votre nom, et poser au gouvernement toutes les questions possibles, car ils vous représentent!

— C'est selon, s'écria vivement le chiffonnier. Ils ne me représentent pas assez et ils me représentent trop. La plupart d'entre eux n'ont avec moi aucune ressemblance physique, j'en bénis les Dieux; et leur esprit n'est pas non plus l'image du mien, car ils figurent leurs idées au moyen d'images vagues et incohérentes et de phrases à rallonges, ornées d'hydres et de volcans d'une réalité médiocre. D'autre part, ils me représentent trop, car c'est eux qui boivent les bons vins sincères tandis que j'avale des poisons de Locuste, et ils mangent les filets de bœuf, les gigots de pré-salé, les poulets de grain, et dans la saison les perdreaux et les chevreuils, et les petits pois très fins et les haricots verts tendres comme la rosée, et les cerises et les abricots, et les fraises rouges, et toutes les autres bonnes nourritures. Quant à moi, je mange tout cela par procuration, en effigie, comme je gouverne, d'une façon absolument idéale et abstraite. Mais dans la réalité crue, en ce qui me concerne, je remplace ces bonnes victuailles par deux sous de pâté de foie ou deux sous de veau piqué.

Si j'étais citoyen d'Athènes, les magistrats investis des hautes charges de la Cité dépenseraient pour les exercer leur fortune personnelle, et je serais représenté à leurs frais, tandis qu'aujourd'hui je le suis à mes frais! Des citoyens extrêmement riches donneraient leur temps, leurs soins, leur argent surtout, pour rassembler et faire répéter les chœurs, et pour organiser à leurs dépens des représentations où seraient interprétées pour moi les œuvres des poètes. Ici, au contraire, c'est moi qui subventionne l'Opéra, les divers Opéras, la Comédie-Française et les autres Comédies moins françaises, auxquelles je ne vais pas, et auxquels je n'irais jamais, lors même que j'aurais de beaux habits sur le dos et de l'argent dans ma poche. En effet, monsieur, qu'irais-je y faire?

Si vous voulez toute ma pensée, la tragédie et la comédie grecques furent la sublime et définitive expression de la poésie dramatique (aidée de l'indispensable musique régulatrice,) parce qu'elles furent vraiment démocratiques et populaires. Car, là, le peuple, le peuple tout entier était non seulement sur les gradins de l'amphithéâtre, où il n'avait pas payé! mais encore sur la scène, à côté des rois, des héros et des Dieux, qui ne le dédaignaient pas, et à qui il disait hautement ses plaintes, ses aspirations, ses désirs et ses viriles pensées. Mais si j'allais chez monsieur Perrin ou chez monsieur Vaucorbeil, qu'y trouverais-je? Dans la salle, une foule de bourgeois étrangers à toute musique, à toute gymnastique et à toutes lettres, uniquement préoccupés du cours de la Bourse, et sur la scène cinq ou six bourgeois affairés, bavardant et se disputant pour ou contre un insignifiant adultère, à propos duquel il n'y a pas de quoi fouetter une puce!

Bref, ce qu'on joue dans ces comédies-là n'est pas du tout mon fait, et moi qui les paye, je n'ai pas été consulté. Vous me dites que je pourrais aller chez mon député et lui donner mes ordres. Seulement ce député, qui se dit rouge et socialiste, (mais quel est le sens de ce vocable?) a tant de millions qu'il demeure dans un palais inaccessible, et tant de valets qu'avant d'avoir été rebuté et vilipendé par eux tous, j'aurais atteint facilement l'âge de Mathusalem. Monsieur, la politique moderne est bien simple; il y a deux races d'hommes, ceux qui sont représentés et ceux qui représentent; moi, je serai toujours représenté, je mangerai toujours les deux sous de pâté de foie, et mes mandataires mangeront toujours des salmis de bécasses. Voilà pourquoi je ne me soucie pas du tout d'être citoyen, si ce n'est dans la glorieuse ville où bondit le libre cheval échevelé de Poseidòn et où grandit le verdoyant laurier d'Athèna !

— Monsieur, dis-je sévèrement au chiffonnier, c'est un mauvais jeu que de chercher midi à quatorze heures, de prendre toujours le contre-pied des idées admises, et de critiquer tout ce qui existe. Au bout du compte, voyez où cela vous a mené, vous lettré, savant, nourri de la moelle des lions, admirateur de Pindare et d'Homère ! A vous promener en fumant une pipe trop courte, à l'heure où dorment les honnêtes gens, et à ramasser des chiffons dans les tas d'ordures !

— Eh bien ! et vous, qu'est-ce que vous faites ! me dit Misery, avec une ironie résignée. Ah! ça, monsieur le poète devenu homme de lettres, croyez-vous donc que je ne vous connais pas, depuis le temps que je vous rencontre à travers les rues de la ville? Et tas d'ordures pour tas d'ordures, j'aime autant y ramasser des nourritures que des rhétoriques, et des trognons de chou que des épithètes ! »

XX

UN TERRAIN BRULANT

A M. EDMOND DE CHAMBLEY

Avant-hier, monsieur, j'étais à Londres, et un de nos amis communs me remettait votre livre : *La Légende des Sexes, Poèmes Hystériques* (tel est le titre), qui ne peut pénétrer en France, à cause de son costume un peu sommaire, et me disait que vous vouliez bien désirer mon avis sur ces compositions lyriques. Je vous le donnerai donc en toute franchise, sans euphémismes, sans ménagements et sans atténuation hypocrite. Parlons de vous, d'abord. Pour quiconque est initié à l'Art divin entre tous, il est évident et hors de toute discussion que vous êtes un poète de race et de grande envergure. Vous avez la science du rhythme, l'harmonie, la sonorité, le mouvement, le don des belles images et des syllabes évocatrices; de plus, l'érudition et l'esprit, sans lesquels on ne peut rien faire dans ce temps d'analyse, compliqué et précis. Vous êtes, monsieur, un excellent, délicat et viril artiste, et nul bon poète n'en peut douter, vous appartenez bien à la race chère et sacrée de Pindare.

Quant à votre livre, c'est différent. Je n'irai pas par quatre chemins, ni par deux non plus ; ce livre, il ne fallait pas du tout le faire. Et cela par mille raisons, toutes irréfutables, dont la meilleure est clairement expliquée par vous-même dans votre sous-titre : *Poèmes Hystériques*. Il ne peut pas y avoir de poèmes hystériques, parce que le mot *hystérie* et le mot *poème* expriment deux idées radicalement exclusives l'une de l'autre. C'est comme si l'on disait : *du feu gelé* ou *de la glace flamboyante;* c'est comme si l'on accouplait ensemble, pour traîner un même chariot, la timide gazelle et le lion à la gueule féroce. L'hystérie, c'est le désir vain, la soif qui ne sera pas étanchée, l'appétit stérile ; le poème, comme son nom le dit, c'est essentiellement l'œuvre réalisée et faite. Le poète ne saurait être hystérique et exprimer l'hystérie, non plus que le cavalier hardi pressant de ses genoux et faisant obéir le cheval à la longue chevelure ; non plus que l'archer aux muscles gonflés, aux bras vigoureux, tendant son grand arc pour envoyer au but une flèche sifflante.

Cependant, mon cher confrère, parlons hystérie, puisque l'occasion s'en présente, car il ne me déplaît jamais de me mesurer et de me colleter avec les monstres. Eh bien ! je vous le dirai franchement, j'ai de celui-là par-dessus la tête, et son plus grand tort à mes yeux, c'est qu'il m'ennuie. Cette maladie moderne sévit surtout parce que nous avons dit que nous l'avons ; mais il en est d'elle comme de tous les spectres et de tous les fantômes ; il suffit de marcher à elle résolument, pour qu'elle se dissipe et s'évanouisse. A entendre les observateurs épris de simplification, et très pareils à ces aliénistes qui voient la folie partout, il n'y aurait plus ni rage, ni amour, ni désir, ni colère, ni religion, ni jalousie, ni fantaisie, ni bravoure ; il n'y aurait que de l'hystérie. Othello, Hamlet, Coriolan, Lear, Timon d'Athènes, Titania, tous hystériques! Ce système est un peu initial.

Peut-être l'hystérie des femmes serait-elle infiniment diminuée, si on ne la créait, ne l'encourageait et ne l'exaspérait à chaque minute ; il faudrait leur appliquer, en le variant un peu le célèbre axiome de Scribe, et dire : « Cet animal est fort douillet ; quand on le torture il souffre ! » C'est là un bien gros sujet, trop complexe et débordant pour le cadre d'une simple lettre, et qui veut être traité à fond. Mais quant à l'hystérie des hommes, je m'y refuse, je n'en veux pas du tout, et je ne consens pas à la plaindre. C'est une maladie de gens riches, très facile à guérir. Monte à cheval, misérable, jette-toi dans les batailles et les escarmouches ; ou fais-toi négociant, trime, subis les affres de l'échéance ; ou fais de l'escrime et casse des fleurets ; casse même au besoin des cailloux ; ou, si tu n'es pas bon à autre chose, écris douze cents pièces de théâtre, retrousse ta manche, bats-toi avec l'amour-propre des comédiens ; ou fais de la copie, entasse des lignes, corrige les épreuves, tâche d'exterminer les *bourdons* et les *coquilles*, plus nombreux que les hydres des marais percées par les flèches d'or d'Apollon ou d'Hercule, et je te réponds que tu ne seras plus hystérique !

Mais, mon cher confrère, l'hystérie écartée, l'art licencieux a-t-il sa raison d'être ? Il l'eut sans doute dans la grande éclosion de la Renaissance, lorsqu'après des siècles de tortures et de renoncements douloureux, l'homme retrouva l'Antiquité, la poésie, Hélène aux beaux cheveux, et en même temps, avec un grand cri de joie, rentra en possession de l'immense Nature. Il dut alors, dans un furieux élan d'amour, célébrer l'Aphrodite, la force créatrice, le renouvellement des êtres et des choses, l'universel désir des Dieux et des bêtes ; il dut, avec une frémissante allégresse, renouer la chaîne des êtres depuis longtemps brisée, et montrer Danaé fécondée par la pluie d'or, Europe emportée par le taureau divin, Léda palpitante sous le baiser du cygne, et proclamer avec une débordante effusion la religion de la Vie. Mais ce fut la mission des arts plastiques, d'un Jules Romain ivre des grandes conceptions de Raphaël. Quant à la Poésie elle-même, elle est, par sa nature, essentiellement chaste; les Muses, les sources inspiratrices, sont des vierges, et dans ses œuvres fortifiantes, le grand soldat Eschyle ne veut même pas que les femmes soient nommées.

Ne me croyez pas bégueule, mon cher confrère; mais j'aime la poésie au-dessus de tout, et elle est une ouvrière et une guerrière, qui s'arrange mal avec les mollesses de la volupté. Remarquez-le, au dix-huitième siècle, par exemple, où la volupté, qui règne sans partage, est devenue la pensée unique, la poésie s'affadit, devient languissante, incolore, puérile; et sur ses lèvres en cœur ne peut plus supporter le farouche baiser de la rime. Ses bergers en soie et en sucre candi ont dans les veines de l'eau rose au lieu de sang, et bien loin de pouvoir toucher à la grande lyre, ont à peine assez de force pour pouvoir souffler dans un chalumeau de paille.

Or, dites-moi, est-ce cela que nous voulons faire avec la poésie des *Contemplations* et de *La Légende des Siècles ?* Encore, dans ce dix-huitième siècle restait-il un vague paganisme gracieux et maniéré qui, à la rigueur, permettait de diviniser les forces et les énergies de la Nature; mais, en brisant tous les Dieux, nous avons même brisé ces Dieux en porcelaine tendre; il ne nous en reste plus d'aucune espèce; aussi n'ont-ils pas le droit de se déguiser en taureaux et en cygnes, puisqu'ils n'existent plus.

Nous vivons dans une époque bourgeoise; or le vice bourgeois est essentiellement laid, et ne prête à aucune apothéose. Que des êtres beaux, ennoblis par les batailles, instruits dans tous les arts, couronnés de fleurs, portant sur leurs robes d'amoureuses devises, aient pu, à certains âges de triomphe et de luxe, admirer dans des femmes pareilles à des déesses, la matière spiritualisée, cela se comprend de reste ; mais nos grandes dames de l'agio, qui parlent comme des cuisinières, n'ont aucun droit à se servir en amour du mot propre — devenu malpropre ! Encore bien moins le poète, qui doit s'exprimer comme les honnêtes gens du temps où il vit. Il pouvait se servir des mots pourprés et crus comme des fleurs, lorsque les princesses les employaient, aussi bien que les vachères ; mais nous n'en sommes plus là ; nous parlons une langue terne et cursive ; nous sommes habillés comme des notaires déguisés en croque-morts, et nous devons nous montrer décents, ne pouvant être magnifiques.

Dans votre préface, mon cher confrère, vous dites que Victor Hugo a oublié quelque chose ; ce n'est pas mon avis ; il a eu toutes les grandeurs, tous les raffinements et toutes les bravoures. Oui, ce géant, qui à lui tout seul a été plus audacieux que tous les poètes, lui qui le premier de tous a voulu appeler la Vache : une vache, a osé concevoir et écrire ce poème d'un jeune homme qui, parmi la nature extasiée et charmée, rencontre une femme au bord du ruisseau, et l'emmène et l'emporte, sans autre forme de procès. Ah ! pour savoir ce que peuvent le viril enchantement du mètre et la gloire de la rime, il faut le relire sans cesse, ce poème de désir et de joie, vraiment ÉROTIQUE dans le sens noble et divin, ou plutôt encore le chanter, sur l'admirable musique palpitante et envolée d'Armand Gouzien :

> Elle était déchaussée, elle était décoiffée,
> Assise, les pieds nus, parmi les joncs penchants ;
> Moi qui passais par là, je crus voir une fée,
> Et je lui dis : Veux-tu t'en venir dans les champs ?
>
> Elle me regarda de ce regard suprême
> Qui reste à la beauté quand nous en triomphons,
> Et je lui dis : Veux-tu, c'est le mois où l'on aime,
> Veux-tu nous en aller sous les arbres profonds ?

Elle essuya ses pieds à l'herbe de la rive ;
Elle me regarda pour la seconde fois,
Et la belle folâtre alors devint pensive.
Oh ! comme les oiseaux chantaient au fond des bois !

Comme l'eau caressait doucement le rivage !
Je vis venir à moi, dans les grands roseaux verts,
La belle fille heureuse, effarée et sauvage,
Ses cheveux dans les yeux et riant au travers.

Si je ne me trompe, ce poème-là est la condamnation des vôtres, car il est impossible d'exalter plus nettement qu'il ne fait le triomphe du désir physique soudainement exaucé, et cependant il n'a nul besoin des mots trop propres ! pour exprimer la gloire ingénue de cette fougue bestiale et divine. Il est extrêmement probable que ce passant et cette baigneuse sont bâtis de chair et d'os, et que lorsqu'ils s'en vont, embrassés, sous la frondaison noire, ce n'est pas pour lire des tragédies de Luce de Lancival ; mais nous devinons facilement le reste, il n'est pas nécessaire de mettre plus de points sur les I, et étant donnés un perdreau cuit à point et un homme affamé, nous le savons de reste, ce n'est pas le perdreau qui mangera l'homme.

Le grand Balzac, jamais assez admiré, jamais assez loué ! a eu bien raison de donner beaucoup de génie aux courtisanes parisiennes, qui en ont en effet beaucoup. D'abord, c'est elles qui ont inventé la propreté exacte et saine, les chairs bien lavées et les cheveux bien peignés, et peu à peu, considérant que ce luxe avait beaucoup de succès, les autres femmes les imitèrent. Mais elles avaient plus d'un tour dans leur sac ! Tant que le luxe resta chez les grandes dames, les courtisanes voulurent bien lutter avec elles de joyaux, de damas, de parures, de dentelles, de robes triomphales ; mais quand les bourgeoises à leur tour se déguisèrent en archiduchesses, Impéria et Laïs ressuscitées leur firent la mauvaise farce d'inventer à nouveau la simplicité exquise et la chasteté. Elles savaient bien que, pour aborder cet ordre d'idées, il faut être née d'une race aristocratique, parmi les princesses ou parmi les marchandes de pommes, cela ne fait rien, car la nature fait la noblesse où et quand il lui plaît, et comme elle veut. Oui, comme raffinement suprême, idéal et inimitable, les courtisanes se sont avisées d'être chastes : ne soyons pas plus bêtes qu'elles !

Je vous dis tout cela, rapidement, à bâtons rompus, avec d'énormes ellipses. Mais vous avez assez d'esprit pour tout comprendre à demi-mot et même sans mots. Et quant à vos vers, ils sont assez beaux pour soutenir la comparaison avec ceux des maîtres les plus illustres. Témoins ceux-ci, par lesquels s'ouvre votre poème de *Pasiphaé* :

> Midi ! Le ciel profond est d'un cobalt intense,
> Comme une lampe d'or pendue au zénith bleu,
> Le soleil qui montait s'arrête et se balance ;
> Ses rayons verticaux vibrent dans l'air en feu.
>
> Les monts, les champs baignés des clarté odorantes,
> Rêvent sans mouvement dans leur vaste sommeil,
> L'île nage au milieu des vagues transparentes,
> Dont chacune miroite et reflète un soleil.
>
> La mer chante : le flot tiède et rempli d'écume,
> Lèche le sable ardent qui fume dans le port.
> Le parfum lourd des fleurs pèse, comme une brume,
> Dans l'atmosphère épaisse où la brise s'endort.
>
> La sève bout ; le fruit est mûr ; la vie éclate :
> Les muscats jaunissants cuisent sur les coteaux ;
> Le pâtre désertant la lande aride et plate,
> Sous les blancs oliviers a conduit ses troupeaux.

Consultez le poète Haraucourt, un des nouveaux venus véritablement doués et forts, et il vous le dira comme moi, quand on écrit des vers de cette envolée, il faut tout uniment obéir à son génie, sans employer

des vocables dont madame d'Espard et madame de
Maufrigneuse ne se servent pas dans l'intimité, parce
qu'elles ont les sens trop compliqués, trop subtils et
trop modernement affinés pour se contenter de ce qui
jadis montait naïvement la tête aux grandes dames
éprises du duc de Richelieu, comme des faunesses en
délire.

XXI

LES POÈTES

A ÉTIENNE CARJAT

Mon cher ami, elle ne peut s'éteindre, la race sacrée des héros; que l'un d'entre eux meure, versant à flots son généreux sang, de ce sang naissent d'autres héros brûlés et dévorés de l'immense amour. Et il suffit qu'un de ces hommes paraisse, combattant prêt au sacrifice et épris de la mort sanglante, pour que les cauchemars, les mauvais rêves, les fantasmagories de lâcheté et de vil égoïsme s'enfuient et s'évanouissent dans la nuit noire. On dit que nous sommes une race flétrie, sceptique, ivre de son or et de sa guenille; il suffit d'un Henri Rivière, mort comme un chef des temps antiques dans une sublime bataille inégale, pour prouver qu'on en a menti et que nous ne sommes pas gangrenés par l'ignoble indifférence. Je revois encore, comme je le voyais, hélas! il y a peu de temps, ce commandant Rivière, si brave, si spirituel, si beau avec sa longue et noire chevelure, et qui, j'y songe avec orgueil, fut un écrivain, un artiste, un poète, un des nôtres enfin, magnifiquement doué pour tous les arts littéraires.

On lui disait : « Quittez ce périlleux métier de marin; vous avez assez fait comme soldat pour notre France; servez-la maintenant avec votre pensée et avec votre plume. Las d'avoir erré sous tant de cieux inconnus, où vous avez montré suffisamment votre bravoure et où votre cerveau s'est empli de spectacles et d'images, restez à votre foyer, près de votre chère femme, achevez dans le recueillement et dans le silence des œuvres accomplies, et goûtez enfin les délices du travail et la féconde ivresse du succès. » Ainsi on lui parlait, mais il n'a pas été convaincu ; d'instinct il sentait très bien que ce n'est pas assez de chanter quand on peut aussi combattre ; que l'homme se doit tout entier à la patrie, avec toutes ses activités et toutes ses aptitudes ; que celui qui a le suprême bonheur de porter une épée ne doit pas la quitter avant qu'elle ne s'échappe de sa main glacée et mourante. Et abandonnant tout, le monde, les satisfactions d'artiste, les plans caressés longuement, les murmures d'une renommée sans cesse grandissante, il s'en est allé là-bas lutter, affronter des périls inouïs, subir douloureusement pour la poignée de braves qui lui était confiée les angoisses d'un long martyre, et tomber enfin dans une furie de carnage et de gloire. Eh bien! son noble sang versé n'aura pas été répandu en vain ; il nous arrache à l'équivoque, aux incertitudes, aux parlages inutiles ; il nous rappelle avec une fulgurante évidence que la France est une guerrière et ne doit jamais quitter l'épée et la lourde armure.

Non, grâce au ciel, la race des combattants et celle des penseurs ne sont pas deux, c'est la même, et la poésie a cela d'admirable qu'elle ne souffre et ne tolère aucun mensonge. Non seulement le poète ne doit pas mentir, mais il est impossible qu'il mente, car il ne peut exprimer que son âme telle qu'elle est ; nulle singerie n'y peut suppléer, et si cette âme n'est pas enthousiaste, exaltée, brûlée d'amour non seulement pour la patrie, mais pour l'humanité tout entière, pour tous les êtres, ce n'est pas vrai, les strophes ne s'envoleront pas en plein ciel, et le premier rayon de soleil fondra piteusement la cire de leurs ailes postiches. Un autre mort d'hier, ce noble Abd-el-Kader, qui après avoir été notre ennemi fut notre hôte, était non seulement le guerrier, le plus habile tireur, le meilleur cavalier parmi les siens, mais il était aussi le prophète, le poète aux chants applaudis et compris par tout son peuple, et son cimeterre ne tourbillonnait pas dans l'air ébloui plus vertigineusement que le vol de ses strophes ailées.

Au commencement de ce siècle, Byron, jeune, inspiré, beau comme un dieu, étonne, épouvante et charme l'Europe par ses poèmes; certes, s'il l'eût voulu, il était assez riche et assez grand seigneur pour qu'on lui permît la vie de chanteur oïsif; mais une nation, la nation Hellène, la patrie des Dieux agonise; il court là où l'on meurt, il va se faire combattant, il va montrer qu'il est l'homme de sa pensée et de ses poèmes. Mais qu'y-a-t-il besoin de regarder chez nos ennemis et chez les étrangers? Regardons chez nous. En 1848, le peuple, étonné et dévoyé, ne sait pas bien ce qu'il veut; un homme paraît et par son éloquence, par son génie l'entraîne, le force à se retrouver et le rend à lui-même. Cet homme, c'est Lamartine. Quoi! le poète des harmonies, des effusions religieuses, de l'idéal amour! S'est-il donc métamorphosé? Nullement, mais son amour s'est élevé, généralisé, agrandi et embrasse tout. Il n'a pas plus changé que ne changera son émule Victor Hugo, lorsque, fuyant la patrie et ses doux champs, il ira savourer la solitude amère de l'exil et livrer sa chevelure déjà blanchissante au vent désespéré de la mer. Du premier au dernier anneau, son œuvre, comme sa vie, se tient étroitement et fidèlement, car il a d'abord pitié des grands parias, du bouffon, de la prostituée, du laquais; mais enfin, à mesure qu'il a grandi, sa pitié s'est généralisée, elle a fini par embrasser tout un peuple, et c'est d'une âme ardemment filiale qu'il a tendrement posé sa bouche sur la sanglante blessure de la France!

Il n'y a pas de poète égoïste, même parmi ceux qui pourraient sembler égoïstes. Aux temps où la valeur militaire n'a pas l'occasion de se montrer, mais où la patrie souffrante, repliée sur elle-même, en proie à un mal inconnu, tourmentée par l'éclosion des idées nouvelles, subit comme les douleurs d'un enfantement, un Musset, un Baudelaire incarnent en eux la misère de tous, l'expriment avec une intensité frémissante, et poussent la plainte, le cri, le sanglot libérateur en qui s'exhale une amère et longue torture. Nous voyant lassés, inquiets, mécontents de nous-mêmes, comme oppressés et perdus à travers les méandres du noir souterrain, un Leconte de Lisle, de sa puissante main hérakléenne nous saisit aux cheveux, nous traîne palpitants vers l'aveuglante et sereine lumière, et, nous rendant l'âme virile, nous force à contempler éperdus l'immortelle Beauté ressuscitée des morts et soudainement retrouvée.

Tous ces hommes sont des fils de héros, et des héros, comme leurs pères. Mais mille fois heureux ceux qui ont pu combattre matériellement, et ensanglanter leurs mains dans la bataille. Tel est Eschyle dont le nom, comme le dit son épitaphe, était bien connu du Mède aux longs cheveux, et qui dédaignant ses immortels et chastes poèmes, ne voulut pas sur sa tombe d'autre mention que celle-là ; Eschyle si grand que la religieuse admiration inspirée par ses tragédies lyriques suffit à créer un Aristophane ! Et avant lui, Achille en proie à sa douleur faisait résonner sa grande lyre, et ce fut aussi un joueur de lyre, le tueur de monstres Héraklès, dont le savant maître Linos assouplissait les doigts sur le rude instrument de buis. Car nous avons de qui tenir ; notre noblesse ne date pas d'hier, et notre premier aïeul Orphée, roi de Thrace, fut un des nautoniers du navire Argo et un conquérant de la Toison d'Or.

Cher ami, je roulais ces pensées dans mon esprit,

lorsqu'en passant dans la rue des Saints-Pères, je m'arrêtai devant la librairie espagnole, attiré par cette estampe où le bon Célestin Nanteuil a représenté Michel Cervantes pensif et couronné d'étoiles. Voilà un poète, celui-là, qui peut, comme soldat, montrer de bons états de service ; dix ans de service militaire et cinq ans de captivité dans les bagnes d'Alger, et de nombreuses blessures et sa main gauche estropiée dans la grande bataille navale. Bien souvent je contemple cette poétique image d'un mort que j'aime avec une tendresse reconnaissante et infinie ; car l'auteur de *La Batalla naval*, de la *Gran Turquesca*, d'*Arsinda* et d'*El Bosque amoroso*, est aussi l'immortel poète de *Don Quixote*, c'est-à-dire notre historien et notre vengeur. A travers sa puissante ironie, il enseigne qu'il est beau d'avoir combattu pour les opprimés, même un combat chimérique, et déployé de bonne foi une valeur inutile. Certes, il est bien probable que toi et moi, et bien d'autres rimeurs, nous n'avons été rien autre chose que des don Quixotes célébrant des vachères que nous avions prises pour des déesses, et nous escrimant contre des muletiers travestis et des moulins à vent. L'important, c'est que la bonne intention y était, et nous aurions aussi volontiers refait Salamine et détruit les armées de Xerxès ; mais la vie est courte, et on fait ce qu'on peut.

Comme je rentrais chez moi, on m'a remis ton volume de poèmes, *Artiste et Citoyen*, que j'ai lu et dévoré d'un bout à l'autre, comme un roman de cape et d'épée d'Alexandre Dumas père. Ai-je aimé tes vers, si bons, si spirituels, si honnêtes et si fiers, parce que je t'aime toi-même, ou parce qu'en effet ce sont des vers bien pensés et bien construits ? Je penche vers cette dernière hypothèse, car tu sais que je suis un féroce et patient ouvrier, implacable sur le chapitre de la rime, du rhythme, de la variété et de la richesse des sons. Là-dessus, comme sur le reste, je n'en sais pas bien long; mais depuis quarante ans je relis et je relis le Maître des maîtres avec une si tenace obstination, qu'en fait de rhythmique je commence à deviner un peu de quoi il s'agit, et sur ce point il n'y a pas d'amitié qui tienne! Eh bien! oui, je te le dis effrontément quoique je sois ton ami, tes vers sont solides, bien attachés et façonnés de main d'ouvrier. Ce dont je suis certain, c'est que tu les possèdes, ces dons que je mets au-dessus de tout, la tendresse filiale pour la patrie, la fidélité à ta foi et l'ardent amour pour les plus humbles créatures. Pour ce qui est du reste, aucun de nous ne doit faire le malin; le peu que nous possédons, nous le devons à la générosité du Maître qui possède tout, et le plus opulent des rimeurs français est riche au même titre que le mendiant de la rue, lorsque Rothschild en passant lui a donné un sou.

XXII

LA JOIE

A M. AUGUSTE DUMONT

Mon cher directeur, nous faisons joliment bien de raconter (et notre ami le baron de Vaux s'en acquitte à merveille) les pompes, les ostentations, les bals blancs, les bals roses, tous les turfs et tous les sports, le high-life et les autres lifes, la gloire des perpendiculaires et le triomphe des horizontales, le monde où l'on s'amuse, le monde où l'on s'ennuie et, comme dit le bon Nadar, le monde où l'on patauge ; les soirées où l'on échange des dialogues et celles où l'on récite des monologues ; et les dames qui étaient habillées en blanc, et en jeune or, et en vieil or et en rose vif ; car si nous ne racontions pas tout cela, qui le raconterait? A coup sûr ce n'est pas le tisserand, qui dans l'humidité d'une cave obscure est occupé à tisser sa toile. Mais comme il est heureux que le Peuple, que le bonhomme Démos ne lise pas nos journaux, qui, coûtant trois sous, sont trop chers pour lui !

Car s'il les lisait, il pourrait retourner la proposition de ce personnage des *Faux Bonshommes* qui, entendant lire un contrat de mariage, s'écrie : « Mais il n'est question que de ma mort là-dedans! » et il dirait sans doute, avec une aussi juste raison : « Mais, là-dedans, il n'y a que ma vie dont il n'est pas question du tout ! » En effet le Peuple ne va pas aux bals blancs, ni aux bals roses, ni à rien, il n'assiste pas à la fête Watteau, ni à la fête Japonaise, ni à aucun divertissement. Il est comme nous, lorsque nous voyons représenter une tragédie vide d'action et pleine de récits, et que nous murmurons, non sans amertume : « Mon Dieu ! comme il se passe donc des choses intéressantes et tragiques là où je ne suis pas ! Est-ce qu'il ne me serait pas possible d'aller dans l'endroit où les choses se passent, au lieu de rester dans l'endroit où on les raconte ? » Car entendre raconter qu'un ortolan a été mangé, n'est pas du tout la même chose que de manger un ortolan.

Mon cher directeur, le Peuple est souverain, aussi souverain que Bilinkous-el-Balazou, qui vainquit ceux d'Arwad ; aussi souverain que Sini-ak-Harib-Ashourdann, que Ram-s-ès, Sestesou-Ra ; que Godwerd, premier Schour-rhé-nah de ceux d'Accad ; mais, il ne faut pas se le dissimuler, il ne voit jamais rien que le visage de bois d'une porte fermée sur son nez. Cependant, cette association de mots : *République démocratique* n'a aucun sens, si elle n'exprime pas la manière d'être d'un État où le Peuple est roi. Or, s'il est en effet un Roi à cinquante millions de têtes, vivant, agissant, non retiré momentanément de la lutte comme don Carlos ou comme le comte de Chambord, souverain virtuel en expectative dans un calme Frohsdorf, pourquoi n'a-t-il pas des fêtes cinquante millions de fois plus splendides que celles du roi Louis XIV, et que celles des Césars romains !

Eh bien ! justement il n'a aucune fête, si ce n'est, une fois par an, une foire de Saint-Cloud démesurée, avec mirlitons, saltimbanques, chevaux de bois, femmes à barbe, feu d'artifice mesquin et illuminations peu en rapport avec les moyens dont dispose la Science actuelle. C'est des divertissements bons à réjouir un Roi pour rire, un Roi des marionnettes ; mais lui qui est

Roi pour tout de bon, et qui est le maître, pourquoi ne s'offrirait-il pas des courses de chars, des jeux d'athlètes, des luttes, des courses, des théories de belles jeunes filles, et enfin des fêtes pareilles à celles qui furent l'honneur de la Grèce maternelle? Il est le maître, il lui suffit d'ordonner, et il a à lui et chez lui tous les éléments de ces solennités sacrées.

De tout temps, la République a senti qu'elle en avait besoin, et ce fut une des constantes préoccupations du correct et froid Robespierre. Malheureusement, il n'avait à sa disposition qu'une mythologie d'un assez mauvais aloi, et ses monstres de carton, ses divinités abstraites, ses vieillards sentimentals à la Jean-Jacques, bénissant les ébats des adolescents, étaient d'une invention assez pauvre; mais le Peuple aurait aujourd'hui à son service des artistes et des ouvriers dont la compétence ne laisse rien à désirer.

Pour symboliser n'importe quelle idée, il pourrait s'adresser au savant historien et mythologue Louis Ménard, qui a assez étudié les religions pour savoir créer des allégories. Des amphithéâtres immenses, contenant de vraies foules, seraient facilement construits par Charles Garnier, décorés par Baudry, par Gérôme, par Boulanger, par les statuaires Dubois, Mercié et Falguière; notre école de danse, qui est la première du monde, fournirait les mimes qui exécuteraient des mimodrames et des simulacres de combats; Gounod, Massenet, Reyer, Salvayre, il n'y a que le choix, écriraient la musique des Odes triomphales à la gloire du Peuple, dont les paroles seraient composées par Leconte de Lisle et par les autres grands poètes. Ce même Peuple trouverait parmi ses plus humbles filles et parmi les débardeuses du quai de la Râpée de jeunes femmes vigoureuses et belles que nos peintres sauraient costumer, et qui formeraient des processions pareilles à celles qu'on admire sur les frises du Parthénon.

Enfin les sports populaires, courses à pied, courses

équestres, tir à l'arc et au fusil, danses aux vastes et harmonieux dessins, exerceraient les jeunes hommes des métiers, qui n'en seraient pas réduits à connaître les nobles délassements par la lecture des Nouvelles à la Main, et qui, au lieu de vivre par procuration, vivraient eux-mêmes et pour leur propre compte.

Et quand auraient lieu ces fêtes régénératrices et vraiment morales? Mais très souvent, et principalement toujours; et même je ne vois aucune raison pour que Paris, sans cesse prêt pour une fête perpétuelle, n'ait pas toutes ses murailles décorées de fresques représentant les Travaux et les Jours, tous ses boulevards ornés de mâts et de banderoles flottantes, tous ses amphithéâtres étalant des spectacles gratuits, et un triomphe continu de chants, de danses, de musiques, de cavaliers éperdus, de jeunes filles étalant l'orgueil de leurs bras superbes.

Il me semble également raisonnable que le Peuple, quand il lui plaira, s'invite à dîner lui-même, et fasse magnifiquement les choses. Si Charles-Quint a pu faire servir sur sa table un cochon entier présenté sur un plat d'or; si le simple czar de Russie, qui n'est rien de plus qu'un homme, a pu ces jours derniers régaler cinq cent mille de ses amis, en offrant à chacun d'entre eux un pâté à la viande et un pâté de confitures, et un gobelet d'argile à ses armes, avec quelque chose pour boire dedans, le roi Peuple, qui est des millions d'hommes, n'aurait-il pas à plus forte raison le droit d'ériger pour son festin des pâtés hauts comme des citadelles, dans lesquels seraient empilés, avec force gelées succulentes, toutes les bêtes des bois, tous les poissons de la mer et des fleuves et tous les oiseaux du ciel, et de servir à ces mêmes festins, en guise de roastbeefs, beaucoup de bœufs entiers, enfilés comme des chapelets d'alouettes, et, comme dessert, des arbres fruitiers avec leurs troncs, leurs branches, leurs feuilles et leurs fruits, et de mettre en perce des milliers de tonneaux, d'où le noble sang de la vigne, coulant en inépuisables ruisseaux, serait recueilli dans des cruches d'argent ciselées par les meilleurs forgerons de l'argent?

— « Mais, me dira-t-on, nous sommes plus pauvres que Job ; nous montrons la guenille, nous traînons la savate, nous sommes forcés de regarder tristement les deux bouts, comme des choses impossibles à joindre ; nous sommes si pauvres que nous ne pouvons dégager nos monuments historiques, comme par exemple les églises de Saint-Germain-des-Prés et de Saint-Séverin, aveuglées par des pâtés de maisons ; nous sommes si misérables que nous ne pouvons pas ranger nos toiles d'artistes modernes dans le musée, trop petit, du Luxembourg ; et si douloureusement indigents, qu'en additionnant nos louis, nos pièces de cent sous, nos monnaies blanches, nos sous et nos centimes, et en vidant tout le fond de la bourse, nous n'avons pas de quoi acheter une croix de grand-officier de la Légion d'Honneur pour Victor Hugo, ni une croix d'officier pour Leconte de Lisle, ni même de simples croix de chevaliers pour Barbey d'Aurevilly et pour Armand Silvestre. Oui, voilà l'état de misère où nous sommes réduits, et songez-vous que des fêtes comme vous les réclamez coûteraient de l'or et beaucoup d'or ! »

Telle est l'objection que je prévois, que je pressens, que j'entends tout de suite ; mais elle n'est pas sérieuse. Je crois, moi, que les indispensables fêtes dont je proclame la nécessité ne coûteraient absolument rien, parce que, lors même qu'il le voudrait, il n'est pas au pouvoir du Peuple roi de dépenser son argent. Car ce qu'il donne d'une main en tant que Roi, il le reçoit de l'autre comme ouvrier et comme artiste, et il ne saurait s'appauvrir en se payant lui-même. Mais, je suppose qu'il faille en effet de l'argent, et pour une minute j'admets cette hypothèse chimérique : eh bien, on en trouverait et plus qu'il n'en faudrait ! Car si nous sommes une République, il faudra forcément que nous en revenions à l'idée athénienne qui est la seule pratique, la seule démocratique et la seule vraie : c'est que les grandes charges de l'État soient occupées par des citoyens immensément riches, qui avec joie dépensent au profit du Peuple leur fortune personnelle. Cela seulement est la République; mais si au contraire les charges sont occupées par des citoyens qui, loin de se ruiner pour le Peuple, veulent s'enrichir, vous n'aurez jamais que la Monarchie constitutionnelle avec un faux-nez, et cela sentira toujours l'épargne, la mesquinerie, l'épicerie avariée et le parapluie !

— « Tout cela est bel et bon, dit mon contradicteur, mais nous sommes des gens économes, chacun veut garder ce qu'il a, on aimerait encore mieux renoncer à avoir des chiens que de les attacher avec des saucisses, et nul ne se soucie de se mettre nu comme un petit saint Jean, afin d'habiller tout le monde. » — J'en suis fâché (pour lui !) mais mon contradicteur ressasse un vieux lieu commun.

Au contraire, il y a dans la finance, comme dans l'aristocratie, des gens pleins d'esprit, artistes, et très généreux, qui, très volontiers donneront leur argent pour les choses belles et utiles, pourvu qu'on ne les en punisse pas trop cruellement. Il faut toujours en revenir à l'histoire de cet homme aimable et charmant, monsieur Bischoffsheim. Comme l'Observatoire n'avait pas de quoi payer un télescope utile au progrès de la Science, ce financier voulut bien le payer de ses deniers et même le faire fabriquer ; mais, à ce sujet, il eut à faire tant de démarches, à subir tant de délais, de paperasses et d'ennuis dans les bureaux, qu'on ne l'eût pas traité plus durement s'il eût trahi la patrie ou composé ostensiblement des poèmes lyriques.

Ah ! les bureaux ! mon cher directeur, voilà la seule et l'abominable question. Le Peuple a aboli les tailles, les gabelles, les inquisitions, émietté les bastilles ; mais le Monstre à manches vertes armé de cartons verts et de pelotes côtelées à épingles, qui sont en même temps des boîtes de pains à cacheter, l'Apollon qui doit le percer de ses flèches vengeresses n'est pas encore né. Voilà pourquoi le roi Peuple ne peut pas se donner le festin, le bal et la comédie; c'est que de ses fortes mains il a pu briser les diadèmes, les sceptres et les glaives, mais non le grattoir, la boîte de pains à cacheter rouges et la bouteille de sandaraque !

XXIII

LE VIN DU PEUPLE

A JEAN RICHEPIN

Mon cher ami, hier, dans une rue du quartier Latin, j'ai vu un homme du peuple, tout à fait ivre, qui est tombé par terre, la tête en avant. En cognant le pavé, son front fit un tel bruit épouvantable que tous les passants poussèrent un cri d'horreur. On pensait que le misérable avait dû se briser le crâne, et qu'on allait le voir se relever, s'il se relevait, avec son visage tout sanglant. Mais au contraire, quand il se remit debout, on vit qu'il ne s'était fait aucun mal appréciable.

Tranquillement il reprit sa route, et d'un pas relativement assuré, il se dirigea vers la boutique du marchand de vin le plus proche. Et que pouvait-il faire de mieux? Car sur ces questions brûlantes et palpitantes plane une Fatalité inéluctable. Il fait chaud, le ciel est torride, le soleil brûle les gosiers des hommes en même temps que les façades des maisons et le bitume des trottoirs. Fatigué par un âpre et dur travail, l'ouvrier entre au cabaret, donne ses deux sous et boit un verre de vin, quoi de plus naturel?

Mais une fois qu'il l'a bu, ce verre de vin, d'alcool, de vitriol, ce verre de poison, le voilà intoxiqué, indigéré, altéré sans ressource, il faut qu'il boive jusqu'au soir, les papilles de son palais réclament du liquide et encore d'autre liquide, et il faut que le malheureux avale la haine, la fureur, la folie, le dégoût du travail, le désespoir de vivre. Car mon ami, vous savez quelles sont ces abominables boissons de Locuste ! Pour son argent, le travailleur n'a aucun moyen humain ou surhumain de se procurer un verre du vin qui soit du vin, ou qui même rappelle le vin de la manière la plus détournée et lointaine.

Dans votre beau livre *Le Pavé*, récemment publié, vous racontez, avec une vérité qui nous fait froid jusque dans la moelle des os, le supplice dantesque du marchand de vin, obligé de trinquer avec les consommateurs, de boire lui-même ses produits du matin au soir, et même la nuit, sous peine de ne pas les vendre, d'avaler ainsi quotidiennement sans s'arrêter le délire, la paralysie, la mort, et vous montrez ce forçat du crime forcé de quitter son bon et sain repas de famille, pour recommencer à déguster avec les amateurs ses madères qui corrodent les verres et ses absinthes qui mangent les comptoirs d'étain. Certes ce marchand de choses immondes est une victime ; mais il est aussi un bourreau, un tourmenteur payant patente pour tourmenter, et avant de le plaindre, je plains surtout ceux qui sont victimes tout bonnement. Ah ! répandez l'instruction, enseignez la morale, ouvrez des écoles, tout cela sera de la bouillie pour les chats, tant que vous laisserez subsister ces liqueurs, ces eaux-de-vie, ces absinthes, ce vin enragé, plus éloquents mille fois que vous, et qui prêchent la colère, le meurtre, l'inceste, la promiscuité hideuse.

Le grand Gavarni, à qui obéissait l'Ironie aux fouets cinglants, a dit en une phrase demeurée immortelle : *Les maris me font toujours rire.* Moi, ce n'est pas les maris qui me font rire. Ces jours derniers, nos députés, que tous les Dieux gardent ! ont discuté très sérieusement la question du « VINAGE », un mot d'argot qui veut être expliqué, car encore faut-il savoir quelle est la dimension et la contexture des vessies qu'on veut nous faire prendre pour des lanternes. Voici le fait. Le vin de la dernière récolte se comporte de telle façon qu'il ne saurait être conservé, s'il ne subit une addition d'alcool. Or, cette addition, les propriétaires et les vignerons demandaient la permission de la pratiquer eux-mêmes. La Chambre la leur a refusée ; elle a eu raison ; c'est de la prudence.

Ainsi, lorsque la Seine déborde, enfle son flot brun et sinistre, couvre les piles des ponts, cache les marques d'étiage devenues inutiles, et submerge toutes les caves situées sur les quais, on pourrait empêcher un enfant de jeter un verre d'eau dans la rivière ; car il est certain que ce verre d'eau, ajouté à l'eau des torrents, des rivières enflées et des neiges fondues, peut, dans une certaine mesure, accroître le désastre.

Cependant, sois tranquille, Vinage, demeure dans la paix de ta conscience, et ne te laisse pas déchirer par d'inutiles remords. On t'a empêché d'avoir lieu, mais lors même qu'on te l'eût permis, ton importance eût pu être assimilée à celle d'une aiguille jetée dans une botte de foin. Car ce vin, dont il est question, rien ne peut empêcher sa destinée, qui est d'être additionné d'alcool, tant et si bien que dans cet alcool on ne retrouvera plus trace de vin, et que pour lui redonner la couleur du vin, on devra recourir à des compositions purement chimiques, absolument comme pour teindre les culottes de l'armée française. Ce ne seront pas les vignerons qui y mêleront l'alcool ; mais les marchands de vins, les cabaretiers, les distillateurs qui ne distillent pas, les brasseurs qui ne brassent rien, les traiteurs qui nous traitent de Turc à More, les restaurateurs chez qui on ne saurait être restauré, n'ont pas été inventés pour des prunes ; et certes, ce vin, ils l'additionneront d'alcool, et de quel alcool ! afin qu'il continue à déchirer, à envenimer et à brûler les poitrines des hommes.

Ces poitrines, c'est des demeures dont Locuste a dit : La maison m'appartient! Il faut que l'homme du peuple soit empoisonné à son maigre repas, et avec lui sa femme et ses petits, et il paraît même qu'il faut en rire ; car vous souvenez-vous que, présidant le banquet des marchands de vin, le pauvre Gambetta parla des falsifications sur un ton léger, expliquant que ces jeux étaient de peu d'importance, et qu'il n'y avait pas là de quoi fouetter un chat? Donc, Peuple, continue à boire la fièvre, l'épuisement, la phtisie, et par-dessus le marché la soif, car l'horrible mixture du marchand de vin donne soif! A douze sous le litre, c'est pour rien, et il faudrait avoir l'esprit bien mal fait et biscornu pour refuser d'être empoisonné à si bon compte.

En cette affaire, la folie, la démence, l'absurdité, le crime, c'est la stupide loi qui, pour l'entrée dans Paris, frappe d'un droit égal les vins des prix les plus différents, de telle sorte que le vin de Suresnes paye aussi cher que le Château-Margaux. Étant données ces conditions, il faudrait que les marchands de vin fussent des anachorètes, des saints, des Anges aux chevelures d'or nimbées de lumière, pour n'être pas tentés de transmuer le Suresnes en Château-Margaux. Mais comme ils ne sont pas des Anges, non seulement ils subissent habituellement cette tentation, mais ils y cèdent du matin au soir, sans avoir même essayé de combattre. Quelques audacieux, généralement blâmés par leurs concitoyens, pensent qu'il faudrait opérer sur ce point quelques réformes; moi, mon ami, qui ne suis pas un politique et qui pour rien au monde n'emploierais le mot *enceinte* pour signifier *chambre*, je voudrais nettement et simplement la suppression de l'impôt sur le vin.

J'entends d'ici les hurlements. Il est bien aisé de détruire, mais le difficile est d'édifier. Cet impôt que vous supprimez d'un mot, avec la naïveté d'un rêveur nourri de chimères, par quoi le remplacerez-vous? Eh bien! cette objection n'en est pas une, car s'il y avait un impôt sur le meurtre, l'assassinat et l'égorgement des citoyens, faudrait-il en conserver la tradition, sous prétexte qu'on ne sait pas par quoi le remplacer? Or, le vin et l'eau-de-vie que le peuple boit l'assomment aussi exactement que des massues, l'égorgent aussi sûrement que des couteaux, et ce que le budget dévore en percevant cet impôt inique, c'est le sang, c'est la moelle, c'est la vie de ceux qui travaillent pour nous et nous font vivre. Par quoi le remplacer? A toi économiste de le chercher et de nous le dire; *invente, imagine, suppose;* mais le titan Prométhée aurait eu tout à fait tort de conserver le vautour qui lui mangeait le foie, parce qu'il n'avait pour le moment sous la main aucun autre vautour, plus agréable que celui-là!

Mais, mon ami, d'un coup d'aile, je franchis les temps et les âges, et je suppose aboli ce détestable impôt. Alors, me dira-t-on, quoique la nécessité ne les y force plus, les marchands de vin ne continueront pas moins de sophistiquer le vin, par tradition, par habitude, et plus encore pour obéir à une vocation vraiment géniale. Car ils sophistiquent comme on respire, comme le pommier produit des pommes et le rosier des roses. J'avoue qu'à ce moment-là il y aura lieu d'être embarrassé, et il faudra trouver une idée ingénieuse.

Si nous vivions dans un Orient gouverné par un roi absolu, et où le vin serait toléré, le souverain pourrait la nuit, se promener incognito dans les rues, comme Haroun-al-Raschild, en ayant soin de se faire accompagner par un excellent chimiste. Au hasard, sur sa route, il ferait ouvrir par ses gardes les boutiques des marchands de vin; leur vin serait analysé séance tenante, et ceux qui posséderaient chez eux des mixtures infernales seraient immédiatement empalés, ou du moins, si le souverain était cette nuit-là en veine de clémence, cloués par l'oreille sur la porte de leurs boutiques.

Mais cette solution-là, qui sent la monarchie, ne

pourrait s'accorder avec nos institutions. J'en ai une autre, essentiellement démocratique, celle-là, d'une application très facile, et contre laquelle il ne me semble pas qu'on puisse élever une objection raisonnable, ni même quelconque. Voici ce que je propose. Une loi votée le plus promptement possible par la Chambre des Députés et par le Sénat, interdirait sous les peines les plus redoutables au chef de l'État et aux ministres de posséder dans leurs caves, ou dans toute autre partie de leurs domiciles, la moindre pièce, la moindre feuillette, la moindre bouteille, la moindre goutte de vin.

Une demi-heure avant le repas de ces personnages, deux conseillers municipaux se rendraient en personne dans les palais qu'ils occupent, et dans une urne où seraient enfermés, écrits sur des cartes, les noms de tous les marchands de vin de Paris, tireraient au sort le nom d'un marchand de vin. C'est chez ce marchand que les serviteurs du personnage politique, réglementairement accompagnés par les deux conseillers municipaux, iraient, sans qu'il soit prévenu, acheter à l'improviste les vins nécessaires au repas. Admirez, mon ami, la puissance de cette combinaison! car alors, ce serait au chef de l'État et aux ministres de s'arranger de façon que les marchands de vin vendissent de bon vin; sans quoi, le mauvais étant tiré spécialement pour eux, il ne leur resterait plus qu'à le boire!

Je livre ce conseil que la Sagesse elle-même m'a dicté; mais je n'espère pas du tout qu'il sera suivi. Car si on voulait, tout serait simple, et il n'y aurait pas de difficultés. Mais on ne veut pas, par mille raisons, dont la meilleure est que les êtres inutiles, occupés laborieusement à ne rien faire, n'aiment pas à être dérangés. Il serait facile de reconnaître que la France n'est pas la Prusse, que le volontariat et le service militaire pour tous ne produisent pas de soldats, et que la jeunesse d'un Victor Hugo ou d'un Delacroix est mieux employée à peindre et à faire des vers qu'à porter arme. On pourrait de la prostitution supprimer celle qui est fatale et non voulue, en ouvrant aux femmes des carrières réelles. On pourrait nommer monsieur Emile Perrin conseiller d'État, membre de l'Académie Française, grand-officier de la Légion d'Honneur, enseigner à son successeur que la Comédie-Française est subventionnée pour faire de l'art, et non pour faire de l'argent.

On pourrait brûler les cartons verts et les cartons blancs à lisérés bleus de toutes les administrations, dans lesquels aucun employé, même pour sauver sa tête, ne pourrait trouver aucun papier; car si on le voulait, un ministère, ce serait trois messieurs assis autour d'une table, qui vous donneraient la réponse à votre question, tout de suite! Mais non, il ne faut pas que la vie soit simple; il faut troubler l'eau des ruisseaux, pour que les hommes sérieux puissent pêcher en eau trouble. Il faut que les cabaretiers nous vendent leurs philtres horribles et s'enrichissent, afin que leurs fils, devenus avocats et députés, disent : *dans cette enceinte,* au lieu de dire : *dans cette chambre,* et recommencent perpétuellement à refaire *Les Animaux malades de la Peste,* comme si La Fontaine n'avait pas écrit une fois pour toutes cette immortelle comédie!

XXIV

LE GRATTAGE

A CHARLES GARNIER

Vous avez créé un fâcheux précédent et donné un bien mauvais exemple. Eh! quoi, monsieur, vous êtes un grand architecte; il s'agit de savoir si l'on doit ou non gratter les façades des maisons et des édifices; il est évident que cette question vous est familière, que vous en savez le fort et le faible; que vous pouvez juger en connaissance de cause tout ce qui s'y rattache, et pourtant vous en parlez! Où allons-nous, et pour employer un trope emprunté à la technique de votre métier, ne comprenez-vous pas qu'en agissant de la sorte, vous ébranlez *les bases de l'édifice social?* Car, monsieur, toute notre vie est fondée sur ceci que les questions sont et doivent être traitées par ceux à qui elles sont parfaitement étrangères.

Si les gens se mettent à parler de ce qu'ils savent, et si par-dessus le marché on se range à leur avis, alors tout est fini tout de suite. Et elle n'existe plus du tout, cette « scène à faire », qui est le grand article de foi de notre ami l'excellent critique Sarcey. En effet, une scène c'est une conversation entre deux personnages qui ne s'entendent pas; mais si l'un d'eux explique ce qu'il sait bien et si l'autre en est immédiatement convaincu, il n'y a plus de scène! Supposez qu'en fait de rime on s'adresse à Victor Hugo, en fait de composition Gérôme, en fait de proportion et de lignes à Dubois ou à Falguière, et qu'on leur obéisse, sous prétexte qu'ils savent leur métier; quelle raison subsistera de nommer des commissions, de prononcer des discours, de remplir des papiers imprimés divisés en colonnes synoptiques, de les assembler en liasses dûment ficelées, et de les ranger dans des cartons à lisérés verts, où personne ne les verra jamais?

Cependant, examinons votre prétention en elle-même. Vous ne voulez pas qu'on gratte les maisons, parce que cette opération les écorche? Le roi Apollon a bien infligé ce genre de toilette à Marsyas, qui jouait fort bien de la flûte. Parce qu'elles perdent ainsi leur caractère? Mais ne conserver aucun caractère spécial est justement le propre des êtres civilisés, et pourquoi sur ce point les demeures seraient-elles mieux traitées que les personnes? « La noire terre boit la pluie et les arbres boivent la terre, et Hélios boit la mer, et Silène boit Hélios. Pourquoi donc, mes amis, me défendez-vous de boire? » Ainsi parle l'ode anacréontique, si bien traduite par Leconte de Lisle ; je dirai aux façades des maisons de Paris : lorsque tout est gratté ici-bas, pourquoi voudriez-vous n'être pas grattées?

Oui, monsieur, tout est gratté. Regardez les deux poétiques muses, la Comédie sérieuse et la Comédie légère, que Pradier a gracieusement inclinées au pied de la statue du grand Contemplateur. Il n'y a pas d'année où on ne leur fasse leur toilette, où on ne les débarbouille avec une ardeur féroce, où on ne les racle avec des racloirs, où on ne les lave, pour les faire propres, avec les acides les plus corrosifs. Certes, à ce jeu, les traits peu à peu s'émoussent, les plans disparaissent, les lignes s'évanouissent; il viendra un moment où chacune des deux immortelles rappellera cette exclamation célèbre de Tragaldabas : *Ce n'est pas un ami qu'il lui faut, c'est un pieu!* et Molière semblera alors avoir été inspiré par deux manches à balai femelles : mais comme à ce moment-là ses Muses seront décrassées et propres!

Et ce n'est pas seulement ses Muses qu'on gratte, c'est aussi ses poèmes. Sur ces immortelles œuvres on a gratté non seulement les intermèdes, les danses, les chants, les bouffons, les fêtes lyriques, mais encore beaucoup de vers et de morceaux, que Tartuffe ne saurait voir. Lui, peut-être, se serait contenté de les cacher sous un mouchoir, comme le sein de Dorine ; mais, pour opérer plus sûrement, on les a grattés. La comédie que Molière avait intitulée *Dépit Amoureux*, et qu'on nomme aujourd'hui *Le Dépit Amoureux*, sans doute pour accorder au poète un LE qu'il était assez grand pour écrire lui-même, s'il l'avait voulu; cette comédie vive, alerte, légère, enchantée qui, avec sa jolie Ascagne, *fille sous l'habit d'homme*, nous fait songer à Shakespeare ; cette œuvre de folie, d'amour, de jeunesse, on l'a si bien grattée et regrattée qu'il en est seulement resté deux actes incohérents où le quiproquo est cousu de fil blanc avec un unique vers, qui ferait danser les chèvres!

Le Corneille que nous montrent les théâtres est entièrement gratté. Il a été d'abord gratté par Andrieux, et ensuite par monsieur Mégalbe. Grattés les tropes audacieux, les belles rimes, les fiers archaïsmes; le lion des Horaces, du Cid et de Polyeucte est devenu un de ces honnêtes lions bourgeois qu'on voit sourire sur les enseignes des auberges ; et il roule sous sa patte une boule, qui est la distinction. Le divin fablier La Fontaine a été gratté jusqu'à l'os par ses éditeurs successifs, qui ont traité ses vers selon la méthode de l'ancien gratteur Procuste, pour les accommoder à leur orthographe. Car voulant écrire *tête* au lieu de *teste*, ils ne pouvaient plus dire : *L'allaient quelquefois testonnant, C'est-à-dire ajustant sa teste.* D'autre part, *téton-*

nant eût été impossible; il a donc fallu prendre un parti radical, et gratter le vers.

Et vous voudriez qu'on ne grattât pas les maisons ! « Il me plaît d'être battue, » dit la Martine du *Médecin malgré lui;* et peut-être que, si elles savaient parler, elles diraient tout de même : « Il nous plaît, à nous, d'être grattées. » Les Chats, et à leur exemple aussi le Diable d'enfer, qui est un voluptueux, ne se sentent pas de joie lorsqu'on leur gratte le sommet de la tête. Gratter les gens là où ils sont démangés, et même les forcer à se gratter eux-mêmes, pour rien, pour le plaisir, a toujours été un des meilleurs passe-temps usités dans les sociétés polies, et c'est pourquoi, en son *Jardin, recueil, thrésor, abrégé de Secrets, Jeux, facéties, gausseries, passe-temps,* l'excellent charlatan, poète, comédien et farceur Tabarin nous donne la recette suivante : « POUR FAIRE GRATTER. Prenez alun de plume et le bien pulvérisez, et en metterez dans les linceulx, ou sur le privé, ou dans le col de quelqu'un, ou autrement, en sorte que ladite poudre touche la chair, et vous verrez l'effect. »

Vous dites que si on gratte les maisons il n'y a aucune raison pour ne pas gratter aussi les monuments historiques; et en effet, il n'y en a pas. Ils auraient ainsi le mérite d'être propres, et si on leur ajoutait des volets verts, ils rappelleraient cette maison blanche aux volets verts qui charme toujours les âmes sentimentales, plus encore dans les ouvrages littéraires que dans la réalité. Pour ma part, ami de l'étrange et de l'imprévu, il ne me déplairait pas de voir la tour Saint-Jacques, devenue aussi candide que la Jung-Frau, jaillir du sol toute blanche et neigeuse, comme un gigantesque Lys démesuré, et également Notre-Dame, nettoyée comme si ses noires dentelles de pierre revenaient avec l'apprêt du neuf de chez la blanchisseuse de dentelles, surgir comme l'immense fantôme d'une blanche Esmeralda. Ainsi revue, corrigée et diminuée, au lieu de Notre-Dame-de-Paris, elle serait inévitablement appelée Notre-Dame blanche, ce qui aurait le grand avantage de faire songer au populaire et indestructible chef-d'œuvre de Boieldieu.

Vous voyez, monsieur, que vous aviez tort sur tous les points; et surtout, j'en reviens là, vous aviez tort de parler architecture, étant architecte. Le beau, c'est quand les marchands d'esteufs discourent sur la peinture, et quand les papetiers nous enseignent l'art militaire. *Il fallait un calculateur, ce fut un danseur qui l'obtint*, a dit Beaumarchais, qui croyait railler; mais au contraire, on l'a pris au mot; on a trouvé son conseil bon, on l'a suivi, et c'est uniquement pour nous procurer des calculateurs que nous entretenons à grands frais une école de danse. Pour les élèves hommes, la combinaison a réussi, mais dans de très humbles proportions, et leurs études de danse les ont généralement conduits à être teneurs de livres dans la rue Maubuée, ou employés à six cents francs dans les Omnibus. Au contraire, pour les élèves femmes, on a obtenu de merveilleux résultats. Les petites danseuses sont toutes devenues d'excellentes calculatrices, qui en remontreraient à Barème. Elles savent toutes, à un liard près, le prix des bottines, des gants, des robes et des costumes, et lorsque le vertueux Dorival ou le généreux Germeuil leur offre cinq mille francs par mois, elles n'ignorent pas que cela fait cent vingt mille francs par an, avec les faux frais.

Tout cela est élémentaire; mais il faut bien l'avouer, monsieur, vous avez toujours été un original, un artiste subversif, et, tranchons le mot, un révolutionnaire. Entre autres édifices, vous avez construit une salle de l'Opéra, que l'univers admire, mais qui a le tort de ne rappeler le Parthénon en aucune manière. Une fois construite, votre premier devoir était de l'orner d'une décoration blanc et or, pour plaire aux honnêtes gens; au lieu de cela, vous avez marié des ors divers, vous avez cherché des harmonies de tons fauves; des raffinements bons à amuser les artistes ! Vous pouviez vous contenter des marbres généralement usités, et comme le veut la tradition, imiter les mosaïques par de sages artifices de peintures : va-t-en voir s'ils viennent ! Vous appelez d'Italie des mosaïstes, avec leurs verres colorés et dorés; vous apportez de partout des marbres aux noms étranges, jaunes comme l'or, verts comme l'émeraude, bleus, violets, vermeils, sanglants comme les roses ! Tout cela est peut-être beau, mais cela dérange les idées reçues, et pour l'Art comme pour le malade, il vaut mieux mourir selon la formule que d'être sauvé d'une façon irrégulière.

Enfin, monsieur, vous vous êtes attaqué à ce qu'il y a de plus grand, de plus sérieux, de plus tyrannique, de plus puissant en France; je veux dire : Au Strapontin ! Au strapontin que nous aimons comme nous aimons l'absinthe, les veilles, la courtisane, et qui à lui seul nous a fait souffrir plus que tous les autres fléaux. Vous avez voulu le chasser de l'Opéra, et il a bien ri de cette prétention. Il s'est écrié : *La maison m'appartient,* et s'il n'a pas ajouté : *C'est à vous d'en sortir,* il n'aurait pas fallu le pousser, et c'est par pure commisération. Un jour, quand Paris aura disparu comme Thèbes et Ninive, quand la Seine sera rendue aux joncs penchés, quand les noms qui désignaient nos palais et nos théâtres seront effacés dans la mémoire des hommes, l'invincible Strapontin subsistera seul; et derrière lui, dans le seul pan de muraille resté debout, sera encastrée cette inscription vengeresse : « Moi, Strapontin, j'ai vaincu les abonnés du théâtre Opéra, et brisé leurs genoux. Le dieu Lieu-Commun m'a dit : Me voici : je t'accorde d'écraser les spectateurs du parterre, et ceux qui vivent au milieu de l'orchestre sont sous tes genoux ; je leur fais voir ta majesté comme un tigre qui se couche sur les cadavres dans les vallées. »

Il est bien d'être un artiste grand, varié, divers, audacieux, ingénieux ; mais ne pas se faire remarquer est plus pratique. Dût-on pour cela gratter son âme, sa pensée, son visage et la peau de son corps, il faut être tout uni, ou le paraître. Et quand le grattage des façades des maisons a été décrété, les maisons grattées jouissent de ce précieux avantage qu'elles sont comme tout le monde.

XXV

LA SINCÉRITÉ

A GUY DE MAUPASSANT

Mon cher poète, vous avez donné un spectacle qui serait des plus étonnants, si quelque chose était étonnant ; mais rien ne l'est. Ce qui semble étrange et inexplicable, c'est simplement des choses mal observées. Dans ce Paris où Victor Hugo a légitimement pris toute la gloire, et où il est si difficile d'obtenir un peu de renommée, une notoriété quelconque, vous avez été célèbre du premier coup. Vous êtes entré tout droit dans le but, comme une flèche, et tout de suite vous êtes devenu l'égal des vieux écrivains les plus illustres. Certes vous avez beaucoup de talent ; mais le talent n'eût pas suffi à créer un pareil miracle : pourquoi donc s'est-il produit ? Est-ce parce que vous avez aussi beaucoup de bonheur ? Ah ! laissons ce mot vague à ceux qui se contentent de vocables devenus insignifiants à force d'avoir été mal employés !

Le bonheur, c'est une chose que l'homme pétrit et façonne lui-même, comme le fer que le forgeron frappe à grands coups de son marteau, dans la fournaise. Vous êtes devenu célèbre tout de suite, parce que d'instinct vous avez deviné que la condition unique de l'art c'est de donner aux délicats et à la foule ce dont ils ont également soif : la Sincérité. Être sincère, tout est là; il n'y a pas d'autre règle, il n'y a pas d'autre poétique, et tous les fatras qui disent le contraire en ont menti. Oh! quelle fut la charmante et réconfortante et heureuse surprise des lecteurs, lorsqu'on vous vit arriver exempt de toute affectation et de tout mensonge, ne cherchant pas du tout à donner aux gens des vessies pour des lanternes, ou à leur faire voir en plein midi trente-six chandelles ! On ne se lassa pas de relire cette *Boule-de-Suif* où vous avez montré la laideur de l'Égoïsme humain, sans vous laisser séduire par les sirènes de l'Antithèse, et sans être tenté de faire de votre héroïne une figure sublime. On dévora cette *Maison Tellier*, où vous faites voir les filles telles qu'elles sont, bêtes et sentimentales, sans les relever ou les flétrir, et en ne les traînant pas dans la boue, ni dans les étoiles. Et cette autre nouvelle où d'un mot cru dit à un officier prussien et que la situation rend magnifique, une autre fille soufflette audacieusement la Victoire. Cette misérable créature alors transfigurée, cette prostituée vengeresse, vous la faites sauver par le curé du village, qui la cache dans le clocher. Ainsi vous n'avez pas peur de passer pour clérical, non plus que de passer pour athée. Vous n'avez peur de rien.

Et que pourrait-il craindre, celui qui regarde la Vérité en face, et tâche de la peindre telle qu'elle est? Dans votre roman *Une Vie*, vous racontez une destinée de femme, mille fois plus émouvante en sa trivialité douloureuse que si vous aviez forcé et ramené à un faux idéal les événements et les caractères. Les faits sont ce qui arrive tous les jours, les personnages ne sont pas bons ou mauvais tout d'une pièce ; c'est la vie telle qu'elle est, dans toute sa simplicité et dans toute son horreur. Ainsi vous avez eu la grande idée d'être sincère, et il n'a pas fallu davantage pour vous mettre au premier rang. Mais cette idée, êtes-vous depuis longtemps le seul qui l'ayez eue? Non, grâce au ciel, et si l'injustice ne nous aveuglait pas, nous verrions distinctement que, dans ce siècle comme dans les autres, tout grand coup d'aile poétique a été un effort vers la sincérité. Chateaubriand, Lamartine, Hugo, Musset, Balzac, Baudelaire, Flaubert, Leconte de Lisle, Zola, les Goncourt, Alphonse Daudet ont tous été des hommes qui ont tenté de substituer au convenu la vérité et l'observation directe. Pour les premiers d'entre eux, c'est un faible argument et une mauvaise guerre que de les railler sur ce qui dans leur style est aujourd'hui démodé. La Vérité elle-même, quand elle sort de son puits, a des façons différentes d'être nue et de porter sa nudité ; mais lui reprocher d'avoir un sein de 1850 et non un sein de 1880, n'est-ce pas tomber dans la moquerie initiale et dans l'argumentation puérile ?

Qui donc nous bouche les yeux, nous empêche de voir que bien réellement on s'est passé de main en main le flambeau, et que ce grand effort vers la sincérité auquel nous applaudissons, tous les génies ont su et voulu le faire ? Si la Critique méconnaît cette vérité évidente, c'est qu'elle est égarée par une idée fausse, dont elle ne peut se débarrasser. Elle s'imagine qu'en art il y a des ÉCOLES, tandis qu'au contraire il n'y a et il ne peut y avoir que des INDIVIDUS. Tout génie est nécessairement un individu, un être isolé, précisément parce que la sincérité est sa seule règle et que nul ne peut lui emprunter ou lui voler sa façon d'être sincère. C'est faute d'avoir compris cette chose si simple que le très grand écrivain et très grand romancier Émile Zola s'égare si souvent dans sa critique. Il croit qu'il y a une ÉCOLE de Hugo ; il n'y en a pas plus qu'il n'y a une ÉCOLE de Zola. Cette chimère l'empêche de voir que lorsque Victor Hugo, tout jeune, écrivait un poème sur la vache, et intitulait ce poème : *La Vache*, il faisait exactement ce que Zola fait aujourd'hui, et combattait le même combat. Mais, me dira-t-on, voulez-vous donc nier qu'il y ait des imitateurs ? Assurément je ne veux pas nier une évidence qui me crève les yeux ; mais un troupeau entier d'imitateurs ne constitue pas plus une école que cent mille voleurs réunis ne forment une armée.

On est imitateur par manque de ressort, par lâcheté, par paresse. C'est pourquoi le premier ouvrage des imitateurs est toujours de réduire à une convention, à une formule toute faite, horriblement facile à appliquer et à suivre, ce qu'ils croient être les procédés du maître. Or, quel qu'il soit, le maître digne de ce nom n'a pas de procédés. Sa seule règle, c'est d'observer le plus exactement et le plus naïvement possible la nature, la vie, l'âme humaine, et ses moyens d'expression sont aussi variés que ses sensations infinies et diverses. Ses imitateurs sont donc ses pires ennemis, le contraire de ce qu'il est lui-même et nullement son école. Agacé par des procédés immuables qui sont en effet à la portée de tout le monde, Zola a été amené à nier la sincérité chez les écrivains qu'il a crus être l'école de Hugo, et de là, par une pente naturelle, chez Hugo lui-même. C'est absolument comme si le sergent de ville voulait arrêter un passant à qui on aurait tenté de dérober sa montre.

Au contraire, tâchons d'être sincères tout à fait, dans la critique aussi bien que dans l'invention, et nous reconnaîtrons que par cela seul qu'il existait, tout génie, romancier ou poète, nous a pour un temps débarrassés de la convention et de la formule. Sans cesse ils renaissaient et pullulaient de nouveau, ces monstres qui naissent dans la corruption et dans la pourriture de l'esprit, et sans cesse le soleil, la vérité, le clair Apollon les a percés et tués avec ses flèches de lumière. Oui, sincère, tout le monde veut l'être, tout le monde le serait, s'il n'y avait pas le démon qui vous porte en haut de la montagne et qui, au prix d'un peu de lâcheté et de reniement, et pourvu qu'on l'adore, lui le démon Lieu Commun, vous promet et très honnêtement vous donne tous les royaumes de la terre. Il suffit de flatter le préjugé bourgeois, de consentir à une troublante confusion entre la poésie et la morale, (deux sciences absolument différentes l'une de l'autre, et qui n'ont pas affaire ensemble,) pour obtenir toutes les richesses, toutes les récompenses, tous les honneurs matériels. Le monde *tel qu'il est* ne demande qu'une chose, c'est qu'on feigne de le voir et qu'on consente à le peindre tel qu'il a la prétention d'être, moyennant quoi il vous ouvre sa caverne d'Aladin et vous prodigue tous ses trésors.

Soit qu'un dieu l'ait aveuglée, soit qu'elle ait senti l'impossibilité de lutter contre l'âme de la Recette, qui est la maîtresse et la grande inspiratrice, puisqu'elle paye, la Comédie moderne a consenti à ce compromis, et quoique fabriquée par d'immenses talents, elle s'est bornée à représenter une société de convention, aussi abstraite que la tragédie de Racine. Il semble que non seulement elle n'a pas regardé la vie, mais qu'elle n'a pas même lu ni connu *La Comédie Humaine* de Balzac. Elle partage le genre féminin en deux classes : d'un côté les mères et les sœurs, de l'autre les filles qui marchent dans la boue. Elle oublie de nous dire ce que deviennent les belles et honnêtes dames très connues pour avoir aimé, et qui cependant sont entourées de l'admiration et du respect de tous. Elle ne s'explique pas non plus au sujet des Pompadours à qui les évêques agenouillés remettent humblement leur pantoufle.

La plupart des académiciens sont des penseurs ou des écrivains de premier ordre, individuellement très estimés; l'Académie, en temps que personne morale et collective, a toujours été en butte aux railleries, et rien n'est plus juste, car, prise dans son ensemble, elle se laisse gouverner par un préjugé auquel ne consentirait isolément aucun des membres qui la composent. Elle s'imagine, croit et veut faire croire que la meilleure des œuvres d'art est celle qui se propose un but moral immédiat; à ce compte, l'Iliade aussi bien que la Vénus de Milo seraient des œuvres très inférieures! C'est en vain que cette niaiserie a été réduite à sa juste valeur, et que cette toile d'araignée a été déchirée par l'éperon du cavalier qui passe. Le corps académique persiste et s'obstine. Sur un socle pour inspirer ses séances, et sur les couvertures de ses discours, il met non là figure de la Poésie mais celle de la Sagesse, comme s'il pouvait jamais être sage de faire une autre chose que celle dont il s'agit.

La *Revue des Deux-Mondes* est le chemin de l'Académie, et elle mène à l'Académie aussi directement que la ligne droite mène d'un point à un autre. Ces deux institutions sont fondées sur le même principe : à savoir qu'une éducation distinguée, de belles relations dans le monde et une certaine respectabilité doivent tenir lieu de génie : aussi doivent-elles réciproquement se compléter et se soutenir! Vous avez pu voir que dès qu'un écrivain se met en route pour l'Académie, son premier soin est de donner à la *Revue des Deux-Mondes* quelque roman où chaque personnage est idéal, et où les gens qui trouvent par terre un portefeuille, loin d'y prendre des billets de banque, en remettent!

Le véritable artiste ne se soucie pas de tout cela. Il crée non des Amadis et des Almanzor, non des Eloa et des Elvire, mais des hommes et des femmes, et s'il ne ravit pas le public des albums, des bals blancs et des cascatelles, en revanche il s'empare de tout ce qui est naïf et de tout ce qui pense, des grands et des petits, sur lesquels l'invincible Sincérité met sa griffe, comme un lion. C'est ce qui vous est arrivé, mon cher poète; aucun prix de sagesse et de bonne tenue n'a été décerné à l'élève Guy de Maupassant; mais les innombrables lecteurs assis à votre festin ont senti qu'ils buvaient le vin fortifiant et amer de la vérité.

XVI

LE PRINTEMPS ET LA MER

A FRANÇOIS COPPÉE

Aujourd'hui je veux parler de la Poésie et du Printemps, et c'est à vous, naturellement, que je m'adresse.

Cette année, mon ami, et aussi les années précédentes, il y a eu entre ces deux personnes un quiproquo involontaire, comme dans les comédies de monsieur Scribe. Mais enfin tout s'est expliqué, à la satisfaction générale. Voici le fait. Comme nul ne l'ignore, s'inspirant en toutes choses des nobles Hellènes et de nos aïeux Latins, les poètes de la Renaissance célébraient le Printemps au moment exact où il doit se montrer, et où il se montre en effet, dans les pays de soleil. Or en s'entendant célébrer, comme s'il avait déjà eu lieu, le Printemps se hâtait d'avoir lieu, comprenant qu'il devait arriver, et ne se le faisait pas dire deux fois. Et cela par une raison très simple, c'est que sachant quelle est la puissance, la volonté, l'impérieux génie de l'âme parisienne, quand cette âme a parlé, la Nature ne raisonne pas, ne fait aucune objection, et naïvement obéit. Le chanteur disait : *Mignonne, voici l'Avril!* et l'Avril se hâtait d'entrer en scène, les mains pleines de violettes et le front couronné de branches fleuries !

Mais comme il faut tenir compte de tout, même des théories les plus subversives, et comme dans une certaine mesure nous devions tous être un peu envahis par la tache d'huile du — *Naturalisme,* les poètes ont voulu se conformer à la mode récente, en reproduisant la réalité matérielle, au lieu de lui imposer leur programme et de la pétrir à leur gré, comme ils faisaient jadis. Le Printemps, pour venir, attendait qu'on l'appelât, et les poètes, pour le saluer, attendaient qu'il vînt, et cette situation fausse se serait prolongée indéfiniment, si devinant tout à coup et par intuition qu'il fallait mettre les pieds dans le plat et rompre la glace, le jeune dieu n'eût pris le parti de faire une entrée soudaine et turbulente, comme madame Lucrèce chez Alphonse d'Este. Il est venu, farouche et souriant, dans un éblouissement de fulgurant soleil, incendiant, inondant, éclaboussant tout de ses nappes de lumière, et jetant sur toutes les noires nudités son débordement de tendres feuilles vertes, et nous avons eu la première fête adorable des lilas !

Paris seul aime et comprend les lilas, et il s'en pare avec la folle somptuosité d'un satrape d'Asie. Seul, il se permet la luxueuse démence de réserver devant ses plus riches maisons, uniquement pour y voir les lilas fleuris pendant quinze jours, de petits bouts de terrain qui, l'un dans l'autre, valent deux cent mille francs ; ainsi en comptant l'intérêt de cette somme à cinq pour cent, c'est dix mille francs net que le Parisien paie cette joie de quelques heures ; eh bien, ce n'est pas trop cher ! Le lilas, ou lilas, ou violet, ou rougissant, ou blanc, ou bleu pâle, caressé par ses larges feuilles lisses, est charmant, d'abord parce qu'il l'est, et surtout parce qu'il meurt tout de suite, et à ce titre il est poétique et divin, autant qu'Ophélie et Juliette. Car il ne suffit pas d'être beau, gracieux, innocent et ivre d'amour, il faut encore se hâter de mourir, si l'on prétend demeurer comme une céleste vision dans la mémoire des hommes. Comprenez-vous Roméo vieux, obèse, chauve, empilant dans un coffre des écus d'or, et comprenez-vous un lilas dont les vieilles fleurs se traîneraient, desséchées et poudreuses, jusqu'au mois d'août? Non, elles s'empressent de s'effacer et de s'évanouir, pour laisser intact le souvenir délicieux; mais le Parisien qui les a aimées vivantes les aime encore, une fois mortes, et par reconnaissance, vit tout l'hiver avec ces pâles lilas blancs verdissants qui sont des spectres et des fantômes de lilas, et il s'enivre de leur grâce funèbre, jusqu'à ce que le vrai lilas de printemps renaisse, attendri dans la clarté, comme un triomphant Adonis.

Mais partout à la fois, enchantant nos âmes, nos esprits et nos yeux, éclatent, vibrent, se marient, se mêlent en de glorieuses harmonies, les pourpres, les roses, les jaunes superbes, les verts, les violets, les bleus d'azur, de saphir et de topaze, les rouges furieux, tout le concert des couleurs tendres, caressantes, dominatrices, enchanteresses : c'est les toilettes des femmes et la parure des fleurs. Grandville avait-il raison de torturer la rose pour la forcer à devenir femme, et le légendaire vaudevilliste avait-il raison d'offrir une rose à une femme, en lui disant galamment : *Je vous rends à vous-même!* Évidemment la question doit être scindée. Au point de vue de la forme, la ressemblance est nulle et chimérique, et une femme nous ferait horreur, si, comme la rose, elle affectait la figure d'une boule exfoliée, attachée à une queue mince; mais si nous parlons couleur, c'est une autre affaire. Oui, avec leurs yeux de violette et de pervenche, leurs sombres ou claires chevelures, leurs lèvres rougissantes, et toutes les tendresses de roses et d'églantines qui rosissent leurs chairs; leurs oreilles, leurs narines frémissantes, les femmes ressemblent parfaitement aux fleurs; et aussi leurs toilettes, la joie, la provocation, la colère, l'attendrissement, la rêverie, la luxuriante floraison des étoffes collées, drapées et envolées sur les corps des femmes, ressemblent à un immense jardin de couleurs et de délices.

Maintenant, mon ami, une question grave et essentiellement professionnelle, dont nous avons le droit de causer entre nous deux. Devons-nous comparer les fleurs aux femmes, et réciproquement? Oui, nous le devons, et cela ne fait pas l'ombre d'un doute. Car la bravoure n'est pas elle-même, si elle ne s'exalte pas jusqu'à la plus folle témérité, et rien n'est si audacieusement téméraire que de reprendre les thèmes usés, avilis, démodés, traînés dans la boue, et de les raviver, de les rajeunir, à force de science et à force d'amour. Pour décrire dans un beau morceau lyrique la rose et la femme, et pour les comparer l'une à l'autre, avec des mots d'une sublimité imprévue, il faut autant de bravoure que pour s'élancer tout seul dans une mêlée meurtrière. Remarquez-le bien, dans ces cas-là le faux brave, le faux poète (c'est tout un) se tire d'affaire par le dandysme, s'esquive par la tangente, tandis que le héros prend le lieu commun par les cornes, ce qui est bien autrement difficile que d'y prendre le taureau. On l'a dit mille fois, en France le ridicule tue ; or, affronter le ridicule, c'est affronter la mort, dans le but d'être sublime. Sur ce point, comme sur beaucoup d'autres, combien de gens craignent naturellement les coups, comme Panurge!

Voici, mon ami, le temps où les dames songent à aller aux bains de mer, à choisir une plage, et c'est un grand bien. D'abord et surtout, parce que cette villégiature marine détermine l'éclosion des costumes de bains de mer, et tous les prétextes à arborer des modes nouvelles doivent être encouragés. Beaucoup de nos confrères, mon ami, se sont mis à chanter dans leurs vers des choses extrêmement laides, ou plates, ou quelconques ; le Roman, comme si quelque méchante fée l'eût condamné à cette occupation fastidieuse, passe sa vie à compter, à énumérer et à étiqueter les objets d'une beauté discutable ; de sorte que pour nous réjouir, nous les amants de toutes les splendeurs, il ne reste plus que les robes ; eh bien ! c'est assez. Qu'elles éclatent, qu'elles brillent, qu'elles donnent à toutes les campagnes et à toutes les plages l'apparence de solitudes peuplées soudainement, où aurait été chassée par l'exil la cour d'un grand roi !

Je sais bien que si les Parisiennes restaient dans le plus beau lieu du monde, c'est-à-dire à Paris, il ne serait pas difficile à leur âme inépuisable d'inventer des raisons et des prétextes pour inaugurer là des toilettes très nouvelles, tout aussi bien que sur les galets et les sables d'or, et au fond peut-être qu'elles n'aiment pas beaucoup la mer tumultueuse, qui les assourdira de ses plaintes désespérées et de ses profonds sanglots. Mais d'abord, les dames parisiennes doivent à la plastique de se mêler à la vague nature, pour créer des sujets de tableaux de genre, et pour être les taches de couleurs vibrantes et gaies, sans lesquelles les paysages, avec leurs flots et leurs verdures, ne seraient jamais que des *Études terminées*. Enfin, mon ami, ce n'est pas tant les dames qui désirent aller imprégner de sel leur chair rougissante et saine ; si elles se hâtent d'emplir et de fermer leurs malles à compartiments très semblables à des commodes, c'est qu'elles sont attendues, appelées, invoquées, tirées là-bas, avec une fiévreuse impatience.

Et par qui ? mais naturellement, par la race charmante des Déesses, née dans la mer stérile du véridique Nérée et de Doris à la belle chevelure, fille du fleuve sans fin Océan. Car Prôtô, Cymothoé, Eunice aux bras roses, Cymodocée qui apaise aisément les flots de la noire mer et le souffle des vents sacrés, Amphitrite ornée de beaux pieds, Halimède à la belle couronne, Evarné douée d'un aimable naturel et d'une forme parfaite, et les autres demoiselles Néréides, attendent et pressent follement la venue des Parisiennes sur les plages, afin d'être exactement renseignées sur la mode nouvelle, et de ne plus se sentir emprisonnées dans les modes caduques de l'année dernière. — Mais, dira un homme raisonnable que je connais, et qui emploie sa raison, outil perfectionné, à ne jamais rien comprendre du tout, — ces demoiselles Néréides, à quoi cela peut-il leur servir de savoir comment les robes sont faites, puisqu'elles vont toutes nues ou à peu près, vêtues seulement d'algues, parées de coraux vivants, et les cheveux mêlés de fleurs marines et de roses coquillages? O intelligence obtuse et tête de bois! Le beau, c'est précisément de savoir arranger ses algues de façon à rappeler les dernières robes de Worth, et de donner à la coiffure de fleurs une parenté évidente avec les chapeaux les plus admirés aux Courses du Printemps; celles qui ne sauraient pas exécuter ce joli miracle seraient indignes d'être Déesses et même femmes, et il eût été absolument inutile que le grand créateur de tout nous eût violemment emprunté une côte pour faire son chef-d'œuvre!

Donc, mesdames, ne laissez pas languir Psamathe, Cymatolége et Cymo qui vous espèrent, et allez leur donner bien vite les renseignements dont elles sont friandes comme des chattes! Et pour dire le vrai, la Mer elle-même vous attend avec un désir non moins vif, et elle a besoin de vos leçons et de vos exemples, non pour apprendre à être *Perfide comme une femme*, — les femmes ne sont jamais perfides, — mais enfin pour s'exercer dans l'art de caresser, de promettre, de s'enfuir, d'attirer par un sourire décevant et de changer mille fois en une seule minute sa voix et l'expression de ses traits et la forme de son désir. Autrefois la mer était bonne ou méchante tout d'une pièce; elle baisait les nefs et les mortels ou les dévorait tout simplement; mais les dames lui ont enseigné le passe-temps de jouer avec sa proie et de se dérober humide et tendrement farouche, dans les rayons du soleil.

L'heure est venue; que les dames achètent beaucoup de lingeries fines et blanches, beaucoup d'étoffes claires et gaies, transparentes, amusantes, couleur du temps, couleur de safran, couleur de rose. Puis, qu'elles ferment leurs malles pareilles à des citadelles bâties sur les collines, et qu'elles s'en aillent, puisqu'il le faut! Mais auparavant, mon ami, je leur conseille de s'emplir les yeux de toutes les voluptueuses couleurs des fleurs, car n'importe où elles aillent, elles ne verront jamais autant de fleurs qu'il y en a à Paris dans les jardins et dans les boutiques de fleurs. Il est vrai que, Printemps elles-mêmes, elles emporteront la somptuosité et la joie partout où ruisselleront leurs robes triomphales, et ainsi le madrigal sera coupé en deux. Les galets, les dunes, les plages stériles auront les femmes, qui ressemblent à des fleurs, et nous, en tout et pour tout, il nous restera, (avec les yeux pour pleurer,) les fleurs qui ressemblent à des femmes.

XXVII

UN ACTEUR

A AUGUSTE VACQUERIE

Mon cher ami, le comédien Louis Monrose vient de mourir. S'il faut en croire une légende bizarre, dont les détails ont été mille fois racontés, et qui doit être vraie symboliquement, bien plutôt qu'au point de vue réel, monsieur Bardoux, avant de se décider à ne pas décorer ce professeur du Conservatoire, aurait eu d'abord l'idée de le décorer. Que la chose soit ou non vraie, le second parti auquel il s'est arrêté était le bon. Non pas que la croix de la Légion d'Honneur eût été déplacée sur la poitrine de Louis Monrose, non plus que sur celle d'aucun des sociétaires de la Comédie-Française. Mais il avait obtenu sur la terre une récompense de ses efforts inouïe, absolue, suprême, auprès de laquelle tout le reste n'est rien.

Il posséda cet honneur, qui suivra Malibran à travers les âges et que n'a pas eu Rachel, cet immense honneur que son nom fût entré (et mis A LA RIME!) dans les vers d'un poète dont l'œuvre est indestructible. C'était, mon ami, — nul ne doit mieux s'en souvenir que vous, — dans le prologue écrit par Théophile Gautier pour le *Falstaff* que, tout jeune homme, presque enfant encore, vous avez fait jouer à l'Odéon, en compagnie de Paul Meurice :

> Sous cet habit rayé de satin jaune et rose,
> Tel que vous me voyez, je suis Louis Monrose...

Et voilà un homme immortel, aussi irrévocablement immortel qu'Achille aux pieds légers, ou Hélène aux beaux cheveux, reine de Sparte. Il se peut que Paris soit détruit lors de la future invasion des Japonais; et qu'une brise légère caresse les champs de riz et de maïs, à la place même où les omnibus à trois chevaux écrasent aujourd'hui les piétons, sur le boulevard des Italiens. Alors peut-être Notre-Dame et l'Arc de Triomphe seront devenus des tas de cailloux, et avec le bronze de la colonne Vendôme on aura fondu des vases élégants et de pensives idoles, et au milieu de la Seine, qui coulera librement entre des rives bordées de fleurs roses, nageront de petits canards au plumage singulier et de longues files de cygnes noirs, et Paris évanoui ne sera plus qu'une hypothèse pour les archéologues. Cependant, éclatants et jeunes comme au premier jour, les vers de Théophile Gautier seront toujours réimprimés tant que l'art de l'Imprimerie existera; et même si cet art se perdait, ils existeraient toujours, persistant dans les mémoires et voltigeant sur les bouches des hommes.

Car, mon ami, le poète est comme le tiers-état; il commence par n'être rien, et il finit par être tout. Le nom d'un homme emplit les journaux; il retentit avec le bruyant éclat de cent mille fanfares, répercutées par des échos sonores, et vous vous figurez que ce nom ne saurait périr. Mais quelques années se passent; vous cherchez les feuilles envolées qui le célébraient; où sont-elles? Au contraire, ce que le poète (j'entends un Gautier) a écrit, est écrit; et la toute-puissante Chimie ne l'effacerait pas avec ses plus terribles acides. Et jusqu'à la consommation des siècles, parce que le poète l'a voulu, on connaîtra le nom du comédien Louis Monrose.

— « Mais, me dira-t-on, vous êtes orfèvre, monsieur Chose ! » Oui, mon ami, je ne m'en cache pas, jusque dans les moelles, et depuis la plante des pieds jusqu'au bout des ongles, je suis orfèvre, forgeron de l'or et forgeron de l'argent, comme disent les Anglais, en deux beaux mots composés, dont, par malheur, les équivalents n'existent pas chez nous. Je sais bien, et on n'a pas besoin de me le dire, que je suis un humble, un infime, un tout petit orfèvre, et nul ne serait assez cruel pour me juger aussi sévèrement que je me juge moi-même. Mais quand, échevelé et les bras nus, votre maître et le mien, le formidable Hèphaistos, forgeron de tous les ors, travaille dans sa forge embrasée et frappe à coups redoublés de son marteau, souvent caché dans un coin sombre, je regarde comme il s'y prend, et parce que je comprends un tout petit peu ce qu'il fait, je me sens plus fier que si j'étais un conducteur d'hommes coiffé de lauriers, et paradant sur un cheval cabré, en habit de général romain.

Donc Louis Monrose est à jamais sauvé de l'oubli, qui dévore tout ; mais quand même il n'en eût pas été ainsi, la vie de cet acteur vraiment extraordinaire serait encore un des plus profitables sujets d'étude qu'on puisse se proposer. Il faudrait dire *les vies,* car il eut deux existences parfaitement distinctes. Il a été deux êtres, le Louis Monrose de l'Odéon et le Louis Monrose de la Comédie-Française, aussi différents l'un de l'autre que Roméo au teint de lys et le noir Othello. A l'Odéon, il avait le diable au corps, dans les yeux, sur les lèvres, partout ; c'était un casse-cou, un turbulent, un fantaisiste. Il ne cherchait que plaie et bosse ; il était lui-même la bosse et la plaie ; et il prenait deux lances au lieu d'une, pour pouvoir guerroyer à la fois contre deux moulins.

La Rime ! il l'adorait follement, rageusement, éperdûment; il ne se lassait pas de la caresser avec frénésie, et de baiser jusqu'au sang ses lèvres jumelles. Certes, vous vous en souvenez, quel admirable acteur il fut pour vos fantaisies de jeunesse ! Quel feu, quelle verve, quelle folie il mettait au service de votre *Falstaff* et comme il était charmant dans *Le Capitaine Paroles!* Au couplet final, lorsqu'il disait avec fatuité aux dames de la salle : *J'entends. Vous aimez mieux que je reste garçon,* c'était comique comme Arnal, et c'était lyrique, et sur la lèvre de cet acteur qui rappelait son père endiablé, le vers chantait et murmurait comme un ruisseau d'argent sur un lit de cailloux.

Cependant, porté par le prodigieux succès de la comédie de Camille Doucet, *Le Baron de Lafleur ou les derniers valets*, jouée à l'Odéon plus de cent cinquante fois de suite, il entra un jour à la Comédie-Française, et alors il fut en une minute radicalement changé du tout au tout, comme ces maris de la farce gauloise, que là leurs femmes font refondre à nouveau par le fondeur de vieux cuivre. Certes, dans la maison de Molière il eut, comme tout le monde, du talent, mais un talent peut-être un peu sérieux pour moi; ses yeux étaient devenus tristes, et tant qu'il vécut, restèrent tristes. Quant à sa fantaisie et à sa bonne humeur, elles s'étaient envolées, comme des oiseaux aux approches de l'hiver, et dès lors il sembla aimer la Rime tranquillement, comme on aime une femme légitime, qu'on n'a pas épousée par amour.

En vertu de quelle genèse fut enfanté le Louis Monrose de la Comédie-Française, je l'ignore et je veux l'ignorer; mais je sais très bien comment le Louis Monrose de l'Odéon avait pu éclore, pareil à une sauvage fleur écarlate. Le Second Théâtre-Français était alors dirigé par un écrivain extrêmement spirituel, nommé Auguste Lireux. Avant de saisir ce qu'on nomme *le sceptre*, je ne sais pas pourquoi, il ne s'était guère mêlé de théâtre, quoiqu'il eût rédigé la *Revue et Gazette des Théâtres*, et il avait surtout éparpillé et gaspillé les perles de son esprit, comme un Aladin qui peut se ruiner tous les jours sans s'appauvrir. Le public des chemins de fer n'existait pas; les théâtres littéraires ne faisaient pas encore des recettes de huit mille francs; autant valait s'en donner à cœur joie, et faire de l'art. Auguste Lireux avait une scène et des acteurs; il les livrait aux poètes, en leur disant : « Faites-en ce que vous voudrez, débrouillez-vous! » et après leur avoir donné tout cela, ses décors, son matériel — peut-être un peu immatériel! — il les laissait tranquilles.

C'est le meilleur moyen pour avoir des chefs-d'œuvre; la preuve, c'est qu'il en eut, et beaucoup. En général, du matin au soir un directeur ne quitte pas l'avant-scène, sue d'ahan, travaille comme quatre hommes et un caporal, fait recommencer même ce qui n'a pas été commencé, taille, coupe, rogne, fait des reprises dans la pourpre, enseigne la cordonnerie au cordonnier, la rime au rimeur, et l'art de la prose à George Sand. Eh bien! il ne peut savoir à quel point il avancerait ses affaires, s'il laissait le régisseur faire de la mise en scène, le poète dire ce qu'il a à dire, les comédiens se livrer à leur propre génie, et s'il s'en allait tranquillement pêcher dans les rivières et dans les ruisseaux d'eau vive, comme mon excellent ami Armand Silvestre.

Lireux était un casse-cou, et ce croquemitaine si redouté dans les théâtres, le génie, ne l'effrayait pas. On voulait lui amener Calderón, Lope de Véga, Sophocle, Aristophane, il voulait bien, et il n'était pas même épouvanté par l'invasion du féroce Shakespeare. Il n'avait pas peur de Dumas, ni de Gozlan, ni de Balzac; il n'avait peur de rien. Ses poètes lui apportaient des vers ruisselants de lumière, éblouissants d'or, embrasés de pierreries; il ne leur disait pas : « Éteignez ça! » Il ne trouvait pas que les rimeurs avaient jeté dans leur ouvrage trop d'arabesques et de gemmes brillantes, et il leur aurait bien plutôt conseillé d'en remettre!

Son comique, Louis Monrose était fou de jeunesse, de joie, de curiosité, d'inspiration, d'amour ; il s'envolait comme un papillon ivre ; il se cognait le nez contre les frises et contre les étoiles ; il emportait les hommes et les femmes qui jouaient avec lui dans un orage, dans un tourbillon de démence et de génie, et il mettait littéralement le feu aux planches de la scène. Et alors, loin de le calmer, son directeur Lireux l'aurait plutôt rejeté de ses propres mains dans la fournaise. Il aimait ces comédiens enflammés par tous les bouts, et qui brûlent comme des allumettes. Tel était cet étonnant Louis Monrose de l'Odéon, que le ministre ne pouvait pas décorer, puisqu'il ne l'a pas connu, et que le sage Gautier, le maître impeccable et doux, qui ne faisait rien à la légère, a eu raison de rendre immortel.

Et tandis que je vous parle de cet Odéon des temps évanouis, ce n'est pas sans attendrissement, mon ami, que je resonge à ces œuvres de Paul Meurice et de vous qui ont enchanté ma jeunesse, *Falstaff*, *Le Capitaine Paroles*, et l'*Antigone* traduite de Sophocle, avec les chœurs de Mendelssohn! Certes, votre merveilleux *Tragaldabas* et les œuvres accomplies de votre âge viril, *Les Funérailles de l'Honneur*, *Jean Baudry*, *Le Fils*, *Les Miettes de l'Histoire* ne me font pas regretter ces premiers et si heureux essais, et si cela dépendait de moi, je ne changerais rien dans la belle carrière que vous avez parcourue. Et en vous, ce n'est pas le journaliste qui m'étonne le moins, car vous traitez les questions politiques avec autant d'esprit que de clarté, et chose admirable à dire, non pas dans un langage spécial et professionnel, mais tout simplement, en français !

Mais enfin, permettez-moi d'être moins modeste pour vous que vous ne l'êtes vous-même, j'aurais voulu retrouver, dans vos œuvres réunies, ces comédies de jeunesse que vous avez dédaigné d'y mettre. Quand vous les avez imaginées, vous n'étiez peut-être pas encore le grand écrivain que vous êtes devenu depuis ; mais, poète, on l'est en naissant, ou on ne l'est jamais. Aujourd'hui, vous savez diriger le Pégase et l'emmener où vous voulez; alors, vous vous laissiez emporter par lui dans sa course vertigineuse, à travers les paysages inexplorés, et celui qui fut alors votre écuyer fidèle, le Louis Monrose de l'Odéon vous suivait avec une folle bravoure, au risque de se casser le cou. Vous mon ami, vous n'avez besoin de personne pour sauver votre nom de l'oubli ; vos vers y suffisent, et d'ailleurs le Maître des maîtres l'a inscrit dans ses poèmes divins. Mais grâce à Théophile Gautier, celui qui vous a bien servi ne doit pas mourir non plus, et l'avenir le verra, non pas sous les traits de l'éminent professeur qu'il fut, vieillard bienveillant et ironique aux rides spirituelles, mais avec la figure d'un jeune Mezzetin endiablé, *sous cet habit rayé de satin jaune et rose!*

XXVIII

PIEDS DANS LE PLAT

A GUSTAVE RIVET

Mon cher poète, (car votre mandat de député ne saurait vous enlever cette qualité indélébile!) si nous n'arrivons pas à résoudre les menaçants et douloureux problèmes qui nous jettent leur interrogation formidable, c'est d'abord et surtout parce que l'absurde Politique nous défend d'avoir raison avec ceux qui ne sont pas de notre parti. Mais c'est aussi parce que personne n'ose et ne veut contempler la Vérité toute nue, ni même habillée ! Il est si doux de se figurer que le mal n'existe pas, pour n'avoir pas à y remédier, et de dormir sur les deux oreilles, — alternativement sans doute, car envisagé autrement, ce trope devient inexplicable.

Législateurs, philosophes, écrivains, gens du monde, toute l'humanité civilisée se laisse bercer et lentement dévorer par une immense hypocrisie, qui n'est ni la pudeur, ni le respect de soi, et qui consiste à *faire semblant de croire que les choses sont autrement qu'elles ne sont.* Et pourquoi faire ce semblant ? Mais tout bonnement pour être tranquille, pour éviter les spectacles attristants, pour être excusé de ne pas panser les plaies, puisqu'on ne les voit pas. *Après moi la fin du monde!* ce mot horrible d'un roi s'est embourgeoisé et même démocratisé. Ignorer est si commode ! Tout le monde ressemble plus ou moins à ce sceptique et charmant compositeur Auber, à qui on annonça un jour que dans le mur de son salon, près du corps de cheminée, des poutres avaient plusieurs fois pris feu et brûlé lentement.

L'aimable auteur de *La Muette* déclara nettement que c'était faux, que les poutres ne brûlaient jamais, et voulut qu'on le laissât tranquille. Au fond, il savait très bien que les poutres avaient brûlé en effet, et que peut-être elles brûlaient encore; mais il n'avait pas d'enfants, il espérait mourir avant qu'une catastrophe éclatât, et son espoir fut réalisé. Beaucoup de gens, qui raisonnent comme lui, ont des enfants; mais ils font comme s'ils n'en avaient pas. Car pour faire réparer la cheminée, il faudrait consentir à déranger ses pieds commodément posés sur les chenets, et à ôter ses pantoufles. Et l'amour des pantoufles est devenu une passion aussi ardente que le fut jadis l'amour de la patrie, et seul peut-être il pourrait inspirer une nouvelle *Marseillaise*.

Ah ! mon cher poète, ôtons nos pantoufles, chaussons les souliers aux semelles épaisses avec lesquels on peut marcher dans la boue comme dans la terre labourée, et si c'est pour quelque chose d'utile, ne craignons pas d'entrer dans le cloaque ! Votre proposition de permettre la recherche de la paternité, permettez-moi de vous le dire, circonscrit, restreint et présente comme toute petite, une difficulté qui est vaste comme la vaste mer. D'abord vous savez bien que vous avez contre vous l'expérience et la science. Voulez-vous que nous parlions sans euphémismes? Une femme qui a appartenu à plus d'un homme dans une période de temps, ne sait pas du tout quel est le père de son enfant, et ceux qui l'ont possédée n'en savent pas plus qu'elle. Vous parlez sans doute pour la femme qui s'est donnée à un homme unique ? A la bonne heure ; mais comment s'en assurer ? C'est proprement la bouteille à l'encre.

Vous invoquez les preuves écrites ! Mais parce qu'une chose est écrite, il ne s'ensuit pas du tout qu'elle soit vraie. Un écrit prouve tout au plus que l'homme qui a écrit s'est cru le père de l'enfant, où a voulu faire croire qu'il l'était ; mais ne prouve pas qu'il le soit. Nous avons sous la main quelque chose de positif, de réel, d'évident, qui ne nous échappera pas ; c'est la femme abandonnée à secourir ; c'est l'enfant à élever, à protéger, à instruire, à sauver de la misère ; occupons-nous de cela, qui est le devoir absolu, au lieu de perdre notre temps, et de courir après un père chimérique. D'ailleurs, ce père, voulez-vous que je vous dise ma pensée entière ? Il n'est pas du tout nécessaire de le chercher. Et pourquoi ? parce que nous le connaissons parfaitement. Ne vous récriez pas ! Ce père, mon cher poète, c'est moi, c'est vous, c'est tous nos amis et tous nos ennemis ; c'est tous les hommes vénérables, comblés d'honneurs et entourés de respects ; et les honnêtes gens, et les autres gens, en un mot tous ceux qui, n'étant pas encore mariés, se sont exposés à être pères, et ont fait tout ce qu'il fallait pour cela. Et qui donc aurait l'effronterie de dire : L'homme qui a commis ce crime, ce n'est pas moi !

Certes, nous avons tous fait ce mal, et c'est pourquoi la réparation est due par nous tous, solidairement. Oui, les auteurs du mal, les voilà, c'est tous les hommes qui ont effeuillé une marguerite ailleurs que devant l'écharpe de monsieur le maire. Et leurs complices, c'est toutes les honnêtes femmes et toutes les bonnes mères. En effet, peut-être avec raison, pas une d'entre elles ne consent à ce que son fils se marie avant d'être au milieu de sa carrière, d'avoir une position faite, et d'avoir économisé de quoi acheter des culottes aux enfants légitimes qu'il aura ; c'est-à-dire : avant l'âge de trente ans, au moins. Mais comment la mère pense-t-elle que son fils se gouvernera de seize à trente ans? Pense-t-elle qu'il vivra chaste, et pareil à un lys dans le vallon sauvage? Allons donc! la plus honnête mère serait profondément humiliée, si elle supposait à son fils une vertu de cet acabit; et d'ailleurs, la Physiologie, qui tranche dans le vif, nous affirme qu'elle est impossible.

La société, dans son expression officielle, feint de croire, je le sais bien, que d'immenses collections d'hommes, les soldats sous les drapeaux, les prisonniers dans les prisons, les grands jeunes gens dans les écoles vivent chastes. Mais aussi, elle sait bien que ce n'est pas vrai, qu'elle ment de propos délibéré, et comme une arracheuse de dents. Elle sait bien, et qui l'ignore? que la prétendue chasteté dont elle admet la commode hypothèse se traduit par des désordres dont elle serait épouvantée, si elle osait les regarder en face. Cacher sa tête, comme l'autruche, n'a jamais été le moyen de remédier à un danger, et cependant c'est le parti choisi par elle, c'est-à-dire par nous tous.

Il est puéril de dire que beaucoup d'hommes, (notamment tous jusqu'à un certain âge, et beaucoup d'autres plus tard encore,) désirent et même obtiennent l'*œuvre de chair*, en dehors du mariage. Il y a donc nécessairement beaucoup de femmes séduites, abandonnées, quittées, beaucoup d'autres femmes devenues éclectiques, beaucoup d'enfants sans père, et dont le père ne sait pas qu'il l'est. Et vous vous amusez à chercher ces pères, comme des aiguilles dans un grenier à foin! Je mets que vous en trouviez un, deux, trois, dix, cent; ce sera justement comme si vous aviez capturé vingt ou cent des insectes qui forment l'effrayant phylloxéra. Non, le problème se dresse, bien autrement cruel, et sous la figure d'un invincible dilemme : Toi, société, ou oblige tes enfants à se marier dès qu'ils ont atteint l'âge d'homme et à être fidèles à leurs femmes; ou, comme une personne civile, tu dois être responsable, au point de vue pécuniaire, comme au point de vue moral, des fautes que l'amour, (j'emploie ce vocable par euphémisme,) leur aura fait commettre.

Une idée anglaise, américaine, mais très peu française, parce qu'elle est peu claire et peu scientifique, veut que la mère abandonnée réclame un dédommagement monnoyé au père anonyme; mais encore faudrait-il connaître spécialement ce père anonyme ! Nous retombons dans la même difficulté ; c'est le serpent qui se mord la queue, et tout serait facile si on pouvait mettre un grain de sel sur la queue du moineau qu'on veut attraper; le malheur, c'est qu'on ne peut jamais.

Émile de Girardin, cet agile et subtil esprit, qui eut le tort d'inventer trop souvent la poudre, avait imaginé une panacée contre l'abandon des mères. Son article, quand je le lus, me rappela une bizarre historiette, dont le héros fut un de mes amis. Cet ami, artiste exquis, subtil, inassouvi, délicat jusqu'à la névrose, pensait qu'en dépit de Calidasa, d'Homère, d'Eschyle, de Pindare, de Dante, de Shakespeare, la poésie en est encore au bégaiement. Il rêvait une poésie plus perfectionnée, plus immatérielle, plus idéale que celle qui existe, plus caressante et féminine, et qui, au lieu de produire l'émotion en animant des paysages, en dramatisant des faits et des caractères héroïques, l'éveillerait moins brutalement, par des harmonies, par des rappels, par des concordances de sons, par d'habiles dissonances, qui par le chemin des nerfs chatouillés, ravis et surexcités, s'en iraient directement jusqu'à l'âme. — « Mais, monsieur, lui dit un harpiste, qui patiemment l'avait écouté développer son système, l'art inconnu que vous cherchez est trouvé depuis longtemps et florissait au temps d'Orphée, roi de Thrace : il se nomme... la Musique ! »

Telle, et très semblable à celle-là, fut l'illusion d'Émile de Girardin, lorsqu'il crut avoir trouvé une solution au problème qui nous occupe. Dans sa pensée, toute femme ou jeune fille qui s'expose à devenir mère, devait s'assurer des sentiments de celui qui par la même occasion s'expose à devenir père, en exigeant de lui, sous forme d'argent monnoyé, ou d'actions dans une bonne entreprise, ou de titres au porteur, une caution préalable. Eh bien! j'en suis fâché pour sa mémoire, mais l'idée n'est pas si neuve et originale qu'il se la figurait. Il y a tout un immense peuple de femmes qui, par une habitude continue, s'exposent plusieurs fois par jour et plusieurs fois par nuit à devenir mères, et qui, sans doute dans l'hypothèse où elles le deviendraient, exigent de tous ceux qui désirent leur parler d'amour, une caution régulièrement fixée à une somme uniforme. Les unes sont errantes et vont au-devant des pères possibles qui pourraient venir; les autres sont cloîtrées, mènent une vie conventuelle, et attendent patiemment les pères futurs qui viendront, emmitouflés dans un cache-nez, et se cachant, honteux par avance de n'apporter qu'une dot minime aux enfants hypothétiques et douteux qu'ils pourront avoir.

Cette manière d'être est connue et classée depuis le commencement du monde, et remonte aux âges les plus reculés; elle constitue une profession spéciale, et la profession, aussi bien que celles qui l'exercent, ont leur nom particulier dans tous les idiomes. Et puisque nous parlons, mon cher poète, de ces malheureuses, pour qui notre Maître a toujours exprimé la pitié la plus attendrie, ne croyez pas que je les méprise! Et non seulement je ne les méprise pas, mais, en mon âme et conscience, je crois que personne au monde n'a le droit de les mépriser. Car elles sont nous-mêmes et notre propre substance, ayant été créées par nos vices, par nos appétits, par nos désirs impérieux, dont elles sont la figure matérielle et vivante!

Et ne nous abusons pas! chez les dévots pour qui

c'est un crime de se nourrir de viande à certains jours, on incrimine avec raison ceux qui mangent le gigot rôti, et non jamais le gigot lui-même. Car imaginez, par exemple, un pays où tout le monde serait assez religieux pour faire strictement maigre, il est plus que certain que personne n'aurait l'idée d'y faire rôtir un gigot, destiné à n'être mangé par personne. Et on peut croire aussi que, livré à sa propre inspiration, le gigot n'aurait jamais l'idée de se parer, de se mortifier, de se mettre à la broche, de se faire cuire devant un feu clair, et de se servir lui-même sur un plat. Le rôti suppose, par cela seul qu'il existe, un cuisinier et des convives. Chez nous, chez les autres et partout, il y a beaucoup de carnassiers et de cannibales. Et en feignant de l'ignorer, nous faisons de la bouillie, non pour les chats, mais pour les tigres, oubliant volontairement que les tigres se nourrissent non de farine délayée dans du lait, mais de chairs sanglantes!

Oui, j'en ai pitié de ces misérables êtres qui seraient des femmes, si la société était ce qu'elle fait semblant d'être ; et quand même on leur aurait jeté toutes les pierres, et s'il restait seulement une toute petite pierre grosse comme une puce, je ne la leur jetterais pas, et je ne me crois pas le droit de cracher dans le ruisseau qui nous a tous désaltérés. Et les honnêtes femmes, les mères réelles, dont je vous parlais tout à l'heure, et qui, avec raison peut-être, ne veulent pas que leurs fils se marient avant l'âge de trente ans, ne doivent aussi jeter nul caillou, si petit qu'il soit, aux pauvres cautionnées à la façon de Girardin. Car si ces victimes ambulatoires n'existaient pas, voici ce qui arriverait. Lorsque, causant du Grand-Prix, de la comédie nouvelle écrite par un homme du monde, et des plus récents chiffons, et du dernier roman délicieusement vertueux, les honnêtes dames offriraient à leurs amies le thé de cinq heures, leurs grands fils paraîtraient sans être attendus et emporteraient ces amies, comme les bandits de Romulus emportèrent les femmes sabines, ou comme Thésée, roi d'Athènes, enleva Hélène, âgée de dix ans, tandis qu'elle dansait dans le temple de la déesse Artémis.

— « Mais enfin, me dira-t-on, qu'est-ce que vous voulez? » — Oh! bien peu de chose. Je désire que la société accorde ses agissements avec son idéal de vertu, ou qu'elle change cet idéal, si elle n'a pas la force et la bravoure d'y conformer ses mœurs. Mais, mon cher poète, la recherche de la paternité! Si l'on adoptait votre proposition, monsieur Camescasse serait logique en ordonnant à chaque agent de police de saisir au collet le premier passant venu, et de lui crier, avec la solennité de la Justice poursuivant le Crime :

— « Je vous arrête, parce que c'est vous qui êtes le père! »

XXIX

L'IMITATION

A ARMAND D'ARTOIS

Mon cher ami, c'est dans la Nièvre, en pleine campagne, entre un petit bois où il y a des chênes de cent ans et une prairie ombragée de peupliers où serpente une rivière murmurante, que j'ai appris par les journaux l'incident Corot-Trouillebert. Le hasard avait voulu que je n'eusse jamais vu de tableaux de M. Trouillebert; j'arrivais donc tout neuf, et sans prévention possible, dans cette historiette qui me semble digne de susciter en nous d'utiles réflexions. Je n'ai pas besoin de vous le dire, à vous qui doublement écrivain dramatique, par droit de naissance et par droit de conquêtes, êtes habitué à aller droit au but, à marcher vers l'événement, l'intérêt de ce petit drame n'est pas du tout dans la fausse signature *Corot* appliquée sur le tableau de M. Trouillebert.

Cette manœuvre frauduleuse, dont l'artiste est non seulement innocent mille fois, mais cruellement victime, et contre laquelle il invoque avec raison la répression de la justice, en réclamant orgueilleusement le droit de revendiquer son œuvre; cette fourberie, cette substitution audacieuse, cette farce de Scapin ou de fumiste, est un attrape-connaisseur, un guet-apens, un épisode parmi cent autres, dans la guerre de sauvages civilisés que se font les amateurs, les spéculateurs et les marchands de tableaux, et à ces divers titres, n'a pas le droit de nous occuper une minute.

Mais il y a dans l'affaire un point bien autrement poignant, intéressant, et humain, et dramatique. Ce point, le voici. C'est que, des aveux mêmes de M. Trouillebert, il résulte qu'il peint, sans l'avoir voulu, et même ne le voulant pas, des tableaux qui peuvent être pris pour des Corot par des marchands et par des amateurs, à qui l'œuvre de Corot est parfaitement connue, et même familière. Un de nos plus spirituels confrères s'est égayé aux dépens de cette production inconsciente, qu'il nomme une maladie. C'est une maladie en effet; mais le peintre n'est pas ici le seul malade, et s'il se porte mal, ceux qui prennent sa peinture pour ce qu'elle n'est pas ne se portent pas bien. Nous avons devant nous tout un groupe de gens sérieusement atteints; eh bien! pardonnez-moi cet orgueil, je crois qu'il est inutile de provoquer une consultation, de déranger les gros bonnets de la Faculté, de recourir aux piqûres de morphine, et même de demander à l'illustre docteur Charcot quelle part dans tout cela doit être faite à la sempiternelle, à l'inévitable névrose.

J'ai la prétention de pouvoir, à moi seul, guérir ces malades, de leur apporter le diagnostic, la médication à suivre, et même de leur indiquer l'alimentation, progressivement substantielle, grâce à laquelle ils recouvreront bientôt leurs forces. Commençons tout de suite par le sujet le plus intéressant, je veux dire par M. Trouillebert. Quant à lui, son cas est bien simple. S'il peint des Corot sans le vouloir, cela tient uniquement à ceci qu'*il n'a pas assez imité Corot*. Et le remède absolu, héroïque, efficace à sa maladie, c'est d'*imiter davantage Corot*.

Vous me connaissez trop, mon ami, pour m'accuser de vouloir vous étonner en disant le contraire de ce qui est vrai, et en affirmant que le corbeau est blanc, ou que la neige est noire. Si je prétendais exciter la surprise par des moyens empiriques, je ne me contenterais pas de ces jeux trop faciles, et je me donnerais au moins la peine de dire que le corbeau est vert-pomme, et la neige écarlate. Mais non, je dédaigne ces simples tours de force et de faiblesse ; je parle sérieusement, sincèrement, et je m'explique, en promulguant cet AXIOME, qui doit être pris au pied de la lettre : « Imiter un peu les œuvres du génie, c'est les copier et les reproduire ; imiter beaucoup et à fond les œuvres du génie, c'est être soi-même et devenir original. »

Et rien de plus facile à comprendre! car il ne faut pas confondre la saine, l'utile, la fortifiante imitation, avec la singerie. Si grand qu'il soit, tout artiste, tout créateur, Michel-Ange ou Rubens, ou Rembrandt, et à plus forte raison Corot, a ses redites, ses habitudes de pinceau, ses tics, et tout cela n'est pas plus son génie qu'une verrue n'est un visage. Étudiez et imitez superficiellement le maître, et c'est cela que vous reproduirez ; mais si vous le regardez mieux, si vous entrez plus avant dans son travail, vous verrez que ces vétilles, ce n'est pas lui-même.

Passé cela, pour lutter corps à corps avec la nature, pour saisir l'effet, l'impression subtile, délicate, fugitive, il oublie volontairement le métier qu'il sait à fond, et répudie tout ce qui est procédé et formule. Comme la nature est infinie, diverse, éternellement variable, inattendue et déconcertante, il comprend, lui l'artiste, qu'il doit, à mesure qu'elle se transforme et se dérobe, imaginer à chaque minute et créer de nouveaux moyens d'expression. Il devient le créateur, le poète, qui n'a pas de métier et ne veut pas en avoir. Ce que lui suggère la création vivante, ce qui se passe dans son âme, les émotions qui s'y succèdent avec une rapidité vertigineuse, il veut les fixer, s'en emparer, les peindre par des moyens qui n'existaient pas une minute auparavant, et que nulle expérience n'enseigne. A ce moment-là, il n'est plus le bon ouvrier, il est le dieu, le titan dérobant la flamme. Si alors vous l'imitez, vous ferez comme lui, vous inventerez votre peinture à mesure que la nature invente son spectacle, obstiné, forcément sincère, extasié jusqu'à mourir; et comme vous êtes Trouillebert et non pas Corot, en l'imitant ainsi, vous ferez non du Corot, mais du Trouillebert.

Ah! lui surtout, ce grand Corot, de quelles flammes, de quelles ardeurs ne fut-il pas dévoré! Je me souviens de l'avoir vu pendant six semaines lutter, batailler, s'acharner sur un petit morceau de source endormie au fond d'un bois, éclairée par les vagues reflets du soleil couchant, et qui sur la toile ne tenait guère plus de place qu'une pièce de quarante sous. Ce petit morceau il l'avait peint, effacé, gratté à vingt reprises, et chaque fois ses amis criaient au chef-d'œuvre; mais lui, il secouait sa bonne tête spirituelle et narquoise sous le bonnet de coton à raies roses. Eh! oui, c'étaient bien des chefs-d'œuvre, mais non celui qu'il voulait; ce n'était pas l'impression qui, tremblante et frémissante, avait habité son âme; et pour donner un à peu près, il aimait autant et mieux rien du tout. C'est ce Corot-là qu'il faut imiter.

Et tous les génies, au moment où ils sont eux-mêmes, *Et dans la sombre nuit jettent les pieds du faune!* Imitons, certes! mais comme des artistes dévorés d'amour, déchirés par l'amour du beau, et non comme un singe qui se met sur la tête un chapeau de général, et après se gratte la cuisse. Toute sa vie, Watteau a imité Rubens, et Delacroix a imité Goya, mais avec furie, avec passion, avec la soif du vrai et de l'idéal, enfin comme peuvent imiter un Watteau et un Delacroix! Mon ami, très souvent de jeunes poètes, s'imaginant que, parce que je suis très vieux déjà, je dois en savoir plus qu'eux, ce qui n'est pas une conséquence rigoureuse, me font l'honneur de venir me consulter sur leurs premiers essais. Presque toujours, en dépliant son petit papier, le rimeur imberbe commence par me dire :

— « On me reproche, monsieur, de trop imiter Victor Hugo. »

Et moi je ne manque jamais de lui répondre, avant d'avoir entendu un seul mot de son poème :

— « Mon cher enfant on vous trompe. Soyez assuré que non seulement vous n'imitez pas trop Victor Hugo, mais que vous ne l'imitez pas assez, et que même vous ne l'imitez pas du tout! »

Ils en parlent bien à leur aise! Imiter Victor Hugo! Quel Victor Hugo? Mais ce Maître des maîtres va sans cesse loin, au delà, plus avant, toujours transformé en restant le même, trouvant pour chaque poème et pour chaque fragment de poème un art nouveau, que personne n'avait connu auparavant, pas même lui. Autant vouloir suivre, en se promenant la canne à la main, un oiseau fulgurant, qui s'envole, en déchirant la nuée terrifiée. Vous le cherchez ici? il est là-bas, au loin, si loin, si loin que vous ne l'apercevez plus, par delà les horizons et les espaces, rapide comme la pensée et comme la lumière. En même temps qu'un créateur d'idées, il est un perpétuel créateur de formes; ou plutôt, idées et formes, tout chez lui naît en même temps; et le propre de son génie c'est d'être varié et inattendu comme la nature, insondable et profond comme l'âme humaine, et toujours éclairé par ce qu'il y a au delà de la vie terrestre.

Dans ce siècle, où forcément tout a subi l'influence du plus grand des poètes français, ceux d'entre les rimeurs qui sont arrivés à l'imiter passablement, sont déjà eux-mêmes de grands poètes, dont la première récompense est de ne plus ressembler à leur maître, et comme lui, de n'avoir ni métier, ni système, ni formules, et de ne connaître qu'une loi : la nécessité d'être sincère. Pour ces prétendues imitations de Victor Hugo, que nous lisons quotidiennement et à propos desquelles les gobe-mouches s'écrient : « Oh! comme c'est bien du Victor Hugo! » vous savez, mon ami, comme de telles niaiseries nous font sourire. Elles ne sont ni rhythmées, ni rimées, bien entendu ; car si leurs auteurs savaient rimer, ils connaîtraient des milliers de mots, feraient résonner un clavier immense, et écriraient des poèmes durables que les apprentis tenteraient d'imiter.

Imiter Napoléon, par exemple, ce n'est pas écrire à la lueur d'un chandelier à abat-jour, croiser ses mains derrière son dos, et prendre du tabac dans la poche de son gilet; c'est, comme il le faisait lui-même lorsqu'il imitait Alexandre et César, tenir tête à vingt peuples, gagner des batailles, entrer dans les capitales, créer et destituer des rois, et refaire, au gré de sa fantaisie, la figure du monde. Et voilà ce qui a le droit de s'appeler : imitation ! Aussi a-t-on pu dire de beaucoup de généraux modernes qu'ils n'imitent pas assez Alexandre de Macédoine ; et plût à Dieu que nous ayons eu, pendant l'Année Terrible, un conducteur d'hommes qui aurait su imiter à s'y méprendre cet ancien conquérant de l'Inde! Et j'en reviens à mon dire, c'est qu'on n'imite pas assez, et pas assez profondément, le génie.

Mais Corot était-il un homme de génie? Assurément, et dans toute l'acception du terme, car c'est en art surtout qu'il n'y a pas de hasard. L'atmosphère créée sur une toile, des arbres simplifiés comme ils nous apparaissent, et où cependant chaque feuille tressaille et frémit doucement, remuée par la brise ; des ciels vastes, doux, transparents et profonds; l'impression de la vie, de la respiration, de l'être mêlé au frissonnement des choses; l'extase religieuse des noires forêts où bondissent les Nymphes dansantes ; le calme du village ami, bercé par les frondaisons où le vent se joue ; et cet harmonieux, ce silencieux chant d'amour; cette extase du peintre qui veut atteindre à l'intensité de son émotion, cela ne se trouve pas avec des procédés, un habile tour de main et un concours heureux de circonstances. Imiter Corot, c'est donner son âme, sa propre substance, tout son être, et vouloir, et savoir, et pouvoir traduire l'intraduisible. Et qui fait cela, n'est pas un copiste.

Parce qu'il y avait de la bonhomie dans l'aimable visage gai et narquois de Corot; parce que ce bon vivant, entre amis, au dessert, chantait volontiers sa chanson; parce que, pour vivre à son aise, à la campagne, il s'affublait en paysan, vêtu de la blouse, coiffé du bonnet de coton à raies roses, et fumant sa pipe dorée et fauve comme une odalisque, des gens à courte vue l'ont pris pour un inconscient. Ils se trompaient du tout au tout, et si Corot fut bonhomme, c'est à la façon de La Fontaine. J'ai eu la rare fortune de dîner souvent avec lui, dans une maison où le ramenait sans cesse une vieille et constante amitié; là j'ai vu le Corot sans blouse, et je puis affirmer qu'il valait bien l'autre. Non seulement il portait l'habit noir avec autant d'aisance et de grâce qu'un grand seigneur; mais, dans un salon comme celui où je l'ai vu et où on savait le comprendre, il était un causeur des plus brillants.

D'autres fois, il était mieux que cela encore. Un soir, chez Asselineau, quelques camarades réunis, parmi lesquels il n'y avait pas un profane, fumaient, assis autour de la cheminée. On vint à parler de Théocrite, à propos de l'admirable traduction de Leconte de Lisle; Corot prit la parole, et avec la plus magnifique inspiration nous décrivit, nous peignit, nous fit voir les paysages des Idylles, tels qu'il les devinait, tels qu'il les voyait, à travers le texte du poète. Nous assistâmes là, mon ami, à un spectacle prodigieux; car le maître nous peignit alors, rien qu'avec les mots magiques! vingt Corot, qui valaient ses meilleures toiles.

Donc, il était l'homme de sa peinture; il y avait en lui autre chose que l'ouvrier habile, et c'est pourquoi j'en reviens à mon dire, le plus sûr moyen de ne pas singer Corot, c'est de l'imiter. Voilà pour l'artiste; quant aux marchands qui prennent des Trouillebert pour des Corot, le traitement qu'ils ont à suivre, c'est de regarder, d'étudier et d'aimer Corot, mieux qu'ils ne l'ont fait jusqu'ici. Et nous, mon ami, tâchons d'imiter assez bien nos maîtres pour que nos vers soient à nous, et ne soient qu'à nous.

XXX

LE PUBLIC

A ÉMILE BERGERAT

Le Public! mon ami, que le mot est effrayant! Beaucoup plus que la chose. Car le Public peut tout, pour ou contre l'artiste mercantile qui, dans l'art, ne voit qu'un négoce. Il peut, à son gré, remplir ou ne pas remplir la bourse de ce commerçant. Mais le Public ne peut rien ni pour ni contre l'artiste sincère, uniquement guidé par l'amour du vrai et du beau, et pour qui la gloire même n'est qu'un but accessoire. Celui-là, pour l'heure présente, relève seulement de ses pairs, et ensuite de la postérité, qui porte les jugements définitifs.

Ne nous laissons pas étonner par les mots, et allons droit au cœur des idées. N'attachons même qu'une importance relative à la rencontre bizarre des circonstances, que nous devons savoir simplifier et façonner à notre gré, car la Réalité, qui a devant elle le temps et l'espace pour fondre et harmoniser tout, se permet des fantaisies sans queue ni tête, et des antithèses d'une violence un peu trop crue. C'est ainsi que, l'été, vous habitez, au bord de la mer, vous qui êtes le plus probe et le plus délicatement honnête des hommes, une propriété qui se nomme *la Fourberie!* Le vaudevilliste —

et plus tard banquier — Auguste Lefranc, auteur des *Deux Papas très bien,* comédie dans laquelle le pathos d'un des papas et le farouche argot de l'autre sont de force à décrocher les étoiles, — était le descendant direct du Lefranc de Pompignan classique : *Le Nil a vu sur ses rivages!* Le collaborateur de Bayard, le critique modéré du *Siècle*, le doux et tranquille auteur du *Fils de Famille* avait pour frère ce blond Fernand Desnoyers, qui fut un poète excessif et intransigeant au delà de toute expression : ce n'est pas moi qui lui en ferai un reproche. Certes, dans la célèbre imprécation contenue en son volume : *Poésie Française,* ce révolutionnaire, s'adressant au Public, n'a pas raison de s'écrier :

Bête à tête de veau, de lapin et d'aspic!

D'abord parce que, même dans la poésie lyrique, un tel langage manque de politesse et de mesure. Ensuite il est difficile de se figurer cette tête, telle que le poète l'imagine. Car si elle est de veau, elle ne peut être de lapin; et si elle est de veau et de lapin, elle ne saurait en même temps appartenir à l'aspic! Mais s'il l'exprime sous une forme empirique et vertigineuse, la colère de Fernand Desnoyers me paraît être au fond très légitime. On a dit que le Public a plus d'esprit que Voltaire; ce n'est pas mon avis, et je pense que, la plupart du temps, il n'a pas tant d'esprit que Jocrisse. Car n'est-ce pas lui qui s'éprend des mauvais ouvrages et des plus sottes chansons, qui consacre passionnément des réputations éphémères, et qui brûle son encens devant des idoles destinées à être jetées au coin de la borne?

Cependant que de lâchetés et de platitudes ont été faites aux pieds du Public, même et surtout par les génies! Combien se courba servilement devant lui ce grand et sublime Molière, qu'on ne peut assez aimer et admirer; car je plains le poète qui peut relire sans être transporté le Prologue d'*Amphitryon!* Eh bien, tout meurtri et déchiré par l'injustice de cet aveugle tyran, qui condamnait *L'École des Femmes* et *Le Misanthrope*, Molière proclamait encore l'infaillibilité, le goût impeccable, le suprême bon sens du Public, et déclarait que le Public a toujours raison. Et il ne croyait pas un mot de ce qu'il disait, et il savait bien qu'il en avait menti par la gorge ; son excuse, c'est qu'il avait des comédiens à nourrir. Sans cela, ne serait-il pas impardonnable de s'être bassement agenouillé devant le maître de l'heure présente, lui qui d'avance possédait l'éternité et toute l'humanité future ?

Si je laisse de côté l'entrepreneur de spectacles, le directeur d'une troupe comique, et si je vois uniquement dans Molière le penseur et le grand poète, il a fait entre ses deux maîtres une confusion regrettable, et il a eu grandement tort de traiter le Public comme il traitait le Roi. Il les flattait l'un et l'autre avec une rare effronterie, et avec un parti pris qui finissait par devenir ironique ; mais il avait raison dans un cas, et non dans l'autre. En effet, ennemis par la nature même des choses, puisque l'un représente l'esprit d'autorité et l'autre l'esprit d'affranchissement, le Poète et le Roi sont cependant des alliés nécessaires, car seul le Roi peut assurer au Poète la liberté de parler, et seul, le Poète peut donner au Roi cette magnificence épique et cette splendeur d'apothéose qui lui sont indispensables ; il est seul assez magicien pour costumer Louis en Apollon vainqueur des hydres, et en César-Auguste.

Au contraire, je le répète, excepté en ce qui concerne la recette du soir, la question de sous, et tout ce que contient la célèbre exclamation de Bilboquet : *Il s'agissait de cinquante centimes!* le Poète peut et doit se passer parfaitement du Public. Jamais le suffrage universel n'a su créer une gloire ; et quand il a eu l'air d'en créer une, comme par exemple celle de Béranger, voyez le peu qu'elle dure ! Aussitôt que meurent les passions éphémères qui l'ont faite, cette gloire perd tout ce qu'elle leur avait dû, et le seul trésor qui reste à l'artiste, c'est ce que lui avait inspiré l'amour désintéressé du beau. Nul ne peut être jugé que par ses pairs; cet axiome juridique, toujours vrai, est surtout vrai en art et en poésie, et la postérité elle-même ne peut rien de plus pour un poète que ratifier le jugement de ses pairs. Quant au jugement immédiat du Public contemporain, il va rejoindre dans l'universel magasin d'accessoires les arquebuses à rouet, les manches à gigot et les vieilles lunes. Public! tu peux enrichir qui tu veux, emplir l'illustre théâtre ou la baraque du montreur d'ours et, selon qu'il te plaît, acheter à tel ou tel ses rames de papier imprimé; rien de plus. Mais quant au laurier que ne flétrissent pas les hivers, tu n'en possèdes pas un rameau ni une simple feuille, et tu ne saurais le donner à personne, puisque tu ne l'as pas.

Toutes les hypocrites préfaces, dans lesquelles l'aveugle succès est glorifié, s'appuient sur une confusion mensongère et voulue entre ces deux êtres si essentiellement différents l'un de l'autre : le Public et le Peuple. Autant le Peuple, ému, sincère, éclairé par la divine lumière de l'instinct, apte à comprendre la poésie et la règle, parce qu'il est ouvrier des métiers, est facilement transporté par le Beau absolu, autant le Public se montre réfractaire à cet élément, qui ne lui est pas assimilable. J'en appelle à vos souvenirs! Comme à moi, il vous est certainement arrivé de voir, dans quelque soirée extraordinaire, un chef-d'œuvre en vers, une comédie de Molière, par exemple, représentée dans un théâtre du boulevard, devant des spectateurs qui sont exclusivement Peuple. Rappelez-vous comme alors les nobles pensées, les beaux mots, les nuances les plus délicates, les traits de l'esprit le plus délié sont immédiatement saisis, et comme le Peuple et le Poète se mêlent, se confondent, se pénètrent l'un l'autre, et savent se parler cœur à cœur!

Au contraire, voyez la même pièce représentée dans un théâtre du beau monde, ainsi nommé parce qu'il se croit beau ! Quand les dames de la salle ont fini d'admirer, de dénigrer, d'éplucher, d'analyser les toilettes des comédiennes, et d'en supputer le prix de revient, elles pensent visiblement à autre chose qu'à ce qui se passe sur la scène, et quant aux messieurs, ils manifestent la plus parfaite indifférence, et ne se réveillent que pour les coups de bâton, ou pour les jeux de scène empruntés à la farce, comme Georges Dandin mis à la porte de chez lui, ou Orgon caché sous la table.

Mais enfin, il faut définir, qu'est-ce que le Public ? C'est une foule, une assemblée fortuite de gens quelconques, venus à pied, ou en fiacre, ou en omnibus, ou par les chemins de fer, mais où, vu le prix des places, les esprits d'élite et le Peuple surtout sont en minorité, et où domine nécessairement la classe moyenne. Par ces mots : la classe moyenne, j'entends les gens nullement instinctifs, plus riches qu'instruits, et dont l'éducation est presque toujours inférieure à la position sociale qu'ils occupent. Or, ce n'est pas seulement au théâtre et dans la boutique du libraire, mais partout qu'il est facile de voir une différence absolue entre le Public et le Peuple !

Le Public croit à la Politique, aux commissions, aux sous-commissions, aux débats parlementaires, et savoure tout cela dans son journal, comme un matou boit du lait. Le Peuple professe sur ce point la même indifférence que Jésus-Christ et Proudhon, et ne tient pas à savoir comment est tenue la queue de la poêle dans laquelle on le fait frire. Le Public est ivre de joie quand on lui donne des mots, des lois alambiquées, des chartes, toutes sortes de choses qui ne coûtent rien et qui ne se mangent pas. Le Peuple, nullement affamé de figures incohérentes, aime mieux sa part en argent, ou même en nourriture comestible.

En médecine, le Peuple est de l'école de Molière ;

lorsqu'il est malade, il se soigne comme il peut, et surtout laisse agir la nature, tandis que le Public est l'esclave né de Diafoirus. Il n'y a pas de remède, de drogue si bête qu'il n'achète avec frénésie, pourvu qu'elle soit annoncée à la quatrième page des journaux. Un jeune pharmacien ambitieux, venu de province pour gagner son million, était allé trouver un ami de sa famille, membre de l'Académie de Médecine, et le suppliait de lui composer un médicament au moyen duquel il pût acquérir une fortune. — « Mais, mon cher enfant, lui dit le savant, pour cela, tous les médicaments sont également bons ; vous pouvez vendre ce que vous voudrez, et même au besoin — rien du tout, dans une jolie enveloppe ; la qualité du produit n'y fait absolument rien. Toute la question est de dépenser deux ou trois cent mille francs pour l'annoncer ; après quoi, vous en vendrez plus que vous n'en sauriez fabriquer. »

Le Public, toujours enivré par les idées fausses et sentimentales, adore le confortable des hôpitaux, la charité, les ventes au profit des pauvres, et toutes ces manifestations de la philanthropie, qui permettent aux femmes du monde de se mêler aux comédiennes, et de se déguiser en laitières ou en suissesses, pour flirter en tout bien tout honneur, dans de petites boutiques. Le Peuple, lui, exècre les hôpitaux, et tout cet attirail de charité lui paraît être un ensemble de moyens pour éluder, ou pour éteindre par de faibles à comptes, une dette impérieuse, qui doit être payée intégralement.

Le Public est le gogo, l'actionnaire de naissance, qui donne de bon or trébuchant contre des petits papiers roses, et croit d'autant plus aux mines argentifères qu'elles sont situées dans des pays plus inconnus. Le Peuple aime mieux acheter, pour ses deux sous, une livraison illustrée de Victor Hugo ; et de même qu'il est plus facile à un câble, (ou à un chameau,) de passer par le trou d'une aiguille, qu'à un riche d'entrer dans le royaume du ciel, de même on a bien plus tôt fait de vendre au peuple deux cent mille exemplaires de cette livraison à dix centimes, que d'écouler dans la classe moyenne un seul exemplaire d'un volume de Victor Hugo, coûtant cinquante-cinq sous.

Ma conclusion, mon ami, c'est que nous n'avons ni à convaincre, ni à redouter, ni à flatter le Public. Si nous sommes d'assez bons ouvriers pour être jugés tels par nos pairs et par nos maîtres; sans avoir la fatuité d'espérer rien de la postérité, si nous nous préparons à paraître devant elle avec des œuvres sincères, exemptes de mensonges et de faux ornements, nous gagnerons encore, par surcroît, de quoi mettre la poule au pot, et acheter une robe à notre femme et des culottes à nos petits. Et que nous faut-il de plus? Un simple poète n'est pas tenu, comme un Rothschild, à avoir une cuisine spéciale pour les fritures, une pour les rôtis, une pour les salmis, une pour chaque genre d'entremets, et ainsi de suite. Les fils d'Homère n'ont hérité de lui qu'une besace et un bâton. Depuis le temps, avec les intérêts composés et capitalisés, cela peut faire beaucoup de besaces et de bâtons, mais pas un seul million!

XXXI

CHOSES FUTURES

A MONSIEUR LE SINGE DE PEAU-D'ANE

Vous avez, monsieur, usurpé et détourné à votre profit une grande quantité des tableaux qui composent la comédie intitulée : *Peau d'Ane.* Par vos soins, pendant une portion assez considérable de la soirée, les gambades, lazzis, jeux de scène et sauts périlleux remplacent la prose des auteurs primitifs. Je ne suis pas assez impoli, et je dédaigne trop les épigrammes faciles, pour dire que personne ne s'en plaint. Au contraire, ami de l'étrange et du surnaturel, je me plais à croire que certains spectateurs regrettent les scènes abolies, et, au moment même où vous les ravissez par vos mines ingénues et par vos convulsions agiles, se disent dans leur âme : Il y avait là une tirade bien jolie; qu'est-elle devenue?

Certes, il eût été doux d'obtenir les culbutes et de conserver la prose tout de même; cependant il faut se faire une raison, et on ne peut pas tout avoir. D'ailleurs, que nous le voulions ou non, votre heure est venue, et il est trop évident que la souveraineté, donnée jadis aux oiseaux par Aristophane, appartiendra aux singes dans une époque très prochaine. La littérature, a dit Balzac, est l'expression des sociétés, et vous êtes

en train d'envahir la littérature. Vous avez modestement
commencé par *Peau d'Ane;* mais, monsieur, vous ne
tarderez pas à vous annexer *Andromaque, Le Cid, Les
Horaces, Tartuffe, Le Misanthrope,* dont les portions les
moins indispensables seront agréablement remplacées
par des exercices de singes.

Mais, entendons-nous, personne n'y perdra rien, et
les singes, qui se feront les interprètes des chefs-d'œuvre
rajeunis et renouvelés, seront tout uniment des hommes
revenus à leur état primitif. En un mot, qui alors sera
singe? c'est tout le monde! Car si le savant Littré a su
dire d'où nous venons, il a négligé de nous apprendre
où nous allons; il a révélé que les hommes ont été
singes, et a oublié de faire savoir qu'ils sont sur le
point de le redevenir. Pourtant rien n'est plus facile à
prouver. Car, s'il vous plaît, cherchons ensemble ce qui
différencie l'animal de l'homme. Ce n'est pas l'existence
ou la non-existence de l'âme! L'observation moderne
a rejeté bien loin cette puérile fiction; l'animal peut
aimer, haïr, souffrir, mépriser, donner sa vie pour un
être cher : il a donc une âme. Qu'il pense, raisonne, se
souvienne, calcule, cela ne fait pas l'ombre d'un doute;
les preuves abondent; et sur ce point vous n'avez qu'à
consulter Toussenel. Le castor est architecte, le paon
est aussi somptueusement vêtu que le roi Salomon, la
baleine est navigateur, le lion est guerrier, le rossignol
est musicien; en un mot les animaux font tout ce que
nous pouvons et savons faire.

Excepté une toute petite chose! Car, monsieur, examinons les races froidement et sans passion. La poésie,
les vers, le langage rhythmé obéissant aux mêmes règles
qui régissent le mouvement des sphères, c'est, à proprement parler, le seul don qui se rencontre chez
l'homme et ne se trouve pas chez l'animal. Du temps
d'Eschyle, au théâtre où vous trônez maintenant,
l'homme, il faut bien le dire, était fortement déchu de
sa qualité de singe. C'est en vers que les héros par-

laient, c'est en strophes lyriques envolées que s'exprimait le chœur; et le poète, les acteurs, le peuple qui les écoutait, tous avaient déplorablement oublié la langue des singes. Mais, monsieur, rassurez-vous sur notre compte, nous sommes en train de la rapprendre, et nous y arriverons.

Heureusement, il y avait tout un peuple, toute une élite, qui regrettait son état passé, et qui brûlait de rompre avec les Dieux et de renouer avec la singerie. Ces bons conspirateurs ont longtemps médité leur coup; ils l'ont amené de loin, mais déjà ils ont à moitié réussi, et ils sont bien près de réussir tout à fait. Très judicieusement, ils ont fait leur première campagne au théâtre, où la foule se trouve naturellement rassemblée, et tout ce que le renard dit à propos des raisins trop verts, ils l'ont dit à propos de la poésie. Assommant, l'art d'Eschyle, il n'en faut plus! A Chaillot, Sophocle! Homère aux Quinze-Vingts! Ennuyeux, ce qui amusait Alcibiade et Périclès et le peuple athénien! Stupide, ce qui ravissait Condé et Turenne et Sévigné, et madame Henriette d'Angleterre! Il faut bien le dire à leur louange, certains acteurs se sont associés puissamment à l'heureuse révolution projetée. Cela les ennuyait d'apprendre par cœur des vers qui les oppriment, les dominent, les tiennent captifs dans des liens. Ils ont préféré la prose, que l'auteur vaincu leur permet bientôt de couper, de hacher, de déchiqueter et d'émietter à leur guise. Et même, la prose est-elle si nécessaire que cela? Toute prose qu'elle est, elle gêne encore pour faire un effet au milieu d'un mot, pour s'asseoir sur la cheminée, pour tourner le dos au public, et pour se montrer NATUREL, en disant au besoin : *J'y vas, qué qu' c'est qu' ça et colidor!* Un clin d'œil, un grognement, un gloussement, un geste esquissé ne suffisent-ils pas?

Du théâtre, cette simplification a passé dans la vie, elle s'y implante, elle y triomphe. Après avoir supprimé la poésie et le langage, on grogne, on glousse; la mimique se développe à mesure qu'on devient muet. L'homme retrouve son agilité première et son antique versatilité puérile ; le poil, dont la végétation n'est plus gênée par le travail de la pensée, envahit de plus en plus son visage; il redevient singe, il le sera bientôt tout à fait. A la bonne heure, et ne croyez pas, monsieur, qu'il sera incapable de s'élever à votre hauteur ; au contraire, je suis persuadé que l'homme se montrera assez intelligent pour vivre avec vous sur un pied d'égalité parfaite. Et tout ce qu'il faisait en qualité d'homme, il le fera tout aussi bien en qualité de singe.

Notez ce point, puisque tout le monde sera singe, (excepté une insignifiante fraction d'hommes qu'on peut négliger, et dont je vous parlerai tout à l'heure,) il n'y aura d'affront pour personne. Je vois très bien, comme je les ai déjà vus à la foire de Saint-Cloud et au cirque de Corvi, les singes brodés sur toutes les coutures paradant sur des chevaux, en habits de rois, d'empereurs, de capitaines, de marchands d'eau de Cologne, et entrant dans les villes au bruit des féroces cymbales. Les singes médecins auront ce grand avantage de nous rendre la robe et le bonnet pointu des médecins de Molière; je les admire déjà, tâtant le pouls du malade et lui tirant les cheveux, consultant dans les coins avec force cabrioles, et levant en l'air leurs maigres bras velus avec un geste qui signifiera expressément : La névrose! Les singes avocats feront mille tours, ôteront et remettront leur toque, imiteront tantôt le tonnerre et tantôt la voix d'un enfant qui pleure, mangeront le nez des témoins, et réciproquement se jetteront à la tête des pommes, ou des noix, ou des pierres, qui n'atteindront que leurs clients. Enfin, monsieur, devenus singes, il faudra bien que nous soyons représentés par des mandataires semblables à nous; combien ne sera-t-il pas agréable de ne plus entendre les mots filandreux, les phrases à rallonges, les : *Dans cette enceinte,* que remplaceront des bondissements inattendus et des postures facétieuses, et de voir la salle des séances offrir un aspect analogue à celui du palais de fil de fer au Jardin des Plantes! O commissions, sous-commissions, bureaux, questeurs, et toi, public spécial qui savoures les divertissements parlementaires, c'est quand vous serez suspendus à des cordes volantes, c'est quand vous vous poursuivrez follement de trapèze en trapèze que vous jouerez véritablement un rôle politique!

Les singes artistes, vêtus de la vareuse écarlate, seront parfaitement heureux, car on ne pourra pas alors leur reprocher leur verve simiesque, parfaitement conforme à leur nature, et ils auront le droit de faire de faux Delacroix, des simili-Regnault et des Corot apocryphes ; et certes, le talent d'imitation propre à votre race, qui fut et sera la nôtre, ne leur sera pas d'un médiocre secours, lorsqu'il s'agira de signer les tableaux délicieusement contrefaits. En cette affaire, la signature sera même ce qu'il y aura de mieux réussi, et les spectateurs ne manqueront pas de s'écrier : Quel homme, ce Delacroix; comme il signait bien! A vrai dire, la transformation de l'homme en singe sera le seul moyen de donner aux artistes une discipline qui leur manque. Ainsi, une fois devenus singes, ce que l'un aura fait, tous les autres le feront. Si l'un d'entre eux se fait bâtir un hôtel dans l'avenue de Villiers, ils se feront tous construire des hôtels semblables dans la même avenue; et quand celui-là aura vendu une aquarelle cent mille francs, tous vendront leurs aquarelles au même prix. Affairés, minutieux, hochant la tête, coupant l'air avec des gestes de peintre, les marchands de tableaux et les amateurs regarderont les toiles et la peinture à l'eau avec des loupes, et profiteront de ce qu'ils seront devenus singes pour prendre les façons et les attitudes de gens qui s'y connaîtraient. S'il vous en souvient, Decamps avait prévu et d'avance reproduit cette scène. Qui ne connaît à Chantilly les admirables singes de Watteau? Mais ce qu'on connaît moins, c'est un salon entier peint de la main de ce grand artiste, et qui, par suite des métamorphoses imposées à plusieurs hôtels du siècle dernier, lorsque fut ouvert le boulevard Beaumarchais, se trouva faire partie d'un estaminet. Cette belle décoration a disparu aujourd'hui, et je ne sais ce qu'elle est devenue.

C'étaient des panneaux à fonds blancs, dans chacun desquels le peintre des Fêtes Galantes avait représenté trois fois la même scène, reproduisant dans la même situation et faisant obéir au même sentiment, d'abord des Dieux, puis des hommes, puis des singes, et montrant ainsi la chaîne des pensées non interrompue, depuis les Immortels nourris de la céleste ambroisie, jusqu'à messieurs vos confrères, qui, ainsi que l'a si bien observé Henri Heine, arborent sur la partie la plus charnue de leur individu les couleurs nationales de la Prusse. Ainsi le poète de L'*Embarquement pour Cythère* arborait un système tout à fait contraire à celui de Littré. Car s'il l'eût voulu, rien ne lui eût été plus facile que de commencer par les singes et de finir par les Dieux ; mais c'est le contraire qu'il a fait, pour exprimer qu'ayant d'abord été des Dieux, nous sommes devenus des hommes, et que nous finirons par devenir tous des singes. Tous, ou à peu près ! Oh ! monsieur, comme les Courses seront plus pittoresques et plus amusantes, quand les jockeys en casaque pourpre, ou bleu de ciel, ou jaune soufre, montant des chevaux plus vites que le vent, seront singes, et manifesteront les affres, les terreurs et les espérances de ce drame, avec une intensité de mimique qui manque aux corrects mais froids jockeys d'importation anglaise! Et ce spectacle ne gagnera-t-il pas à être contemplé par des guenons grimpées sur leurs calèches et versant alentour du champagne aux jeunes singes, qui délaisseront pour elles leurs vieux singes de parents? Car il ne faut jamais oublier les dames! Et si nous songeons à celles que notre spirituel ami le baron de Vaux a poétiquement nommées : les

Horizontales, (peut-être à tort; car n'est-ce pas simplifier un peu trop la question?) vous conviendrez avec moi qu'elles gagneront tout à devenir franchement des singesses. Comme par le passé, elles croqueront et grignoteront tout, mais au propre, au pied de la lettre, et non pas seulement, comme autrefois, d'une façon idéale et figurée; elles continueront à jouer l'amour, la passion, le caprice, la douleur, la joie, la jalousie, la fidélité, et toutes les scènes connues, mais en pantomime seulement, et sans les stupides paroles qui habituellement les accompagnaient. Et quand elles auront gentiment simulé quelque émotion attendrie, tout de suite après, par un geste canaille et ironique bien accentué, elles confesseront nettement que c'était une farce. De la sorte, les messieurs singes seront avertis, et s'ils ne se gardent pas alors contre les ruses de la bien-aimée, c'est qu'ils seront décidément aussi bêtes que des hommes.

Monsieur le singe de *Peau d'Ane*, initiateur, conquérant, vainqueur, législateur, maître des empires futurs, soyez salué! Je vous l'ai dit, d'ici à très peu de temps, tout vous appartiendra, hormis cependant une poignée de gens, qui ne méritent pas d'occuper votre attention, et qui, je le crains bien, ne sauront jamais s'élever à la dignité de singes. Ce sont précisément ces poètes, ces rimeurs, ces rhythmeurs dont je vous parlais, et qui, habitués à marier les mots harmonieux, perdront difficilement la notion du langage articulé. Mais savez-vous ce qu'il faut faire? Laissez-les pour compte, tout bonnement. Ils étaient des étrangers et des exilés parmi les hommes; ils le seront encore parmi les singes, voilà tout. Foin des gens qui lèvent leurs yeux pour regarder le ciel, quand tous les autres baissent les leurs à terre, pour ramasser des noix!

XXXII

CHRYSALE

A HENRY FOUQUIER

Mon cher confrère, parmi les écrivains contemporains, le judicieux philosophe Nestor est un de ceux que j'aime le mieux, et le plus sincèrement. D'abord, je le trouve sage comme son homonyme, l'excellent agorète des Pyliens. Puis il a le tact, le goût, la mesure; il ne dit jamais trop, ou trop peu; il est très hardi, parce qu'il est sincère, et il a le bon esprit, clair, net, bien français, qui frappe droit au but et ne se dépense pas en pyrotechnies prétentieuses.

Il y a quelques jours, je lisais l'excellent morceau qu'il a écrit à propos du concours général, des études universitaires et du génie des races latines, et selon moi il a si bien raison que je pense trop comme lui. Oui, sans les lettres nous serions des bêtes; oui il est utile de savoir le grec, et si on me poussait j'irais plus loin : il n'y a que cela d'utile! Enfin, dans cette belle étude, il n'y a pas un mot qui me trouble ou me semble contestable. Si fait, pourtant, il y en a un, et précisément parce que j'aime Nestor, et parce que pour moi tout ce qu'il écrit est sérieux, je ne puis laisser passer sans protestation la phrase suivante : *Molière, qu'on ne comprend pas toujours bien, se moque de Chrysale aussi bien que de Bélise.*

Non, mon cher confrère, Molière ne se moque pas de Chrysale ! Il y a en théâtre une règle absolue, et vous la savez aussi bien que moi. C'est que le poète dramatique préfère, adopte, cautionne et regarde comme siens les personnages qu'il met du parti des amants ; au contraire, ceux qui s'opposent au bonheur des amants sont, de ce seul fait, désignés par lui à l'hostilité du public. D'après ce principe, qui ne souffre pas d'exception, sont sympathiques, dans *Les Femmes savantes*, et par conséquent non moqués : Chrysale, Henriette, Ariste, Clitandre et Martine ; de même, par l'expresse volonté de l'auteur, sont antipathiques, et par conséquent moqués : Philaminte, Armande, Bélise, Trissotin. Non, Molière ne se moque pas de Chrysale, qui ne veut pas d'autre livre que le Plutarque à mettre les rabats, et qui professe pour son pot et pour son rôt une religion exaltée jusqu'au fanatisme. Au contraire, il le montre bon, indulgent, honnête homme ; il le favorise de la façon la plus évidente ; lui qui connaît les lois du théâtre, il lui ménage les plus beaux motifs d'applaudissements, et à la représentation, il en joue lui-même le personnage.

Son intention n'est pas douteuse ; reste à savoir s'il a raison d'agir comme il le fait, et dans quelle proportion il est sincère. Mais pour éclaircir ce point, ce n'est pas le procès de Chrysale qu'il faut reprendre ; c'est tout le procès des *Femmes savantes*. Or, ce chef-d'œuvre immense, génial, prodigieux, égal peut-être à *Tartuffe* et au *Misanthrope*, est si plein de dessous et de chausse-trapes, qu'il est extrêmement difficile d'y comprendre quelque chose. Entendons-nous ; la comédie, en elle-même, est très claire et limpide comme de l'eau de roche ; ce qu'il est malaisé de deviner et de débrouiller, c'est les arrière-pensées qu'a eues le poète en l'écrivant.

Ah! mon cher confrère, qu'il est difficile aujourd'hui de parler de Molière!... « Et, dit Nestor, aucuns pensent que son chef-d'œuvre est peut-être cet *Amphitryon*, qu'il prenait à Plaute, en lui tendant la main à travers plus de deux mille ans! » Cet *Amphitryon*, moi qui vous parle, moi vieux bonhomme inutile, qui ne suis plus bon à rien, chaque jour je l'étudie avec plus d'attention, de passion et d'amour, et chaque jour j'y trouve plus de science harmonique, et plus de beautés relevant directement de la poésie; c'est de l'art le plus délicat, le plus ferme, le plus élevé, le plus pur, et qui, plus on arrive à connaître le métier des vers, plus il vous pénètre d'admiration et de ravissement. Je ne me lasse pas aussi de rire et de frémir à cette désopilante et féroce tragédie du *Mariage forcé*, où Dorimène, superbe comme le lys, est souriante, ingénue, terrible et initialement femme, comme Hélène aux beaux cheveux et comme Ève. A ces causes et à cent autres, il est un peu simple de s'en tirer avec le grand Contemplateur, cavalièrement, comme l'a fait M. Schérer; et d'autre part, qu'on me pardonne cette audace et cette prétention peut-être excessive, je ne voudrais pas qu'on me forçât à me pâmer devant la toux et les crachats de Molière.

Et c'est justement ce qui nous arrive! Il s'est formé une secte de fanatiques, auprès de qui les prêtres de la déesse Siva sont des agneaux, et qui aiment Molière, comme Torquemada aimait Dieu. Comme lui, ils ont des bûchers, des grils, des chevalets, des fourches, des autodafés, des statues de Molière parfaitement creuses, dans lesquelles ils empilent et brûlent tous les malheureux que soupçonne leur sainte Inquisition. Si je crois trouver, dans l'œuvre immense du maître, un mot négligé ou un vers mal venu, ou même si je ne m'intéresse pas suffisamment à l'inventaire de ses habits, ou au nombre de chandelles que sa troupe a brûlées en telle ou telle occasion, au gril, au charnier, à la fournaise! Quand je lis M. Schérer, j'ai envie de baiser les pas du poète; mais sous la menace de certains moliéristes à la main sanglante, je suis tenté de réclamer mon indépendance, et le droit que j'ai de dire, comme don Juan : « Je crois que deux et deux sont quatre, Sganarelle, et que quatre et quatre sont huit. »

Bien que je sache le redoutable danger qu'il y a à dire toute sa pensée, même à l'oreille d'un ami, en s'affranchissant des hypocrisies, des lieux communs et des formules, j'en veux courir le risque. Là, dans cette question des *Femmes savantes*, il y a un inconnu formidable à dégager, et un problème qu'on ne saurait résoudre avec des habiletés seulement. Il est certain que cette comédie est d'une beauté supérieure et absolue, et il est certain aussi que, précisément, le groupe des personnages sympathiques et choisis qu'on y voit réunis par Molière : Chrysale, Henriette, Ariste, Clitandre et Martine, a de tout temps profondément blessé par ses sentiments certaines âmes délicates. Et non prises dans le commun. Ainsi je vous citerai une de nos plus pures gloires, le grand poète Théophile Gautier, qui ne pouvait voir sans horreur ce qu'il nommait la platitude de Chrysale et la brutalité d'Henriette. Et en cette affaire, son impression me semble être d'une grande importance, car précisément, dans l'espèce, il ne pouvait être soupçonné de partialité.

En effet, le poète de *La Comédie de la Mort* et des *Émaux et Camées* n'était pas du tout un idéaliste et un buveur d'air fluide, à la façon de Philaminte et d'Armande; il n'aimait pas la viande creuse; il voulait très bien, comme Chrysale, un bon festin, et comme Henriette, les suites nécessaires de l'amour et du mariage; mais il pensait qu'un peu d'idéal et d'élégance ne gâte rien, que le vin gagne à être versé dans un pur cristal, et que l'archer mystérieux, amant de l'immortelle Psyché, ne saurait gagner à s'affubler d'un bonnet de coton. Chrysale et Henriette, qui le révoltaient, ont aussi révolté, avant et après lui, beaucoup d'honnêtes gens ; il y a là une anomalie : comment s'explique-t-elle ?

Osons remonter aux causes ! D'abord et avant tout, je crois que ce qu'on nous donne pour du Molière n'est pas du Molière, et que chaque jour la comédie des *Femmes savantes* est cruellement et profondément calomniée par la représentation. Les comédiens n'y gardent pas de mesure ; ils appuient, soulignent, prennent parti, exagérant, outrepassant la pensée du poète, et là où il s'est borné à dire : Tue ! ne manquent pas de crier : Assomme ! Voyez comme j'ai raison ! dit celui-ci par sa diction excessive ; voyez comme j'ai tort, comme je suis antipathique, comme je suis sot ! exprime celui-là, par son emphase appuyée et voulue. Eh ! mesdames et messieurs, laissez parler le poète lui-même ; il n'a pas besoin de vos commentaires ; il a à son service tous les mots, notamment le mot qu'il faut, et il est assez grand pour dire ce qu'il veut dire. Entre autres et surtout, depuis une longue suite de générations, le rôle d'Henriette a été complètement détourné de son sens. On nous la montre comme une jeune sauvagesse ayant du sang aux dents, et prête à s'écrier, comme l'Ogre du *Petit Poucet :* Je sens la chair fraîche ! Ah ! ce n'est pas là l'Henriette de Molière !

Mon cher Fouquier, un bonheur, un hasard imprévu, une fortune heureuse m'a permis d'entendre une fois *Les Femmes savantes* telles qu'elles sont, telles que le poète a écrit et voulu cette belle comédie. C'était dans la salle de l'Odéon, où il n'y avait que très peu de pelés et quelques tondus, (moi j'étais parmi les tondus,) et cela se passait sous la direction de Duquesnel. Cet homme d'esprit croyait beaucoup à l'initiative des comédiens ; surtout lorsqu'il s'agissait du vieux répertoire, il ne les tourmentait pas, les abandonnait volontiers à leur propre nature, et ne croyait pas utile de les faire marcher dans les souliers de leurs devanciers.

C'était madame Sarah Bernhardt qui tenait le personnage d'Armande, et Henriette était représentée par mademoiselle Baretta, aujourd'hui madame Worms. Ah! la charmante, la folle, la raisonnable, l'espiègle, la gaie Henriette que c'était, si humaine celle-là, et si vraie! Elle souriait, elle était alerte et vive, elle ne voulait pas du tout mettre son petit nez dans le fatras du procès; on voyait qu'elle prétendait avant tout cueillir les roses! Eh bien! oui, les suites du mariage semblait-elle dire, ne prévoyons pas les malheurs de si loin, et avant de la chômer, laissons venir la fête! Elle trouvait que, parents, amis, amant, marchands de grec, tout ce monde-là l'ennuyait de choses inutiles, et qu'elle aimerait bien mieux faire courir ses petits pieds sur la verte mousse, à l'ombre des feuilles!

Quant à la délicate et superbe Armande, si bien composée par madame Sarah Bernhardt, si enivrante et gracieuse avec son allure de déesse, sous ses rubans et sous ses dentelles, elle voulait bien, elle, connaître du procès, et plaider sa cause, et comme elle la plaidait magnifiquement, et comme alors, à côté d'elle, son infidèle amant semblait petit et misérable! Que lui reprochait-il, ce sage Clitandre? car avec raison elle mettait de côté, elle laissait pour compte les accusations de philosophie, de bel-esprit, d'amour du grec; tout cela c'est les affaires particulières de Molière avec ses ennemis, contre lesquels il dresse une machine de guerre, avec l'hôtel de Rambouillet, avec Ménage et le prêtre Cotin, qu'il traîne vivants sur la scène, en faisant réciter et en ridiculisant des vers dont ils sont eux-mêmes les auteurs.

Armande n'a que faire de tout cela, et ne s'en soucie pas; ce qui l'intéresse, c'est qu'après l'avoir courtisée, Clitandre l'a quittée : pourquoi? Certes, le grief articulé par le grand seigneur n'est pas sérieux; il sait, à n'en pas douter, qu'Armande, aussi bien que sa sœur, eût résolu son cœur aux suites du mot : mariage. Seulement, avant d'en venir à ce moment inévitable, elle voulait être un peu louée, adorée, divinisée, sans qu'il fût expressément question de cette inévitable échéance ! Avait-elle donc si grand tort? Mais sa cause est celle de toutes les femmes !

En prenant la jeune sœur à défaut de son aînée, Clitandre, évidemment, n'offense aucune loi expresse. Il se rend coupable d'un inceste moral, qui peut offenser les âmes délicates, et cependant ne s'expose à aucune pénalité. Il a logiquement, strictement raison, comme tous les personnages sympathiques de la comédie; mais n'est-ce pas le cas de s'écrier : *Summum jus, summa injuria!* Certes, s'il faut choisir, le pot de Chrysale est plus utile que les livres, et pourtant, avec le pot, un Horace, un Rabelais, un La Fontaine ne nuisent pas.

L'aimable Henriette a raison d'obéir à ses petites dents, impatientes de croquer la pomme, et toutefois, il vaudrait mieux que cette pomme n'eût pas été auparavant grignotée et mordue par sa sœur aînée. Clitandre, avec infiniment d'éloquence, ravale les écrivains au profit des gens de cour; mais les seigneurs du petit lever n'ont plus à donner aucune opinion, étant devenus spectres et fantômes, et les livres imprimés et reliés en veau se portent bien. Martine est cent fois dans son droit en parlant *comme on parle cheux nous;* mais peut-être n'est-il pas nécessaire qu'elle vienne dans le salon traîner ses torchons et faire la leçon à sa maîtresse !

Mais, — voilà le hic, c'est là que gît le lièvre, — pourquoi Molière, qui ne s'écarte jamais de la mesure, a-t-il outré si fort le bon sens et l'impitoyable raison de ses personnages sympathiques? Justement, c'est une affaire d'harmonie et de proportion. Et précisément parce qu'il outrait à dessein, chez les ennemis qu'il voulait ridiculiser, l'amour de l'idéal et le dédain de la matière, pour les empêcher d'être invraisemblables, pour masquer l'exagération, il a dû donner comme contrepoids à ces figures aériennes des êtres solidement agrafés à la terre, des faunes aux pieds de chèvre. En cette comédie des *Femmes savantes*, il a été d'autant plus impitoyable qu'avec la prescience du divinateur, il voyait l'avenir. Il voyait qu'il serait, lui, personnellement victorieux, et que son chef-d'œuvre traverserait les âges, mais que les idées attaquées par lui prévaudraient.

Et c'est ce qui est arrivé de point en point. Grâce à de très simples mécanismes, inventés par la science moderne et qui se vendent dans tous les bazars, le fameux pot n'a plus besoin de Martine, et cuit tout seul. D'autre part, nous avons vu des femmes dont la science ne se borne pas à connaître un pourpoint d'avec un haut-de-chausse, et qui pourtant ont très bien joué leur personnage. Une jeune femme française vient d'être reçue docteur en médecine, et à ce propos personne n'a ri, ou ne songe à rire. De même on n'avait pas ri des romans de George Sand, ni de ces odes où Valmore désespérée chante comme Sappho, pas plus qu'on ne rit de *L'Usurpateur* et du *Dragon impérial*, ou des aquarelles de madame Madeleine Lemaire. Molière triomphe et triomphera toujours; mais Chrysale est définitivement vaincu.

XXXIII

LE MOT

A M. JULES BARBEY D'AUREVILLY

Monsieur, je me plongeais dans un des sujets de réflexion qui me sont le plus familiers ; je pensais à la divinité, à la toute-puissance, à la magie souveraine du MOT, et naturellement j'ai songé à vous ; car parmi les grands écrivains contemporains, vous êtes un de ceux qui réalisent le plus de prodiges à l'aide de ce talisman invincible, un de ceux à qui obéit le mieux cette arme formidable et précise. En effet, vous tenez la plume d'une main agile, ferme, virile, habituée à dompter les chevaux et à manier l'épée, et vous êtes assez réellement savant pour ne jamais tomber dans l'ignorance ou le pédantisme. Vous avez regardé en face les deux effrayantes figures de la Vie et de l'Histoire, et cette vision ne vous a pas laissé stupéfait. Vous savez dire ce que vous voulez, comme vous voulez le dire ; aussi ne jouez-vous qu'à bon escient sur le MOT, cet outil créateur et meurtrier à qui rien ne résiste.

Le mot n'y fait rien, disent volontiers les imbéciles, en une phrase vieille comme le monde, et devenue proverbiale. Mais, au contraire, de quoi qu'il s'agisse, il y fait tout ! Un des mots, entre autres, dont j'admire l'inéluctable pouvoir, c'est celui par lequel Molière, qui ne prend pas de mitaine, désigne crûment les maris offensés. Voilà, monsieur, une question qu'on peut sans crainte aborder avec vous, car vous êtes un célibataire décidé, et il est bien probable qu'à ce point de vue, du moins, vous vivrez dans l'impénitence finale. Et vous pourriez, en y changeant un seul mot, reprendre à votre bénéfice ce célèbre vers d'une tragédie :

J'ai fait des empereurs et n'ai pas voulu l'être.

De notre temps, où souvent on a cru être original en retournant une idée comme on retourne un gant, on s'est beaucoup efforcé, au théâtre surtout, de rendre intéressant, à force de lieux communs et de niaiseries sentimentales, l'être dont le moyen âge riait si plaisamment, de son bon et large rire. Dans la nouvelle version, c'est Octave, Léandre et Valère qui sont sots et ridicules; c'est Harpagon qui est adorable, c'est Sganarelle qui est charmant. Combinaison aussi simple et attendrissante que celle dont l'artifice consisterait à faire dévorer les loups par les agneaux! Les spectateurs, éminemment dociles, y consentaient: mais l'incorruptible témoin, le MOT n'a pas voulu, et les maris fraîchement décorés de sublime, sont restés ce qu'ils étaient auparavant : des... comme dit Molière.

Ah! si nos auteurs dramatiques avaient été vraiment de force à sauver les maris infortunés, à les ramener de la géhenne où le feu de la raillerie les dévore et où les dents du rire leur rongent le foie, je sais bien ce que ces inventeurs auraient dû faire : ils auraient dû imaginer, créer de toutes pièces, tirer de leur âme un mot sympathique, très joli, délicieux, pour désigner l'état dont il s'agit, et qui aurait remplacé, détruit peut-être, le féroce mot de deux syllabes. Mais ils ne s'en sont pas avisés, parce qu'il est plus facile de mettre au corbeau un habit blanc et de débiter des tirades morales que de créer un mot. Et tant que celui-là existera, il fera rire, parce qu'il y a en lui une vertu dérisoire.

Causant avec une très belle et honnête dame dont il est aimé, et lui racontant une historiette, un jeune homme de nos amis avait employé ce mot, le juste, le vrai, le seul, celui de Rabelais, de Molière, de Paul de Kock... et de la langue française. La dame devint rouge comme une pivoine, et se mit à pousser les hauts cris. — « Ah ! l'abominable mot ! » dit-elle, et elle ajouta pensivement : « Certes, mon ami, c'est avec joie que pour l'amour de vous j'ai consenti à tromper le meilleur des hommes. Mais je n'aurais jamais pu m'y résoudre, si j'avais pensé un seul instant que je le faisais... ce que vous dites. »

Certains hommes, à force d'éclat et de génie, échappent à la morsure du mot dissyllabique ; mais le nombre en est infiniment rare, et pour bénéficier d'un tel miracle, il est indispensable d'avoir au moins conquis le monde. C'est ainsi que ce même Molière, dont je parlais, et que Napoléon, bien qu'ils fussent, assure-t-on, dans toutes les conditions requises pour cela, ne purent jamais dans la pensée des hommes, devenir des... (tout le monde m'entend,) parce que le prodigieux rayonnement de leur gloire fondait comme cire le mot sur lequel ne sauraient mordre les acides les plus corrosifs. N'a pu aussi devenir un — sganarelle, un des plus grands artistes de ce temps, dont pourtant la femme était folâtre comme une chevrette en avril, et prodiguait ses mignardises même au porteur d'eau, quand il venait au matin remplir la fontaine. Mais celui-là était un génie, un créateur, et de plus bon, aimable, amusant, follement spirituel, et très honnête homme. Et encore se dut-il estimer heureux qu'on n'ait pas pu lire sur son chapeau, comme sur celui de tant de braves gens, d'ailleurs fort dignes d'estime : « C'est moi qui suis Guillot ! »

Le bipède appelé Homme, qui a su inventer contre lui-même et à son grand dam ce facétieux vocable, n'a pas su, en des milliers d'années, et pour beaucoup de raisons diverses, en imaginer un si cruel contre la Femme. C'est qu'essentiellement idéale et sensitive, elle échappe au MOT par sa nature même. Le mot le plus cru, le plus bas, le plus expressif qui désigne une femme peu vertueuse, et que maintenant, dans *Amphitryon*, on remplace à la Comédie-Française par un euphémisme, ce mot-là lui-même n'a pu sérieusement devenir une injure grave, parce que, malgré tout, il éveille une idée de beauté et de force, tandis que l'épithète infligée à Sganarelle produit un effet directement contraire.

Dans une de vos plus terribles *Diaboliques*, où la tragédie s'élève à une hauteur d'épopée, vous avez, monsieur, imaginé une grande dame, qui, voulant exercer contre son mari une vengeance infernale et surhumaine, se vautre orgueilleusement dans le ruisseau. Mais elle ne s'en tient pas là; née de votre pensée, elle sait bien que la chose n'est rien sans le mot, et avec un cynisme dont la fureur nous fait frissonner dans les moelles, elle écrit sur la porte de son appartement, au-dessous de son grand nom aristocratique, le nom épouvantable et cru de la profession qu'elle exerce. Certes, on ne peut rien rêver de plus ingénieusement atroce; mais si savamment combinée que soit cette action, la dame, en couvrant de fange la face de son mari, arrive à peine à s'éclabousser elle-même, tant le nom de Femme et tant l'éblouissement d'or de la chevelure d'Ève peuvent diviniser et purifier même les pourritures.

Presque à la même époque, nos préfets de police et l'habile auteur du *Demi-Monde* se mirent en tête de nettoyer les étables de l'Amour, et d'exterminer l'être que, faute de pouvoir le désigner mieux, Gavarni a appelé *L'Homme sans Nom*. Sans nom, voilà précisément sa force; parce que n'en ayant pas en effet, il a pour les créatures errantes dont il est le maître, tous les noms qui représentent l'idéal : pour elles il est

Jeunesse, Force, Protection, Beauté, Bravoure; aussi l'adorent-elles! Essayer de réduire un tel conquérant par la force et avec le secours de simples sbires, c'était de la folie pure, et l'événement l'a bien prouvé. Il n'y avait qu'une chose à faire ; c'était précisément de nommer l'Homme sans Nom, de l'affubler d'un nom si bien trouvé et si expressif que, lui voyant cet écriteau sur le front, le troupeau fou de ses amantes le fuirait avec horreur. Alexandre Dumas fils l'a essayé ; mais c'est le cas de dire qu'il n'a pas eu la main heureuse; car pour flétrir l'être qui, pareil à Hippolyte, traine tous les cœurs après soi, il n'a rien trouvé de mieux que de lui donner un prénom : et le prénom de qui?... de Lamartine! Ainsi tout ce que le grand poète avait fait et possédé, sa beauté à la Byron, ses extases amoureuses, ses cantiques où on entend résonner les harpes des Anges, ses belles colères de tribun, le peuple contenu sur la place publique, le chanteur, le voyageur lointain, le gentilhomme, le vieillard auguste baisé sur son front blanchi par la lèvre de la sainte Pauvreté, tout cela, et le charme du soir qui tombe, et le frissonnement de la nature voilée, et le profond azur des lacs célestes, venait s'ajouter à la toute-puissante séduction exercée par Celui qui, grâce à Dumas, héritait du prénom de Lamartine!

Certains mots (mais il faudrait presque dire : tous les mots!) sont si beaux qu'ils font persister les choses au delà de leur durée effective; au contraire, eût-elle dans le ventre la vitalité des carpes et des corbeaux, une idée qui n'a pas su trouver son nom est fatalement destinée à mourir. Telle est la magnificence de ces mots : ROI, MONARCHIE, EMPEREUR, RÉPUBLIQUE, LIBERTÉ, qu'à cause d'eux, et à cause d'eux seulement, les formes qu'ils désignent se sont perpétuées, bien que ces formes ne concordent nullement avec l'idéal moderne, qui est tout bêtement et tout simplement : le Bonheur! Mais le mot BONHEURISTE n'a réussi à entrer dans aucune de nos diverses langues françaises. Il en est de même du mot ZUTISTE. Les Zutistes sont une secte récemment fondée, qui a pour principe de n'en pas avoir, de railler tout, et de ne tenir compte de rien. Mais ces Zutistes s'abusent tout à fait en croyant que le néant est une manière d'être, et que les divers aspects de — rien du tout, constituent quelque chose. D'ailleurs le mot *zut!* racine de leur nom, a tout l'air d'être un simple barbarisme. Mais enfin, si par impossible il existait, ce ne serait qu'à titre d'interjection; et jamais, de mémoire d'homme, une interjection n'a valablement produit un adjectif.

Ces jeunes gens qui, ces temps derniers, ont naïvement cru inventer une peinture nouvelle, découvrant l'intimité et la scrupuleuse exactitude après Holbein, le naturel après les Flamands, la musique de la couleur après Goya et Delacroix, l'intensité du mouvement après Géricault et Daumier, le dessin spirituel après Gavarni, et la transparence de l'atmosphère après Corot, ces chercheurs, ces trouveurs, ces argonautes d'une toison d'or depuis longtemps décrochée, ont essayé et pris tour à tour les noms les plus divers, sans pouvoir se décider pour aucun, précisément parce qu'au fait et au prendre, ils n'avaient rien à nommer. Il s'en est fallu de peu qu'ils ne fussent trompés par eux-mêmes; mais le MOT n'y a pas consenti, s'est dérobé, et ils ont en vain tâché de saisir cet invincible Protée, que nul lien n'enchaîne.

Le MOT qui, pour commencer, a créé le monde et l'infini et les univers, et qui ensuite a produit les humbles chefs-d'œuvre de l'homme, a cela de particulier qu'il garde toujours l'ineffaçable marque de son origine divine. — « Ah! nous sommes plus heureux que vous, me disait un musicien, car si en nous écoutant le vulgaire perçoit un sens, des mélodies, des combinaisons harmoniques, il y a sous tous ces dessins relativement grossiers, quelque chose d'intime et de subtil, qui ne saurait être pénétré par lui, et dont nous jouissons délicieusement. — Mais, lui dis-je, vous vous trompez, et si la prose d'un grand écrivain exprime clairement sa pensée, éveille des impressions, raconte et évoque un drame, il y a aussi en elle un souffle rhythmé qui est sa musique propre, et que les oreilles profanes n'entendent jamais. » En parlant ainsi, monsieur, je pensais à vous, à cette prose vigoureuse et délicate, si ferme, si sincère, si vraiment française, dont vous nous donnez l'admirable type, où le mot ne vous trahit jamais, et sous laquelle l'âme entend murmurer et vibrer pour elle seule la caressante voix d'une lyre.

XXXIV

LA BLAGUE

A GUSTAVE BOULANGER

Cher grand artiste, grâce à un groupe de maîtres parmi lesquels vous brillez au premier rang, chaque année le concours de Rome révèle un, ou deux, ou trois jeunes gens qui ont le goût de la grande peinture, le don de la composition, le sentiment de la couleur, de l'harmonie et des belles lignes, qui semblent aptes et le sont en effet à représenter les scènes épiques, les aspects du drame éternel, les pages terrifiantes et grandioses de l'Histoire. L'élu va à Rome, en Espagne, en Grèce, en Afrique ; il demande conseil à Raphaël, à Michel-Ange, à Léonard, à Murillo, à Vélasquez ; il voit de ses yeux le ciel sous lequel combattit Pompée, la place où parla Cicéron, celle où fut frappé César ; il visite les palais des rois Mores, il savoure la fraîcheur des couvents où la force de la foi appela les Anges et en fit des serviteurs ; à Sparte, il cueille une branche de laurier-rose près des flots d'argent où Léda extasiée s'offrit aux caresses du divin cygne ; dans l'Attique, il gravit les montagnes ombragées de pins et d'oliviers qui furent parcourues par les pas des Dieux. Il revient à Paris ; que fait-il ? De délicieux petits, tout petits tableaux, jolis, amusants, ingénieux, peints avec une habileté vertigineuse, où dans un intérieur encombré de bibelots transcendants, un modèle adroitement costumé montre sa belle robe.

Et. puis? Et puis voilà tout; le peintre d'histoire promis est devenu un merveilleux fabricant d'articles de Paris. Si parfois il songe douloureusement à son apostasie, il se console en se répétant à lui-même le mot *modernité,* et quelques autres vocables entièrement dépourvus de sens. En somme, il 'a renoncé au magnifique avenir entrevu, et il a bien fait; car sans cette renonciation formelle, pas de tas d'or chez le marchand de tableaux, pas d'hôtel dans l'avenue de Villiers, par de batailles livrées par les grands amateurs autour d'un panneau grand comme une assiette, dont la bordure démesurée flamboie comme une fournaise. C'est à prendre ou à laisser. En peignant, comme ses aïeux, des sujets de la Bible ou de l'Iliade, l'artiste devrait peut-être se résoudre, perspective horrible! à devenir un simple grand homme, loué, contesté, attaqué, discuté, et à vivre avec vingt ou trente mille francs par an, comme un pauvre. Et comme dirait Gavroche en son rapide langage, *ça ne serait pas à faire!*

Un phénomène exactement pareil à celui-là se produit dans le monde du théâtre. — « Enfin voilà un tragédien! » s'écrie-t-on chaque année après les concours du Conservatoire. Cette année, les examens, très bons, en ont promis au moins trois. Cependant le temps se passe, et les jeunes gens en question ne sont pas devenus et ne deviennent jamais des tragédiens. A quoi cela tient-il? A ce qu'on leur fait jouer le vaudeville! et ce n'est pas en attrapant des oiseaux-mouches, qu'on apprend à chasser les tigres. Mais, me dira-t-on, on ne peut cependant pas confier à ces enfants les grands rôles de Corneille et de Racine, les Rodrigue, les Oreste, les Achille, l'interprétation des colosses, quand ils n'ont encore ni acquis, ni autorité, ni expérience.

Mais si, parfaitement si! Ils n'ont pas l'expérience,

mais ils ont mieux que cela; ils ont l'ardeur, l'impétuosité, la folle bravoure, que plus tard viennent suppléer à grand'peine la réflexion et la sagesse. Le seul homme des temps modernes qui ait vraiment su se servir de la jeunesse, n'attendait pas du tout que ses officiers eussent blanchi sous le harnois pour leur confier des commandements d'armées. Il faisait des généraux de vingt-six ans, auxquels le génie et surtout la nécessité, mère de tous les chefs-d'œuvre et de toutes les œuvres, inspirait des prodiges. La victoire que la Convention avait décrétée, il la mettait, lui, en coupe réglée; il demandait tous les fabuleux exploits à ses capitaines imberbes, et il les obtenait d'eux, parce que les gens dont on ne doute pas, et à qui on donne à dompter la terrible Chimère, réussissent toujours.

Voulez-vous avoir de grands peintres d'histoire? C'est simple comme deux et deux font quatre, et il n'y a rien de si facile. Prenez des jeunes gens doués, bien instruits à l'École, donnez-leur un peu d'argent et beaucoup de liberté, et livrez-leur les immenses murailles nues et bêtes des édifices, des palais, des écoles, des mairies, des gares de chemins de fer. Et plus ce seront des casse-cou, des révoltés, plus vous devez avoir confiance en eux; car peut-être alors pourrez-vous espérer qu'ils ne se noieront pas dans la niaiserie du lieu commun et dans la platitude. Surtout gardez-vous bien de leur demander : « Te sens-tu capable de couvrir cette muraille de cinquante mètres? » Il faut que l'artiste à qui on ordonne ces travaux en soit capable! et ce même Napoléon dont je vous parlais n'a jamais dit à un officier : « Croyez-vous qu'il vous soit possible d'enlever cette redoute? » Jules Deux n'a pas demandé à Michel-Ange s'il savait ou non peindre des fresques; vous vous rappelez qu'il lui a ordonné ses œuvres géantes, comme on commande à un menuisier de raboter des planches. C'est seulement dans la garde nationale que, voulant avant tout conserver les formes de la politesse, l'officier, chapelier ou papetier, disait au factionnaire, marchand de bas de filoselle : « Monsieur, voudriez-vous avoir l'extrême bonté de porter arme? »

Aussi était-ce grande pitié de voir comme cette arme était portée! Je causais de ces questions avec un ministre, qui trouvait mes prétentions excessives, et m'assurait que le gouvernement fait tout ce qu'il peut faire.

— « Nous commandons de la peinture, me disait-il, pour tous les endroits où elle peut raisonnablement trouver sa place; ainsi vous voyez que votre désir est exaucé déjà, en ce qui concerne la décoration des mairies.

— Mais, monsieur, lui dis-je alors, ne nous égarons pas dans le mensonge des théories vingt fois inventées à nouveau et vingt fois mortes, et ne vous laissez pas mettre sur l'œil, comme une taie, le mot : *modernité.* Seules, l'interprétation de l'Histoire et l'Allégorie constituent la grande peinture, et le reste, c'est de simples anecdotes, ou des faits entièrement dénués d'importance, auxquels vous ne sauriez donner aucune grandeur, quand même vous les étaleriez sur des toiles aussi vastes que celle des Noces de Cana. La Naissance, le Mariage sont les immenses faits de la vie humaine, dont la synthèse, présentée avec génie, doit offrir le plus grand intérêt; mais un mariage quelconque, célébré par le maire Odry ou par le maire Lafontaine, (car tous les acteurs de Paris ont été ou sont maires d'une commune,) par-devant des témoins dont les pantalons et les redingotes ne méritent nullement de passer à la postérité, n'a aucun titre à notre attention, non plus qu'un grain de sable au milieu d'autres grains de sable. Et, monsieur le ministre, disais-je encore, non seulement vous admettez, mais vous encouragez ce système de compositions qui, je le répète, représentent, non en effet la Naissance ou le

Mariage, mais tout simplement la naissance de Machin ou le mariage de Chose.

— Mais, monsieur, me répondit ingénument l'homme politique, nous ne pouvons cependant pas encourager ostensiblement la Tragédie et l'Allégorie, car alors nous serions BLAGUÉS ! »

A la bonne heure, il avait été sincère, et il avait osé me donner sa vraie raison. La BLAGUE ! il faut oser écrire ce mot barbare, qui n'a pas son équivalent, car elle n'est ni la raillerie, ni l'ironie, ni la plaisanterie, et auquel Balzac a donné asile dans *La Comédie Humaine,* parce qu'en effet, hormis ce mot Blague, rien ne saurait représenter un genre d'épigramme aussi flasque et vide qu'une poche à tabac dans laquelle il n'y a plus de tabac. C'est la grande arme à l'aide de laquelle les impuissants, les envieux, les inutiles tâchent de déconsidérer les belles choses et les belles œuvres. Arme d'autant plus commode qu'elle est à la portée de tout le monde, et ne demande pas d'autre mise de fonds qu'une série de lieux communs soi-disant drôles, et bêtes à faire éternuer les tigres. Il est bien plus facile de s'écrier : « Il n'en faut plus des *Apothéose d'Homère !* On ne nous *la fera pas* à la *Barque du Dante !* Zut pour feu Delacroix ! A Chaillot, le père Ingres ! » que de mettre un bonhomme en place, ou de tracer seulement une ligne qui ait le sens commun. Et c'est aussi bien plus tôt fait de dire dédaigneusement : *le père Hugo,* que d'écrire un seul vers comparable, même de très loin ! à ceux des *Contemplations* ou de *La Légende des Siècles.*

Mon homme politique n'était pas un Ajax, et en effet, braver la Blague, la toute-puissante Blague, forte de son infirmité même, de son ignorance, de l'impuissance absolue où elle est de créer quelque chose, la Blague, souveraine de Paris et par conséquent du monde, c'est la plus rare et la plus difficile de toutes les bravoures ! Cependant tous les hommes qui ont compté dans ce siècle, et qui ont su imaginer des œuvres hardies et grandioses ont été blagués et se sont laissé blaguer; mais ils vivent à présent dans ce qui fut la flamme essentielle de leur esprit et la plus chère partie de leur âme; et que sont devenus leurs blagueurs? Pour en revenir à mon dire, nous aurons des tragédiens et des peintres d'histoire, le jour où nos ministres ne craindront plus d'être blagués. Et d'ailleurs, ils sont bien bons de se laisser blaguer pour si peu de chose! A leur place, je laisserais la Nouvelle à la Main s'esclaffer de rire, le Racontar se tenir les côtes, l'Opérette se décrocher les mâchoires, et j'oserais aimer le grand art, au risque d'être comparé à ce charmant animal appelé Daim, qui bondit d'un pas léger et montre ses clairs yeux bleus au bord des eaux transparentes.

La Tragédie — ne nous laissons pas étonner par des polissonneries et embarrasser dans les feux de file! — la Tragédie, c'est tous les ouvrages dramatiques dont le thème est emprunté à l'Histoire, et dont le moyen d'expression est la poésie. C'est *Les Perses*, le *Prométhée enchaîné* et *L'Orestie* d'Eschyle; c'est *Macbeth* et *Roméo et Juliette*, tragédies ainsi dénommées par l'immortel poète qui les a écrites; c'est *Le Cid* et *Polyeucte*, c'est *Ruy Blas* et *Les Burgraves*, (car le mot *drame* écrit sur la couverture du livre ne fait rien à l'affaire,) et dans tout cela je ne vois pas qu'il y ait de quoi rire, comme si on vous avait mis dans le dos du poil à gratter. L'Allégorie en peinture, c'est Michel-Ange, c'est Raphaël, c'est tous les génies, jusqu'à quelques jeunes hommes actuellement vivants, que je suis enchanté d'admirer de tout mon cœur, mais en faveur de qui je me refuse à dépecer Rubens et Rembrandt, pour qu'ils les mangent à la croque au sel.

La Blague, parbleu! Quelle idée fut jamais plus agréablement blaguée que celle des chemins de fer, et vous rappelez-vous comme à ce sujet monsieur Thiers

dit jadis tant de choses spirituelles, lorsqu'il prétendit
que ces voies empiriques ne mèneraient jamais plus
loin que Saint-Germain? Ce qui plus tard n'empêcha
pas monsieur Thiers d'entreprendre sur les chemins
de fer, et à notre bénéfice, des voyages bie.. plus longs
que celui-là. Il y a des hommes qui, plus audacieux
que les plus hardis soldats, s'en vont dans l'incendie,
sauvent les vieillards, les enfants et les femmes, marchent sur les poutres embrasées, entrent dans les
chambres pleines de fumée, s'aventurent sur les toits
croulants, et qui souvent, le front troué ou la poitrine
sanglante, baisés déjà par la Mort rouge et superbe,
reviennent en tenant dans leurs bras une chère proie.
Certes, la Grèce eût divinisé ces hommes héroïques, et
elle leur eût érigé des statues; chez nous, la Blague
trouve que les Pompiers sont ce qu'il y a de plus ridicule au monde. Et qui les blague? des gens qui pous-
seraient des cris de paon, s'ils s'étaient seulement brûlé
le doigt avec une allumette chimique!

Par surcroît de haine, on a même surnommé *pompiers* les artistes qui osent s'inspirer de l'antiquité, et
on n'a pas eu tort, car en effet, pour oser peindre un
Hellène casqué et cuirassé, il ne faut pas avoir froid aux
yeux, et dans ce cas comme dans l'autre, *pompier* est
synonyme de bravoure. C'est le plus pompier de tous
les peintres, c'est David qui a peint ce *Sacre de Napoléon*
placé dans les galeries de Versailles que, pour ma part,
j'ose admirer. Je me rappelle les figures si vraies, si
vivantes des personnages, notamment celle du pape,
qui est tout un drame, et je me demande quel blagueur
a poussé la modernité plus loin? Vous, cher grand
artiste, vous êtes de ceux qui osent aimer le beau, téter
effrontément la louve romaine, et boire au flot sanglant
du Simoïs. Nourri des maîtres anciens, que vous continuez dignement, vous persistez à croire que la Peinture est une muse et, ni pour vous ni pour les élèves
que vous enseignez avec des vues si hautes et si larges,

vous n'avez peur d'être blagué. Il est vrai que vous avez assez d'esprit fin, subtil, délicat, imprévu, pour étonner vos blagueurs, et il vous serait très facile de les mettre dans votre poche, ou de les faire passer par des trous de rats, extrêmement petits. Mais quand même vous n'auriez pas reçu ce don particulier, vous auriez encore raison de peindre de nobles figures héroïques, au risque d'être envoyé à ce Chaillot idéal où vous seriez déjà certain de rencontrer Delacroix comme Ingres, et où on doit se trouver en si bonne compagnie !

XXXV

L'ORDRE EST RÉTABLI

A PAUL ARÈNE

Mon cher ami, vous êtes un malin, car bien que né dans l'harmonieux pays des cigales, vous ne quittez jamais Paris, ou plutôt Meudon, Chaville et autres lieux circonvoisins, d'où vous rayonnez en temps utile vers le boulevard des Italiens et le quai Voltaire; car, en principe, vous êtes pour le Paris où il y a des feuilles, des sources pleines de chansons, des fleurs dans l'herbe et des oiseaux qui chantent. Vous ne quittez jamais Paris; mais né pour le voyage, agile et maigre, (je crois que vous ne vous offenserez pas de cette épithète, n'étant pas comédienne,) vous avez bientôt fait de pousser une pointe à Antibes par exemple, et même en Tunisie, où vous allez embrasser votre frère, poète et consul, et d'être revenu parmi les boulevardiers aux belles bottines, avant qu'on se soit aperçu de votre absence.

Cependant on devine facilement que vous vous êtes absenté à ce que vos impressions sont délicates, vraies, fidèles, merveilleusement justes, et vous appartiennent en propre. Tout ce que vous racontez est vu, senti, pris sur le vif, exprimé par un artiste qui sait assez de mots pour ne jamais tomber dans le lieu commun, et c'est pourquoi vos admirateurs, au nombre desquels je suis fier de me compter, vous admirent passionnément. Oui, vous allez et venez comme l'oiseau, sans vous en aller jamais, ce qui vous évite la peine de revenir, et c'est en quoi vous différez profondément des Parisiens nés à Paris. Ceux-là ont sous les pieds de si longues racines, enfoncées dans le sol si profondément, qu'il leur faut des efforts prodigieux pour s'arracher de la terre natale.

S'ils s'en vont à Dieppe, ils opèrent des aménagements, des déménagements, font relier ceux de leurs livres qui n'étaient pas reliés encore, mettent du poivre dans leurs fourrures, arrangent leurs affaires, et aussi, c'est le diable pour les faire revenir. En ce temps de télégraphes, de chemins de fer, d'électricité, ils se gouvernent encore comme du temps des quinquets et des pataches, tant ces naturels trouvent plus facile de lire les fabuleuses migrations de Jules Verne que d'aller dîner chez un ami habitant Asnières! Toutefois, dès que la ville éternelle, grillée par un implacable soleil, commence à souffrir de ces odeurs attribuées par Louis Veuillot à l'irréligion, la mode veut que les Parisiens s'en aillent, ceux-ci à Étretat, ou à Trouville, ou à Deauville, ceux-là dans les Pyrénées, d'autres dans leurs châteaux ou dans leurs bicoques, et ils y vont.

Alors, toujours aussi ingénument surpris par le spectacle des herbes, des feuilles, de la mer gémissante, des gaves roulant un flot argenté sur les cailloux, des montagnes pourprées et violettes, ils sont aussitôt la proie d'un enchantement, et respirant l'air à pleins poumons, baisés par de vraies brises, ils perdent entièrement le sentiment de leur condition. Forçats et casseurs de cailloux, ils rencontrent des tas de cailloux sans songer du tout à les casser, et croisent des forçats en oubliant tout à fait de leur dire : Mon cher confrère. Ils boivent les parfums, s'enivrent des pâles et profonds cieux percés d'étoiles et inondés d'une blanchissante poussière de diamants, comme s'ils n'avaient que cela à faire, et comme s'ils n'avaient pas été condamnés aux travaux forcés à perpétuité.

Cette année, les choses se sont passées comme elles se passent d'ordinaire. Dès que Paris a été décrété incorrect et inhabitable, les Parisiens ont acheté des tentes, des parasols, des cannes à pique, des guêtres de daim, des revolvers, des cordes et des griffes pour gravir les roches escarpées, après quoi ils sont allés s'installer quelque part dans un hôtel confortable, situé parmi des paysages. Alors, avec une attendrissante effronterie, ils se sont crus Némorins et Silvandres, et ils ont renié leurs Dieux et leurs Diables. — Moi, disait l'écrivain, je ne sais pas du tout ce que c'est que la copie, et je n'en ai jamais vu! Le financier affichait le mépris de l'argent, le médecin recommandait de laisser agir la nature, et les dames qui avaient changé d'amours comme la France de gouvernements, n'étaient pas loin de partager sur la naissance des enfants les opinions initiales d'Agnès. Et les ministres graciés, les députés ne représentant plus qu'eux-mêmes, les avocats exonérés de la toque, les industriels n'exerçant plus aucune industrie, les bureaucrates dépouillés de leurs manches vertes, savouraient les villégiatures, se promenaient en yacht, tiraient aux pigeons, ébauchaient des mariages avec les demoiselles internationales, prenaient des bains de mer, effeuillaient des marguerites, regardaient les couchers de soleil en disant : Oh! la nature! et se couchaient voluptueusement sur le dos, comme des bêtes.

Mais un jour, s'étant réveillé de mauvaise humeur, le bonhomme Paris s'est écrié : — Eh bien! mais, où sont donc mes esclaves, mes serfs, ma chair taillable et corvéable, et est-ce que par hasard mon peuple se figure que je vais le laisser paître l'herbe fleurie et qu'il est au monde pour s'amuser? Ce disant, il est monté au sommet de sa tour, dont le front se perd dans les nues, et il s'est mis à sonner sa grosse cloche d'or, pour rappeler ses serviteurs errants. Les Parisiens ont très bien entendu la cloche d'or, mais ils n'ont pas voulu revenir. Ils ont dit : — Plus souvent que je reprendrai mon bât et mon licou! Plus souvent que je retournerai suer, trimer, noircir des paperasses, m'éreinter les yeux à faire des dessins pour le journal illustré, copier des modèles qui ne posent pas, régler des mises en scène dans la poussière et dans la nuit, couper les riches étoffes et m'user le pied sur la machine à coudre, et émietter ma cervelle pour des étrangers trop étranges, qui se coiffent de chapeaux en étoffe quadrillée et qui portent des lunettes en bandoulière! Bien plutôt je préfère écouter chanter les oiseaux et gémir la mer, et cueillir dans les haies des épines-vinettes et des mûres sanglantes.

Ce que voyant, le bonhomme Paris s'est fâché tout rouge, et il a donné des ordres sévères. A sa voix, les tyrans des Parisiens se sont réunis en troupe, et dans une lande déserte où le ciel de plomb est strié de bandes écarlates, ils ont tenu conseil, pareils aux sorcières de *Macbeth*. Ce sont d'abord les Marchandes qui ont parlé. — O mes sœurs! s'écriaient-elles, en proie à l'indignation qui soulevait leurs vastes seins, si ces animaux-là s'habituent plus longtemps à manger les œufs que la poule vient de pondre, et à boire le lait sorti du pis de la vache, qui donc achètera mon lait lait avec de la craie et de la cervelle; qui paiera dix sous la pièce mes œufs garantis du jour, qui ne sont pas du jour ni d'aucun jour, et dont la date incertaine se perd dans la nuit des temps? Qui voudra acquérir mes homards vides, mes volailles soufflées, mes poissons rosés avec du sang et désinfectés dans la glace, et qui, dès que le feu les touche, exhalent une odeur fétide?

Et le divin Concierge disait avec mélancolie : — Est-ce une vie que de ne pas lire les lettres et les journaux des locataires avant les locataires, et de ne pas exciter les

22.

bonnes et servantes à voler de riches victuailles pour en garnir ma panse et les panses de ma bien-aimée femme concierge et de mes petits concierges? — Par la sangbleu! disaient le Libraire et le Directeur de spectacle, à quoi songent ces marauds qui ne sont pas occupés à noircir du papier, à se courber sur la page, à aligner leurs stupides pattes de mouches, dont je me fais des rentes et de vastes propriétés? Se figurent-ils par hasard que nous-mêmes nous allons écrire nos livres et nos comédies, et pourquoi pas aussi cirer nos bottes nous-mêmes?

Et, leurs visages ridés et égratignés par l'ongle amer. du Vice, les vieilles dames qui professionnellement s'intéressent aux amours, disaient avec une noble colère : — En quel siècle vivons-nous? Certes les reines, les courtisanes, les demoiselles, les belles filles aux chevelures dorées et aux ceintures dorées sont bien folles, si elles s'imaginent que c'est à elles la neige et les lys de leur chair, et les roses de leur sein, et la pourpre de leurs lèvres, et leurs belles dents de loup, et leurs sourcils qui servent d'arc au dieu Amour, et tout ce qui fait tourner l'homme en bourrique et par la même occasion l'emporte dans le septième ciel ; car si toutes ces choses-là leur appartenaient au lieu de m'appartenir, il me faudrait donc, pour vivre, garder les malades ou faire des ménages, et si je voulais des rentes, (comme j'en veux en effet,) les tirer de mon âme!

Mais dominant les objurgations et les sanglots de ce Chœur farouche, éclata la voix sévère du Chapelier. — Je vous conseille de vous plaindre, s'écria-t-il, quand seul au bout du compte je suis lésé, sans l'espoir d'une compensation quelconque! Vous, marchandes d'amour frelaté, de homards attristés par la névrose, d'œufs à la coque blanchis sous le harnois, vous pouvez encore vous rattraper sur les étrangers ambulatoires ; mais moi, je subis une perte sèche, plus sèche que le sable altéré du fauve désert libyen. Car avec les castors de fantaisie, qui pareils aux préjugés, sont indestructibles, il n'y a pas d'eau à boire; et pour en venir à l'objet réel de mon commerce, excepté le Parisien né à Paris, ayant le droit s'il devient illustre, d'avoir sa statue à l'Hôtel de Ville, nul mortel né d'une femme n'est assez bête pour se coiffer volontairement du chapeau tuyau de poêle, en peluche de soie. Et ce chapeau, ma gloire, mon orgueil, si vite ébouriffé par la pluie et torché par le soleil, le Parisien lui-même y échappe dès qu'il est en voyage, et ne consent plus à me donner vingt-cinq francs tous les huit jours. Mais voulez-vous un conseil salutaire? Ce peuple est éminemment classique; pour le réduire, implorons le secours d'une déesse classique. Invoquons la Discorde, célébrée par Boileau dans *Le Lutrin,* seul poème épique (si j'ose m'exprimer ainsi) que la France goûte et savoure, en même temps que *La Henriade.*

Ce prudent conseil fut suivi, et favorable aux tyrans des Parisiens, la déesse déchaîna les autans, les Éoles, les siroccos, les mistrals, toute la troupe des vents furieux; torturés et tournoyants avec des gémissements désespérés les arbres hurlaient, les rivières sortaient de leurs lits, les lions de la mer secouaient leurs crinières d'écume et ouvraient leurs gueules de gouffre; si bien que, fouettés, meurtris, cinglés en plein visage par les ouragans, les Parisiens vaincus, domptés et courbant le dos, ont réintégré leur domicile naturel et surnaturel. Et ils frémissaient jusque dans leurs moelles, songeant avec épouvante qu'il fallait reprendre les outils, le dur labeur, recommencer à embrasser la roue d'Ixion, à rouler le rocher de Sisyphe, à essayer d'emplir le tonneau des Danaïdes, à faire de la copie, à couvrir des toiles insatiables, et à discipliner des acteurs, chevaliers de tous les ordres. Mais ils se trompaient, comme toujours, car l'homme ne sait jamais ce qu'il veut ni ce qu'il lui faut, sans quoi il serait sage et, par conséquent, ne serait plus homme.

Les premiers qu'on voulut, au retour, faire entrer dans une salle de spectacle, frissonnèrent lorsque dans leurs poumons emplis d'air pur et balsamique pénétra la première bouffée de cette chose âpre et fuligineuse qui est l'atmosphère spéciale de ces temples. Mais enfin, une fois entrés, ils revirent avec joie des gens ayant figure humaine, ils entendirent de jolies actrices dire des choses spirituelles, et l'étouffement, où de longue date ils étaient accoutumés, leur sembla doux. Les galériens de la plume, après s'être enivrés des feuilles, des prés verts, des horizons, tremblaient à l'idée d'être internés dans leur prison de pierre; mais ils ont senti leurs cœurs battre délicieusement, en revoyant leurs meubles intelligents, en posant leurs pieds sur des tapis qui comprennent, et en retrouvant leurs livres bien reliés, avec des dos écarlates, jaune de Chine, citron, ou vert prasin, et qui s'ouvrent! Et surtout, ils ont tressailli de joie à la vue des feuillets blancs disposés à souhait sur une table commode, et sur lesquels rien n'empêche d'écrire de belles choses, pourvu qu'on en ait la volonté et le génie.

Et lorsqu'après avoir noirci quelques-uns de ces feuillets de lignes régulières, striées de ratures nettes et hardies, ils se sont mis à la fenêtre pour se faire croire à eux-mêmes qu'ils respiraient, en contemplant la masse des toits, des murs, des cheminées, des monuments, çà et là coupée d'arbres, et dominée par un ciel qui pense et palpite, ils ont admiré que la ville est une forêt et une mer, non moins saisissante et grandiose que les océans de flots et les forêts d'arbres. Enfin lorsqu'ils sont sortis après avoir fait leur tâche, ils se sont délectés à retrouver le bitume, le gaz, l'émeute des chariots, la foule amusante, les femmes vêtues d'une façon qui s'accorde parfaitement à leur beauté, et ayant la beauté qu'elles veulent avoir, enfin Paris! Alors, rentrant honnêtement en eux-mêmes, ils se rappellent que certes ils ont vu des provinciaux très aimables, lettrés et distingués, et des provinciales d'une charmante élégance; mais aussi ils en ont vu d'autres qui, si on les laissait faire, marcheraient à quatre pattes, et se nourriraient des glands tombés sous les chênes.

En somme, il est très bon de ne pas être à Paris, et aussi il est très bon d'y être. Assurément le mieux c'est de n'y être jamais emprisonné et de ne jamais le quitter; mais, mon ami, vous seul jouissez d'un tel privilège. Pour le conquérir, il faut avoir, comme vous, ces jambes de chasseur de chamois, plus vites que si elles étaient chaussées de bottes de sept lieues, ou mieux encore, savoir voyager sans embarras. Mais enseignez donc cela à des gens qui dévalisent le Bazar du Voyage, pour aller se promener avec leur bonne amie dans le bois de Meudon !

XXXVI

LE VICE

A ERNEST D'HERVILLY

Mon cher ami, nul poète contemporain ne possède à un plus haut degré que vous le génie comique. Votre Rime, qui vous aime comme une maîtresse soumise, et qui est cent maîtresses en une, folle, variée, terrible, ingénue, dansante, bizarre, toujours juste! vous amène le troupeau dompté des images imprévues et saisissantes. Vous écrivez des vers qui sont à la fois très beaux et très émouvants, et vous avez l'esprit en rhythmes, qui est le plus difficile et le plus rare de tous. A Paris, où sans doute vous avez terrifié les directeurs par votre barbe de jeune Fleuve, vous avez fait d'excellent théâtre; mais combien plus facilement vous en eussiez fait à Athènes, vers l'an 427, entre la mort de Phidias et l'exil de Thucydide! Car je me suis laissé dire qu'en ce temps-là le génie et même le talent de poète ne nuisait pas pour faire jouer des comédies; mais alors, le cœur lui-même était à gauche! Enfin, mon ami, vous m'avez fait connaître l'envie, un sentiment qui m'était étranger; car je l'avoue naïvement, je voudrais être l'auteur de ce vers dans lequel vous peignez

.... les sergents de ville
Qui s'en vont deux à deux, comme Dante et Virgile.

Et de même je jalouse ces personnages exotiques, stupéfaits

> Ainsi qu'un éléphant à l'aspect d'une agrafe.

Lorsque je le lus, ce vers prodigieux, il me frappa par son étonnante justesse, et je m'en voulus de n'avoir pas songé plus tôt à l'étonnement que l'aspect d'une agrafe devait exciter chez un éléphant. A ces causes, mon cher ami, c'est à vous que je songe, lorsque m'est offert un spectacle profondément comique, et certes c'étaient vos vers qui tintinnabulaient et murmuraient dans ma tête, le jour où un philanthrope, ayant entrepris de m'expliquer comme il voulait repétrir le monde, (et il avait des mains assez longues pour cela,) m'arracha en même temps un bouton de mon paletot. O mythologie ! seul entre tous les mortels qui respirent sous les cieux, ce philanthrope portait un habit noir en plein midi, et il avait au cou une cravate blanche, dont les tronçons se tordaient, comme ceux du serpent d'Albaydé. Bien que totalement absente et n'ayant lieu à aucun titre, sa chevelure était échevelée, et les tropes tragiques s'élançaient de sa bouche, pareils aux divinités porte-glaives qui planent au-dessus du morne Crime de Prud'hon.

— « Oui, Monsieur, me dit-il enfin, (et c'est à ce moment-là qu'il avait définitivement triomphé de mon bouton, pour jamais exilé,) nous exterminerons le Vice, et nous le poursuivrons jusque dans ses antres !

— Monsieur, lui dis-je, je n'examine pas s'il est nécessaire de poursuivre dans des antres, qui lui appartiendraient personnellement, un être exterminé déjà. Mais pour m'en tenir à votre première proposition, je me demande par quels moyens on pourrait exterminer un substantif, exprimant une idée purement abstraite. »

A ces mots, le réformateur s'enfuit, enveloppé d'un nuage uniquement créé par son indignation. Moi, resté seul, je songeai à ce pauvre Vice, que mon interlocuteur voulait méchamment occire. Je me demandai qui il est, où il demeure, comment il se comporte; et à force de réfléchir, j'arrivai à me former cette conviction, que le Vice n'existe pas, et qu'il n'y en a pas. O mon ami, à y regarder de près, tous les hommes et toutes les femmes désirent vivre paisiblement dans un ménage régulier; quand ils ne mènent pas cette existence calme, c'est faute de pouvoir l'obtenir, et alors, illusion touchante! ils s'efforcent du moins d'en créer le simulacre.

Jadis, il y a un siècle, les enfants étaient élevés avec une sévérité rigide; afin de ne pas tuer en eux le courage viril, les parents se refusaient envers ces petits êtres toute effusion et toute tendresse, et quand venait le moment inévitable de la séparation, l'enfant pouvait, sans déchirement, quitter son père et sa mère. Nous avons changé tout cela, et je n'ai pas la force de nous en blâmer. Tout petit, puis plus grand, plus grand encore, l'enfant est baisé, choyé, caressé, réchauffé sur le sein maternel; ses pleurs sont essuyés, ses chagrins sont consolés; une douce lèvre amie le guérit de tous ses maux. Puis tout à coup, sans transition, sans préparation, un beau jour, ou plutôt, hélas! un odieux, un vilain jour, un jour atroce, on lui dit : « Va-t'en, te voilà grand, c'est fini. » C'est fini! quoi? de vivre, de respirer, d'être embrassé, d'être baisé, d'être consolé quand on pleure, d'être réchauffé quand on a froid. C'est comme si on tirait une truite de son ruisseau d'eau vive, comme si on la jetait pantelante sur le sable d'une allée, et comme si on lui disait : « C'est fini de nager, de voguer sous le flot d'argent, et de t'abriter sous les roches. A présent, promène-toi! »

L'enfant, le petit exilé, tout à coup seul, qui frissonne comme un oiseau encore sans plume, s'en va tout de suite où il y a une femme qui veut bien de lui, qui lui permet de s'abriter contre elle, de dormir sur son épaule, de baiser ses mains protectrices, et chez qui il retrouve le doux et mystérieux parfum de la femme. Ce qu'il a cherché, ce qu'il a trouvé, c'est une autre jeune mère, près de qui il rêve vaguement à celle qu'il a perdue. Celle-là cependant se désole et dit en tordant ses bras désespérés : « Mon fils est devenu vicieux ! » — Eh ! non, Madame, il n'est pas devenu vicieux, il est devenu câlin, et cela d'autant plus facilement, qu'il l'était déjà. Après une mère aussi tendre que vous, il lui fallait tout de suite une femme, et pourtant vous ne pouviez pas le marier à dix-sept ans. Et lui, cependant, suit son instinct et obéit à l'habitude. Il n'est pas plus vicieux que la colombe dans l'air et que les biches dans les bois.

Ceux qui tournent mal, par exemple, c'est les écoliers venus pour étudier le droit ou la médecine, ou les autres sciences qui mènent aux professions libérales. Nourris dans des gargotes où subsiste la tradition de Locuste, logés dans des chambres infectes pleines de poussière, jamais balayées, le devoir voudrait qu'après avoir suivi les cours, après avoir étudié pendant des heures les bouquins ténébreux, ils restassent encore le soir dans ces chambres, éclairés par une bougie, seuls, désolés, sinistres, et qu'ils y vécussent aussi chastes que l'ermite dans sa roche. Eh bien ! ils ne font pas cela, ils tournent mal, ils tombent dans le vice, et ils ont une petite maîtresse. Et avec cette petite maîtresse, que font-ils ? Quoi ? Des orgies comme celles de Tibère ou comme celles de Maurice de Saxe ? Où bien les emmènent-ils casser des carreaux, décrocher des enseignes ou battre le guet ? Ah ! les pauvres ! ils restent bien sagement près de la fillette, oubliés, casaniers, tranquilles, heureux de partager avec elle un humble repas, entrecoupé de baisers. Et leur orgie c'est d'aller se promener avec elle dans les bois de Meudon et d'y cueillir une gerbe de fleurs des champs ! C'est ainsi qu'ils pratiquent le vice.

Mais la jeunesse ne peut pas durer toujours; on travaille, on devient riche, on se marie; on a une fortune à soi et une femme à soi. Vous connaissez l'éternelle histoire. Le mari et la femme, qui s'aiment, seraient enchantés de vivre l'un pour l'autre et d'être heureux, tout bonnement. Mais un dénouement si plat ne ferait pas l'affaire des couturiers, des tapissiers, des spectacles, des entrepreneurs de cercles, du monde qui réclame toutes ses proies. Prise par les visites, par les toilettes, par les relations, par la charité à spectacle, par les fêtes exigées, la femme n'appartient plus à son mari; réclamé par la chasse, par le jeu, par le cercle, par la politique, le mari n'appartient plus à sa femme. Bientôt, il prend une maîtresse, et elle prend un amant. Pourquoi faire? Mais tout simplement pour tâcher de retrouver le ménage et le bonheur perdu. Car le mari chez sa maîtresse est tranquille, aux petits soins, attentif, ne désirant pas d'autre amusement que de causer amicalement avec elle, et la femme chez son amant redevient soumise, ingénue, femme de ménage, époussète les tableaux, met les livres en ordre, et recoud des boutons aux chemises! Voilà encore une des formes du vice.

Mais, mon ami, entrons dans les vrais cercles de l'enfer, allons-nous-en franchement chez les maudits, chez les rôdeurs de la Bohème atroce, chez les vagabonds des carrières d'Amérique, qui couchent dans les fours à plâtre, honnis par les chastes étoiles! Dans son four, le rôdeur se serre afin de faire une petite place, et à cette place il y a une femme, à qui il dit : « Ma femme! » Et il l'aime, il en est jaloux, il la veut pour lui seul, et s'il l'avait pu, il lui aurait donné des diamants et une riche corbeille de noces. Le voleur a sa femme, et la fille errante dans la nuit, qui vend son triste amour dans les solitudes, se laisse battre, gouverner, exploiter, dépouiller par un pâle don Juan sinistre, uniquement pour avoir le droit de lui dire :

« Mon homme » et de croire qu'elle est pareille aux autres femmes, et qu'elle a un homme. Et celle qui, cloîtrée, enfermée dans un couvent dérisoire, n'est qu'une chair avilie, vendue au profit de quelque mégère, que fait-elle du jour unique de liberté qui, de temps en temps, lui est laissé? Ce jour-là, elle s'en va chez son amant, chez quelque jeune homme assez ingénu pour retrouver la femme dans la fange, et qui veut bien l'aimer telle qu'elle est. Alors elle savoure délicieusement la joie d'être honnête, et elle l'est plus que toutes les matrones! Car être assise à un foyer, vivre dans une demeure, préparer un repas, constitue pour elle une volupté qui, si elle ne se retenait, lui arracherait des sanglots et des cris.

Il n'y a pas de libertins. Mais y a-t-il du moins des ivrognes? Je n'hésite pas à répondre négativement. Insuffisamment nourri, accablé par la chaleur, souffrant à la fois de la faim et de la soif, l'homme du peuple entre dans un cabaret, avec le vain espoir de se rafraîchir. Certes, il se trompe; mais que devait-il faire? Il ne pouvait cependant pas demander à boire au papetier ou au bonnetier. Le cabaretier lui verse un affreux mélange, qui brûle, déchire, déchaîne la soif inextinguible, et après lequel il faut boire et boire encore. Ce même homme, supposez qu'il soit tombé malade. Couchez-le dans un bon lit, restaurez-le avec de toutes petites tasses de consommé de volailles et de tout petits verres d'un vin généreux; puis, quand viendra la vraie convalescence, nourrissez-le de bonnes viandes et de bons vins; vous pouvez être assuré qu'il ne désirera pas engloutir des vitriols et des poisons, ni même boire outre mesure. Ce n'est donc pas lui, c'est sa misère, son labeur, son repas insuffisant qui sont des ivrognes; c'est l'incendiaire eau-de-vie du cabaretier qui est l'infâme ivrognesse. Dans les pays de soleil où l'air sent bon, où l'homme du peuple travaille peu et vit de rien, il n'y a pas d'ivrognes; le même qui ici avalerait coup sur coup le trois-six meurtrier, puise dans le creux de sa main l'eau pure d'un ruisseau, et la boit avec délices.

Va pour le pauvre peuple des grandes villes, qui n'a que le choix entre les genres de mort. Mais le grand seigneur anglais qui, après un copieux repas, commencé avec les muscats et les vins d'Espagne, une fois qu'il n'y a plus rien à manger et que les femmes sont parties, se met à boire sérieusement les vins de France, stupidement mélangés d'alcool, et les boit jusqu'à ce qu'il roule sous la table, celui-là sans doute est bien un incontestable ivrogne? Eh! bien, non! En Angleterre, où les premiers couteliers du monde fabriquent tant de couteaux, uniquement pour qu'on puisse couper au couteau un brouillard plus épais et dense que le biscuit de mer, le libre citoyen n'a le choix qu'entre deux expédients : boire du vin ou de la brume, avaler de l'eau-de-vie ou de noires vapeurs. Là, c'est l'atmosphère qui est l'ivrogne; c'est l'eau-de-vie qui est l'ivrognesse.

Toutefois, mon ami, ne négligeons aucun élément, car il faut être impartial. Sous la rubrique Nouvelles à la Main, les journaux sont pleins d'historiettes ayant trait à des vices raffinés et contre nature : puisqu'on en parle, ils existent donc! Pas beaucoup. Tout cela, c'est des souvenirs classiques, et des restes de romans fanés du dix-huitième siècle, évoqués par des gens qui savent un peu de latin et un peu de littérature, et qui n'en savent pas assez. Ils ressemblent à ces dames qui, au lieu de créer une bonne cuisinière, sachant cuire des roastbeefs, trouvent plus facile de se bourrer de petits fours chez le pâtissier; ce sont, non pas des Messalines et des Tibères, mais des Jocrisses! De tout ce qui précède, je conclus ceci : il n'y a qu'un seul vice au monde, et c'est celui qui consiste à mal rimer. A ce compte, vous êtes le plus vertueux des hommes, et vous le seriez encore, lors même que vous n'auriez jamais vu la splendide Eôs, née au matin, endosser son péplos couleur de safran. Mais au contraire, vous avez joui souvent de ce spectacle magnifique, dont le directeur (c'est ce qui constitue son originalité) ne méprise nullement les beaux vers.

XXXVII

LA PAUVRETÉ

A CATULLE MENDÈS

Mon cher ami, en promenant à travers la France et l'Europe vos belles scènes shakespeariennes des *Mères ennemies,* que le peuple a partout acclamées, admirées et comprises, Élisabeth Boleska n'a pas seulement répandu votre jeune et déjà brillante renommée ; elle a aussi rempli votre bourse, elle vous a amassé des sacs d'écus, et vous n'avez pas eu à vous repentir d'avoir conçu et exécuté une belle œuvre, sans vous soucier des résultats matériels, et en disant fièrement : Advienne que pourra ! Mais bien avant ce légitime succès, sans avoir jamais rien sacrifié au démon de la réussite, et en restant toujours dans la distinction pure, vous avez été un des écrivains modernes qui ont l'heureux privilège de battre monnaie avec leur plume, et vous avez vendu vos joyaux, vos diamants et vos pierres précieuses au poids de l'or. Je puis donc causer avec vous de la divine et très sainte Pauvreté, sans craindre de toucher à une plaie vive.

Mon ami, pour nous autres poètes et pour nos frères les artistes, vaut-il mieux être riches ou être pauvres ? La question est facile à trancher, et ne souffre pas de doute possible. Il fallait être pauvre en 1830, alors que la pauvreté était bien portée et qu'avoir du génie sans avoir d'argent constituait une manière d'être et une position sociale. Il faut être riche aujourd'hui, puisque l'usage l'ordonne ; et si demain les hideuses, les abominables manches à gigots revenaient à la mode, je n'hésiterais pas à dire aux Rhodopes les plus adorées et aux plus impérieuses Cléopâtres : Mettez des manches à gigots ! Mais il n'y aurait pas besoin de le leur dire. Car, ainsi que le sage Nestor Roqueplan l'affirmait avec raison, nul n'est vraiment beau, s'il ne l'est à la mode de son pays et à la mode de son temps ; l'être autrement, c'est se montrer déguisé ! Soyons donc riches, puisque nous n'avons pas le choix, et résignons-nous à posséder, comme les bonnetiers, les quincailliers et les princes, des titres, des obligations, de l'or monnayé, des champs de blés ondoyant sous la brise, et des prairies coupées de ruisseaux, où paissent les vaches blanches, ou rousses tachetées de blanc.

Pourtant si, d'une manière virtuelle et absolue, en dehors de toute acception d'époque et d'usage, vous me demandiez ce que je préfère décidément, je vous dirais que c'est là Pauvreté. Mon ami, je vais vous ouvrir mon cœur. Chez le poète, chez l'artiste, que cette bonne déesse n'a pas, fût-ce un seul jour, bercé dans ses maigres bras et baisé de ses blêmes lèvres glacées, il y a toujours, par un certain côté, quelque chose de l'amateur. Quelque talent qu'il ait acquis à loisir, quelque science qu'il possède, il sera difficilement de tous points un parfait ouvrier, car la Nécessité seule nous enseigne à faire les choses impossibles, et à faire passer de suite cent mille cordes à puits par le trou d'une seule aiguille.

Avoir faim et être certain qu'on ne mangera pas avant d'avoir trouvé le mot du problème, c'est une fameuse invitation à le chercher. Un poète, digne de ce nom, est quelque chose d'infiniment compliqué, j'entends un Aristophane, par exemple, ou un Henri

Heine; il doit y avoir en lui un voyant dont les pensées
s'envolent comme les aigles en plein ciel, un archer
irréprochable dont la flèche ne manque jamais le but,
et aussi un être agile, subtil, qui se joue de la pesan-
teur et de l'espace, comme un Thug ou comme un clown.
Tout cela se trouvera difficilement réuni chez l'artiste
qui n'a pas été condamné au miracle forcé. Mis en
demeure de faire tenir une boule pesante sur la pointe
d'une aiguille, le riche y renonce parce que c'est absurde; mais le pauvre réalise cette merveille de stati-
que, parce qu'il le faut.

Vous n'avez pas vécu, mon ami, dans le temps où les
poètes avaient le droit d'être pauvres; mais vous avez
connu ceux qui avaient vécu dans ce temps-là. Vous
avez encore pu entrevoir le pan de la robe de la déesse
Pauvreté qui s'enfuyait; peut-être même l'avez-vous
personnellement connue, pendant cinq minutes, assez
pour être devenu l'ouvrier sans défaut et sans défaillance que vous êtes. Moi, c'est différent, pendant de
bien longues années elle a été mon recours, ma patiente inspiratrice, ma seule hôtesse; je lui ai dû de
n'avoir jamais su dire : Je ne peux pas! — Aussi ai-je
gardé pour elle une adoration profonde et attendrie.
Pour bien composer les chansons à boire, ne faut-il
pas, comme Lucien de Rubempré, en avoir écrit près
du corps de son amie morte, pour gagner de quoi la faire
enterrer? Et puisque je resonge à l'amour, qui peut se
flatter d'avoir été véritablement aimé, sinon celui qui
l'a été quand il n'avait ni sou ni maille, et pas un morceau de pain à mettre sous la dent?

Il faut bien l'avouer, cet adorable poème, l'amour
de jeunesse au milieu de la misère, a été prodigieuse-
ment gâté par la chanson de Béranger. Lisette avait
trop de toilette; le poète qui la chante a su depuis,
dit-il, qui payait cette toilette : à ce qu'il me semble, il
aurait dû se douter tout de suite que c'était quelqu'un!
Puis, de vous à moi, — nous parlons entre versifica-

teurs, n'est-ce pas? — lorsque je lis le vers fameux : *Dans un grenier qu'on est bien à vingt ans!* Je me figure que Béranger a écrit là *grenier* pour *mansarde*.

La chambrette lambrissée inventée, entre autres choses, par l'architecte Mansard, peut être charmante, avec le petit lit, la chaise unique, la petite table qui sert à écrire les poèmes et à dresser les festins ; mais disons : *mansarde!* Un grenier est un vaste espace sous le toit, destiné à serrer les grains. A la ville, on y jette pêle-mêle les meubles cassés, les vieilles malles hors d'usage, et les portraits abolis, sans valeur artistique. Du moins faisait-on ainsi, avant que le prix des terrains eût enseigné aux modernes architectes le moyen de combiner sous les toits des appartements de six mille francs. Mais à la ville ou à la campagne, l'un et l'autre de ces greniers n'eut jamais d'autres hôtes légitimes que les souris et les rats. Aucun homme mortel n'a jamais pu y être, bien ou mal, à vingt ans ou à quarante, et la folle maîtresse n'y serait jamais venue, parce que les rats l'auraient mangée.

La pauvreté de 1830, si pure, si digne, si peu semblable aux prétendues Bohèmes qui la suivirent, comportait fort peu de Lisettes ; mais si elle cacha des souffrances noblement supportées, qu'elle connut de vrais plaisirs, de voluptés intimes et profondes! La littérature était précisément le contraire de ce qu'elle est devenue. Le plus laborieux écrivain pouvait tout au plus placer par année deux romans, qu'il vendait pour quelques centaines de francs; mais ces deux livres, il avait le droit de vivre avec eux, de les imaginer en poète, d'y mettre toutes ses conceptions et tous ses rêves. Aujourd'hui le public paie, et par conséquent ordonne; le directeur de journal a le droit de dire à l'écrivain : Ce genre d'amour, — ou : Ce genre d'assassinat ne plaît pas à mes abonnés. — Mais alors, le public n'avait pas voix au chapitre, parce qu'il n'achetait pas les livres. Rien n'empêchait le poète d'écrire

Eugénie Grandet ou *Mademoiselle de Maupin*, quand il voulait et comme il voulait, s'il en avait le génie.

Mais restreinte aux cabinets de lecture, sa vente ne dépassait pas six cents exemplaires. Si par hasard, une fois, Balzac en vendait six cent cinquante au lieu de six cents, on disait : Que lui arrive-t-il donc ? Est-ce qu'il a fait des concessions malhonnêtes ? — Par contre, à présent, lorsque trois mois après la publication du livre, un romancier débutant n'en est pas arrivé à son *vingtième mille*, ses amis s'inquiètent et se demandent tout bas entre eux : Est-ce que par hasard il baisserait ?

Qui a été plus pauvre, plus obstinément pauvre que Balzac, luttant contre des échéances, contre des billets impayés, contre des escompteurs, assiégé toujours par un tas de gouttes d'eau, qui mille fois ont failli submerger ce Léviathan ? Et le comprenez-vous autrement que pauvre ? N'avait-il pas besoin de l'être, pour voir apparaître dans son humble cabinet de travail un grand monde purement idéal, qui plus tard est devenu le vrai, car la Réalité, qui *est une esclave et ne doit qu'obéir*, s'est, comme c'était son devoir, modelée sur l'impérieuse conception du génie. Et pour bien voir, pour bien juger le Million, comme l'a fait Balzac, au point de vue du peintre, avec le recul nécessaire, ne fallait-il pas qu'il fût en dehors ?

Car s'il avait été en dedans, il n'aurait rien vu ! C'est à lui seul qu'est due la découverte de cette vérité axiomatique, sans l'observation de laquelle il n'y aura pas un roman moderne ayant le sens commun, à savoir, que Paris dépense l'argent, mais ne le produit pas, et que la province seule le produit et le sécrète. Aussi cet argent, qui dans ses livres joue un si grand rôle, Balzac a toujours soin de le faire venir de la province. Et l'immense quantité de femmes qu'il a créées et mises au monde, ce harem fait pour étonner Don Juan, excepté la Pauvreté, voyez-vous une autre Muse qui eût été capable de l'inspirer ? Car pour voir tant de femmes adorables et diverses, tant de chandelles en plein midi, ne faut-il pas être véritablement trop pauvre pour en avoir une?

Victor Hugo n'a pas été pauvre comme un goujat, assurément; en aucun temps on ne saurait l'être de cette façon, lorsqu'on a du génie et qu'on travaille quinze heures par jour; mais dans le noble appartement de la place Royale, habité autrefois par Marion Delorme, dans ces chambres aux cheminées antiques, tendues de damas de soie et de tapisseries, où il vivait avec sa charmante famille, il a été pauvre, et ce n'est pas une de ses moindres gloires. Et lui, c'étaient des chefs-d'œuvre, des *Orientales*, des *Hernani*, des *Notre-Dame de Paris*, qui étaient ses besognes; c'est avec ces choses-là qu'il gagnait son pain, adoré, admiré et en même temps vilipendé et insulté comme un criminel, par des gens qui, en croyant attaquer sa seule gloire, l'eussent fait mourir de faim, s'il n'avait pas été le géant qu'il est.

Qui jamais fut plus pauvre que le grand Eugène Delacroix? Bien souvent il a été heureux de donner pour quarante francs, à un modèle dont les peintres n'ont pas oublié encore le nom, des panneaux ou des toiles. Un jour, entrant chez lui, Alexandre Dumas fils admira une petite *Piéta* que le maître venait de terminer, la même qu'on admire encore aujourd'hui chez l'auteur de *La Dame aux Camélias*, et dont il refuse régulièrement chaque semaine des quarante et des cinquante mille francs; car les marchands mettent à vouloir l'acquérir autant d'obstination que Dumas en met à ne pas la céder. — Mon cher maître, dit le poète, alors presque enfant encore, est-ce que cette toile est à vendre? — Oh! fit Delacroix, dites plutôt qu'elle est à ne pas vendre, car personne n'en veut. — Mais, reprit Alexandre, quel prix en auriez-vous demandé? — Oh! mon Dieu! je la laissais pour cinq cents francs. — Eh bien! donnez-moi la préférence, dit Dumas, qui sur un signe d'adhésion que fit le maître, tira de sa poche un billet de cinq cents francs qu'il posa sur la table, et mit la toile sous son bras. — Mâtin! vous avez du courage, jeune homme! s'écria Delacroix en voyant cela. En effet Alexandre Dumas fils avait eu du courage, car il en faut toujours pour ne pas être bête comme le vulgaire des hommes; mais il n'en a pas été mal récompensé, et il n'avait mal placé ni son admiration ni son argent.

Rachel, qui a eu une vie complète, a eu ce grand bonheur d'avoir été pauvre avant d'avoir été riche. Nulle plus qu'elle n'a marché sur des tapis blancs et n'a porté des joyaux de déesse; mais il lui fut excellent d'avoir gratté sa guitare à la porte des cafés et d'avoir marché dans la boue, car elle put régner sans les lieux communs de la princerie, et comme une princesse qu'on a faite exprès.

Cependant, il y a des époques où il faut opter. Comprendriez-vous Sarah Bernhardt autrement que riche, portant des robes lamées, voyageant dans des trains frétés tout exprès pour elle, et habitant un palais de fée et d'artiste, avec de grandes plantes rares dans des pots d'or? Son train et sa maison sont le décor légitime de son talent et la figure exacte de sa destinée, et elle est comme ce Ruy Blas au nom duquel le sien est mêlé pour jamais : elle serait déguisée, si elle était autrement! Elle n'a pas à être plus modeste qu'un diamant ou une fleur écarlate; elle est ce qu'elle est, et elle le sait; rien de plus simple.

Et dans un autre temps, comme la modestie et la pauvreté allaient bien à Marie Dorval! Un soir toute jeune encore, venant à la Porte-Saint-Martin, son théâtre, vêtue d'une très humble robe de laine, Marie vit sur le trottoir une queue considérable, et demanda ce que c'était. — Mais, lui dit Frédérick Lemaître qui passait, c'est pour toi, c'est pour te voir; tu es l'idole du public, tu es célèbre! — La merveilleuse artiste était célèbre en effet, mais elle ne le savait pas qu'elle l'était, et ses directeurs la payaient comme s'ils ne l'avaient pas su non plus. Comme on se le rappelle, elle est morte avec quatre sous sur sa cheminée et, pour la faire enterrer, Alexandre Dumas père dut engager ses décorations dans un Mont-de-Piété. A ce moment, j'écrivis une page douloureuse; monsieur de Pontmartin me fit l'honneur de m'adresser une lettre où il me disait que je me trompais, et que le talent ne reste jamais inconnu. Mais je ne pensais pas du tout que Dorval fût inconnue; je savais seulement qu'elle était morte en possédant quatre sous, un sou de moins que le Juif errant.

Mais laquelle vaut mieux, Sarah Bernhardt ou Marie Dorval? Mon opinion sera toujours la même : Marie Dorval autrefois, et Sarah Bernhardt aujourd'hui. Autres temps, autres chansons, dit Henri Heine; l'une était l'ancien jeu et l'autre est le nouveau jeu. De ces deux jeux, mon ami, vous auriez également su tirer votre épingle. Vous vous accommodez fort bien d'un temps où le triomphe est obligatoire, mais vous ne seriez pas dépaysé dans les temps où on souffre pour sa croyance; et s'il survenait — infandum! — une nouvelle invasion de l'exécré Romantisme, elle ne vous prendrait pas sans vert. En un mot, vous êtes un de ces riches qui montrent tant de conscience et de génie que, le cas échéant, ils mériteraient d'être des pauvres.

XXXVIII

BAUDELAIRE

A PAUL BOURGET

Mon cher poète, vous prouverez, vous prouvez déjà que notre glorieux maître Sainte-Beuve a manqué de courage en renonçant à poursuivre son double but, et qu'on peut être à la fois un poète tendre, raffiné, moderne, ému, subtil comme vous l'êtes, et le grand critique d'une époque. Je relis bien souvent vos poèmes exquis, d'une langue si délicieusement musicale, et je viens de dévorer avidement vos *Essais de Psychologie Contemporaine*. Avec quel art, avec quelle savante analyse, avec quelle certitude vous avez pénétré les âmes de Flaubert, de Stendhal, de MM. Renan et Taine; avec quelle puissance de coloriste vous avez montré leurs figures dans une lumière frissonnante et vivante!

Il y a un seul de vos modèles sur lequel je ne suis pas tout à fait d'accord avec vous ; c'est Baudelaire. Pour bien comprendre et deviner son génie, vous aviez deux outils presque infaillibles. D'abord votre méthode de critique, dont vous avez montré l'excellence; puis, ce qui vaut mieux encore, votre impeccable intuition de poète. Malheureusement, vous avez employé un troisième moyen d'information, en admettant des témoignages dont vous n'avez peut-être pas suffisamment

pesé la valeur ; et si, comme je le crois, vous vous êtes quelquefois trompé sur le poète des *Fleurs du Mal*, c'est pour cela que vous vous êtes trompé. Je lis dans votre beau livre, page 31 : « En même temps, son in-
« tense dédain du vulgaire éclate en paradoxes outran-
« ciers, en mystifications laborieuses. *Ceux qui l'ont*
« *connu* rapportent de lui, pour ce qui touche à ce
« dernier point, des anecdotes extraordinaires. La part
« une fois taillée à la légende, il demeure avéré que
« cet homme supérieur garda toujours quelque chose
« d'inquiétant et d'énigmatique, même pour les amis
« intimes. »

Eh bien, mon cher poète, on vous a trompé comme dans un bois, et sur ce point, la part une fois taillée à la légende, rien ne demeure avéré, et il ne reste rien du tout. J'ai été, moi, (pardonnez ce haïssable *moi*) un des amis intimes ; j'ai eu la joie, l'inestimable fortune de rencontrer Baudelaire et de l'aimer, lorsqu'il venait d'avoir vingt ans ; depuis ce moment-là jusqu'à celui où il nous fut enlevé, je n'ai pas cessé de le connaître intimement, et je vous jure que son esprit robuste, précis, essentiellement français, et que sa chère âme ont toujours été pour moi clairs comme de l'eau de roche. Ah ! défiez-vous des gens *qui ont connu Baudelaire !* Après la mort de mon ami, lorsqu'avec l'aide éclairée de Michel Lévy, j'eus l'honneur de mettre en ordre l'édition définitive des *Fleurs du Mal* et d'en revoir les épreuves, tous les jours, sans exception, des gens *qui avaient connu Baudelaire* (c'étaient eux les mystificateurs) nous apportaient en grande pompe, et comme ayant trouvé la pie au nid, de prétendus poèmes inédits du maître. En déployant ces petits papiers, Michel Lévy se mettait à rire ; car invariablement, ils étaient pleins de vers faux, de fautes de français, et semblaient écrits par la bonne. Les anecdotes valent ce que valaient les poèmes.

Votre étude débute ainsi : « Lire *Les Fleurs du Mal*

« à dix-sept ans, lorsqu'on ne discerne point la part de
« mystification qui exagère en truculents paradoxes
« quelques idées par elles-mêmes seulement exception-
« nelles... » Ah! croyez-le, cette part est complètement
nulle. Le mystificateur est un misérable, un esclave,
un simple déshérité si vous voulez, qui se venge de n'a-
voir rien, en tourmentant les heureux par de formidables espiègleries. Pourquoi Baudelaire aurait-il été
mystificateur, lui qui entrait dans la vie par la plus
éblouissante des portes dorées? Fils d'une grande dame
aux façons exquises et au délicat esprit, qui fut deux
fois ambassadrice, né extraordinairement riche et beau
comme un dieu, séduisant tout par une irrésistible
éloquence et par le charme d'une voix adorable, appré-
cié comme poète, dix ans avant d'avoir rien publié, par
tous les grands hommes de son temps, de quoi Baudelaire se serait-il vengé et contre qui? On comprend que
Bixiou, employé obscur, pauvre, méconnu, furieux de
se sentir tant d'esprit et de n'avoir pas le sou, turlupine
ses tyrans par des scènes à travestissements et par des
caricatures anonymes; mais choyé et fêté par tous, spirituel jusqu'au bout des ongles, accueilli dans le meilleur monde et ayant ses poches pleines d'or, le poète
des *Fleurs du Mal* pouvait parler haut, appeler un chat :
un chat, et dire tout ce qu'il voulait dire. Il n'avait
aucune raison pour être un mystificateur dans la vie,
et c'était un trop grand artiste, il respectait trop la
langue et la pensée pour devenir mystificateur dans
son œuvre.

Mon cher poète, vous dites, page 6 : « Les mornes
« ivresses de la Vénus vulgaire, les capiteuses ardeurs
« de la Vénus noire, les raffinées délices de la Vénus
« savante, les criminelles audaces de la Vénus sangui-
« naire, ont laissé de leurs ressouvenirs dans les plus
« spiritualisés de ses poèmes. » Ah! que Baudelaire
eût souffert de se voir accolé, même figurativement,
à tant de Vénus! Vous qui connaissez si bien et qui

avez si attentivement lu ses poèmes, remarquez, je vous prie, qu'il ne nomme jamais les Dieux latins, ni les Dieux hellènes. Bien qu'il fût savant dans l'histoire des religions, comme dans tout le reste, et qu'il comprît la noblesse de tout ce qui s'est affirmé dans la conscience humaine, en tant qu'artiste et pour son usage personnel, les conceptions mythologiques lui inspiraient une profonde antipathie. Et il n'éprouvait pas moins d'horreur pour les choses et les personnes que, dans cette phrase, vous désignez, irrespectueusement selon moi, par le nom de Vénus. Vous dites plus loin : « Il a mangé dans les tables d'hôte à côté des « filles plâtrées, dont la bouche saigne dans un masque « de céruse. Il a dormi dans les maisons d'amour, et « connu la rancœur du grand jour éclairant, avec les « rideaux flétris, le visage plus flétri de la femme « vendue. Il a poursuivi, à travers toutes les excitations « et avec une âpreté de luxure qui touche à la manie, « le spasme sans réflexion qui monte des nerfs jusqu'au « cerveau et, pour une seconde, guérit du mal de « penser. » Quoi! le poète a fait tout cela! Les gens *qui connaissent Baudelaire* en sont-ils bien sûrs?

Les méthodes d'analyse sont une belle chose et les hypothèses ont leur prix; mais vous vous heurtez là, non contre un de ces petits faits que M. Taine recherche et groupe avec une sagacité merveilleuse, mais contre un grand fait, capital, absolu, décisif. Nous qui avons mieux fait que de connaître Baudelaire, nous qui l'avons toujours suivi, admiré et aimé, nous savons que sa vie entière, comme son œuvre, fut remplie par un seul amour, et que du premier jour au dernier, il aima une seule femme, cette Jeanne, admirablement belle, gracieuse et spirituelle, qu'il a toujours chantée. Vous dites : « Le visage, lustré comme l'ébène, d'une amie « aux dents d'ivoire, aux cheveux crépus, a inspiré cette « litanie de tendresse... » Ne vous en déplaise, Jeanne n'était pas noire du tout; elle était même blanche.

Sans aucun doute, c'était une fille de couleur; les créoles, qui se connaissent à ces choses, le constataient infailliblement, au moyen de cette légère ligne blanche sur l'ongle que rien n'efface, et qui est le signe distinctif; enfin elle avait la sveltesse, le geste agile, la grâce molle et séductrice des sang-mêlés; mais elle n'était lustrée ni comme l'ébène, ni comme rien qui soit noir. Le poète l'aimait à vingt ans, il l'aima toujours. Lorsqu'elle fut devenue vieille et malade, Baudelaire qui, lui, était devenu pauvre, la plaça dans une maison de santé; et si quelquefois il dut se priver des livres et des documents les plus utiles à ses travaux, il sut toujours gagner l'argent nécessaire pour que Jeanne fût entourée des soins les plus attentifs, et ne manquât de rien, pas même de luxe. J'en conviens, voilà qui s'accorde mal avec la légende; mais c'est la bonne et simple vérité, qui est parce qu'elle est, et ne prend pas le souci de sembler étrange.

Allons, un peu de courage! Renonçons franchement au Baudelaire ogre, au Baudelaire macabre inventé pour amuser les oisifs, et osons voir dans le poète des *Fleurs du Mal* l'honnête et simple grand homme qu'il fut en effet. Admirez comme son vers, venu en droite ligne de Villon, d'Agrippa d'Aubigné, de Regnier, est solide et robuste, et se porte bien! Et si le vers est sain, c'est que l'âme est saine! Au lieu d'imaginer ce Baudelaire désolé, féroce et chimérique, combien il est plus vrai et plus original de voir en lui ce qu'il fut réellement, un puissant créateur et un grand révolutionnaire. Ce qu'il a décrit, ce qu'il a su peindre avec de si vives couleurs, ce n'est pas un mal qui lui fût propre, c'est le mal, c'est les angoisses du temps où il a vécu. Ce qu'il porte dans un cadre, orné de feuillages, de fleurs, et de savantes arabesques, ce n'est pas, comme vous l'avez cru, son portrait; c'est un miroir, où se reflètent les visages douloureux, ahuris et convulsés des passants.

A mesure que les autres renommées diminuent et graduellement s'effacent, celle de Baudelaire grandit et chaque jour prend un relief plus accusé. Et, les livres de Calmann Lévy sont là pour le prouver, son œuvre se répand avec une rapidité vertigineuse, non seulement parmi les lecteurs d'élite, mais parmi le grand public. Pourquoi? Parce que seul, absolument seul, il a osé être sincère. Jusqu'à lui, l'homme moderne avait su détruire beaucoup de religions, mais non celle du lieu commun; il y avait des pensées, des sentiments, des amours, des désespoirs *pour la littérature;* il était admis qu'on devait feindre de voir la vie autre qu'elle n'est, et les plus superbes génies, les plus ingénieux talents se bornaient à rajeunir les lieux communs, à les embellir, à les présenter sous une forme habilement renouvelée. Baudelaire, le premier de ses contemporains, rompt audacieusement, résolument, avec les faussetés convenues et universellement adoptées. Il ne croit pas que, pour avoir duré très longtemps, un mensonge soit devenu sacré et respectable, et doive durer encore. Il a déchiré les voiles qui enveloppaient son époque, et l'a montrée telle qu'elle est, dans sa nudité horrible; ce n'est pas sa faute si elle est moins belle que Phryné!

Le poète des *Fleurs du Mal* ne méprise et ne dédaigne nullement la Science; il pense seulement, avec Edgar Poe et comme lui, que la Science n'a rien à faire avec les chansons. Il ne hait pas le Progrès, mais il estime que le Progrès n'a rien à faire avec les manifestations de l'esprit humain non susceptibles de progrès, comme la Poésie, par exemple, qui, contrairement à l'avis de l'Encyclopédie, n'a nullement progressé depuis Homère, Eschyle et Aristophane. Le poète n'en veut pas à la Science et au Progrès de ne lui avoir inspiré qu'une foi insuffisante, relativement à la foi religieuse perdue, par cette bonne raison qu'il n'a nullement perdu cette foi religieuse. Cellule dans un organisme, comme vous le dites si bien, il souffre, non d'une incrédulité qui lui soit propre, mais de l'incrédulité qui mine et dessèche l'organisme dont il fait partie.

Je le répète, mon cher poète, c'est votre droit et votre devoir d'être un grand critique; vous l'êtes et vous le serez; mais lorsqu'il s'agit de poésie, vous devez penser en poète, car cette qualité-là prime toutes les autres. Les balances à peser le diamant ne sont pas trop subtiles pour peser ce qui reste de foi à M. Renan, après qu'il a perdu ses croyances; mais la poésie est un art absolu, il est facile de l'estimer ce qu'elle vaut, et il n'y faut pas tant de finesses. Ces douleurs de notre cher et grand Flaubert qui, dix fois, vingt fois, remaniait une phrase, effaçait un mot, et auxquelles nous avons assisté avec une pieuse sympathie, nul poète ne les connaîtra jamais. Le vers, dont le propre est de jaillir tout d'une pièce, *y est* ou *n'y est pas;* et qu'il y soit ou qu'il n'y soit pas, il n'y a plus rien à y faire. Il n'est nul besoin d'être grand clerc pour voir si la flèche sifflante s'est enfoncée dans le but et y vibre encore, ou si elle s'est égarée à côté. Il y a des moyens d'analyser tout, excepté ce qui est purement divin. Ainsi, le sagace et illustre philosophe Taine explique tout par l'influence des milieux. Je voudrais bien qu'il m'expliquât comment un pays où nul poète n'était né jamais, a donné naissance à Leconte de Lisle, et produit, pour son coup d'essai, un poète d'une telle envergure.

XXXIX

LES MAGICIENS

A PHILIPPE GILLE

Mon cher confrère, tous les yeux sont en ce moment fixés sur le charmant et vraiment grand écrivain qui signe Pierre Loti, et dont un rigoureux arrêt vient de briser violemment la carrière. Aussi a-t-on lu avec la plus ardente sympathie la belle étude où, avec justice, vous mettez si haut son dernier livre, intitulé : *Mon frère Yves*. Vous voulez que nous admirions ces morceaux parfaits : la manœuvre pendant la tempête, le croquis du nouveau-né, le baptême, le portrait de la petite Yvonne, l'immersion du matelot; c'était chose faite; nous les avions lus dans le volume avec ravissement, et nous les relisons, avec non moins de plaisir, cités par vous, et soulignés de ces observations fines, sagaces, pénétrantes, qui les mettent dans leur vraie lumière. Où je ne suis plus de votre avis, où je cesse tout à fait de vous suivre, c'est quand vous écrivez ce paragraphe, dans lequel me semblent être contenues à la fois toutes les hérésies. Vous dites : « Pas de « phrases; des faits, rien que la vérité, et c'est par ce « moyen si simple que l'auteur arrive à des effets que « n'atteindront pas ceux qu'on appelle les magiciens

« du style et qui ne font que torturer les mots pour
« leur faire dire ce qu'ils ne doivent pas dire. »

Tout d'abord, mon cher confrère, je vais vous faire ma profession de foi. En poésie et en littérature, je crois qu'il n'existe ni romantiques, ni classiques, ni fantaisistes, ni réalistes, ni naturalistes, ni simplistes, ni magiciens du style, et qu'en tout et pour tout, il y a seulement de bons et de mauvais écrivains. *Magiciens du style* me semble être, grammaticalement, une association de mots empirique, car on ne saurait être magicien de quelque chose. Admettons-la cependant, sans chicaner, puisqu'elle a prévalu, grâce à un déplorable usage. Eh bien! s'il y a en effet des magiciens du style, ce sont tous les bons écrivains, sans exception, car tous ont le don de nous transporter à leur gré dans tel ou tel ordre d'idées et de sensations. Mais il est bon d'être pratique, de savoir de quoi on parle, et de mettre tous les points sur tous les I. Celui des modernes à qui cette épithète en trois mots : *magicien du style* a été le plus souvent appliquée et le plus obstinément, est certainement Théophile Gautier : or, qui plus que lui a observé les hommes et les choses d'une manière exacte, et les a décrits avec netteté et justesse? Si son style est d'une éblouissante richesse, c'est parce qu'il sait tous les mots, emploie toujours le mot propre, et que, pour qui la possède à ce degré, notre langue française est pleine de trésors inépuisables.

Pas de phrases, dites-vous, en faisant de ces trois mots un éloge; mais, mon cher confrère, quand on écrit, on n'a le choix qu'entre deux alternatives : ou faire des phrases et les faire le mieux possible, ou écrire en style de dépêche télégraphique, et parler nègre sur le papier. Vous semblez diviser les écrivains en deux catégories : ceux qui apportent des faits et ceux qui font des phrases, et vous paraissez croire que l'une de ces qualités exclut l'autre. Mais c'est le contraire qui est vrai. L'homme qui sait bien construire une phrase est nécessairement un esprit net, clairvoyant et ordonné : par conséquent, plus que tout autre, il sera capable d'observer les faits, de les décrire avec exactitude, de les disposer dans un ordre logique, et de les montrer dans leur vrai jour. Par ces mots : *pas de phrases*, peut-être entendez-vous : *pas de phrases vides;* mais si la phrase est vide, même partiellement, elle devient inconsistante, elle ne se tient pas ; elle n'existe plus, en tant que phrase. Quant à torturer les mots pour leur faire dire ce qu'ils ne doivent pas dire, je ne saurais du tout m'imaginer comment un tel tour de force est possible. Je vois bien que le Mot, que le Verbe est tout-puissant, qu'il a tiré le monde du chaos, et qu'il fait obéir tous les êtres et toutes les choses créées; mais je ne vois pas que personne l'ait dompté, et soit jamais venu à bout de lui. Je me demande, par exemple, quels féroces et implacables Torquemadas, appliquant au mot PANTOUFLE la question de l'eau, la question des brodequins, et toutes les autres tortures, le forceraient à exprimer l'idée d'un ARC DE TRIOMPHE ? De même, Boileau disait que *la rime est une esclave et ne doit qu'obéir;* cependant, deux mots qui ne riment pas ensemble, n'ont jamais consenti à rimer, quelque torture qu'on leur ait infligée pour cela; si, au contraire, ils veulent bien rimer ensemble, il est tout à fait inutile de les y contraindre par la force, et ils continueront à rimer, quand même vous ne le voudriez plus. Ainsi le mot CHAT signifie toujours un chat, et nul mauvais traitement infligé à ce vocable ne saurait le contraindre à signifier : une COLOMBE.

Pour ce qui est des phrases, (j'y reviens,) nous n'en sommes pas réduits à l'hypothèse. Parmi nos contemporains, le plus grand des faiseurs de phrases, l'homme qui s'inclinait respectueusement devant ce qu'il appelait avec adoration : la Phrase Écrite, celui qui dans ses patientes veilles en demandait passionnément le secret à son maître Chateaubriand; celui qui taillait,

raturait, effaçait, recommençait, s'y reprenait à vingt
fois pour arriver à construire ce qu'il mettait au-dessus
de tout, une phrase harmonieuse, sonore et bien équilibrée, Gustave Flaubert en un mot, n'est-il pas l'écrivain qui nous a apporté la plus grande quantité de faits
exactement et minutieusement observés? Où trouve-
ra-t-on un faiseur de phrases plus puissant, plus artiste
que Barbey d'Aurevilly; et ses phrases, d'une structure
si solide et d'une envolée si hautaine, ne sont-elles pas
nourries de faits et d'idées?

Pour remonter au grand phraseur du passé, à Buffon,
qui mit au service de la phrase toute son application
et tout son génie, n'a-t-il pas enfermé et classé dans
cette magnifique forme tous les faits dont il avait pu
acquérir la notion? C'est sincèrement et de grand cœur
que j'admire avec vous Pierre Loti; mais, convenez-en
avec moi, lorsqu'il décrit l'immersion du matelot mort,
c'est avec toute la pompe et avec toute la majesté grandiose de la phrase qu'il dit éloquemment : « Descente
« infinie, d'abord rapide comme une chute; puis lente,
« lente, alanguie peu à peu dans les couches de plus
« en plus denses. Mystérieux voyage de plusieurs lieues
« dans les abîmes inconnus, où le soleil qui s'obscur-
« cit paraît semblable à une lune blême, puis verdit,
« tremble, s'efface. Et alors l'obscurité éternelle com-
« mence; les eaux montent, montent, s'entassent au-
« dessus de la tête du voyageur, comme une marée
« de déluge qui s'élèverait jusqu'aux astres. » Je ne
veux pas vous contrarier, mais Pierre Loti me fait l'effet
d'être un simple magicien du style, comme les autres;
je vois qu'il se permet et que vous lui permettez la
comparaison; et s'il fallait la proscrire, que deviendrait toute la poésie, en commençant à Homère et à
Eschyle? Mais vous ne pouvez pas la proscrire, puisque
vous êtes l'auteur de ce poème émouvant et ému : *L'Envolée,* qui dans son ensemble n'est qu'une longue comparaison :

> ...C'est ainsi que j'ai fait, ô volage colombe.
> Je ne veux pas savoir tout ce que j'ai souffert,
> Mais l'orage a grondé, le jour meurt, la nuit tombe,
> Reviens ! je t'ai gardé mon triste cœur ouvert !
> Viens ! je n'entendrai pas le doux bruit de ton aile.
> Je retiendrai mon souffle et je vivrai tout bas ;
> Ne crains pas mes regards, ô ma chère infidèle,
> Mes yeux ont trop pleuré, je ne te verrai pas !

Avouez, mon cher confrère, que si, d'après vos conseils, on recommence comme autrefois à brûler les magiciens, vous sentez quelque peu le roussi. La simplicité, c'est bien vite dit ! mais quel genre de simplicité exigez-vous ? En un mot, ordonnez-vous que la mesure de l'expression soit exactement conforme à celle du fait, et ce qui vous gêne chez les faiseurs d'enchantements, est-ce l'exagération évidente, l'audacieuse hyperbole ? Dans ce cas, il faudrait raturer les deux plus beaux vers peut-être que La Fontaine ait écrits et cesser d'admirer son Chêne,

> Celui de qui la tête au Ciel était voisine,
> Et dont les pieds touchaient à l'Empire des Morts.

Car, ainsi que l'observe ingénument un commentateur du siècle dernier que j'ai sous les yeux, dans tout cela il n'y a pas un mot de vrai. Les branches de ce Chêne s'élevaient à une très grande hauteur, mais elles étaient encore très éloignées du Ciel ; ses racines pénétraient fort avant dans la terre, mais elles ne touchaient pas réellement à l'Empire des Morts, et ce grandissement démesuré trahit à chaque mot son magicien du style. Blâmez-vous l'expression d'un sentiment purement figurée et allégorique ? Si oui, déchirons encore une des plus splendides pages de la langue française, celle où le poète des *Châtiments* objurgue les abeilles brodées sur le manteau impérial, et les adjure de s'en aller :

> Chastes buveuses de rosée,
> Qui, pareilles à l'épousée,
> Visitez le lys du coteau,
> O sœurs des corolles vermeilles,
> Filles de la lumière, abeilles,
> Envolez-vous de ce manteau !

Je ne doute pas que cette apostrophe ne vous semble fort belle ; cependant vous savez très bien, et Victor Hugo sait comme vous que des abeilles figurées, brodées sur un manteau avec des paillettes et des fils d'or, n'ont aucun moyen de s'envoler, ni d'ouvrir leurs simulacres d'ailes. Quand Pierre Loti me raconte sincèrement l'effroyable tempête qu'il a vue, il me la fait voir à moi-même ; mais je ne vous apprendrai rien en vous disant que certains magiciens du style me font voir, en les racontant avec non moins de sincérité, des choses qu'ils n'ont pas vues, et qui même n'ont jamais existé matériellement. Tel Shakespeare. « Il me semble « que la Lune regarde avec des yeux humides, et lors- « qu'elle pleure, toutes les petites fleurs pleurent aussi, « se lamentant sur quelque virginité violée. » Ainsi le poète a entendu parler Titania ; il l'affirme et je le crois sans peine, car comment supposer que la reine des Fées aurait pu parler autrement? Oui, la Fantaisie aussi a le droit d'exister. A ce propos, nommer Shakespeare, c'est triompher trop facilement ; mais élançons-nous, et descendons de ces hauteurs par un gigantesque saut de puce. Comme elle nous paraissait vraie jadis, lorsqu'elle était interprétée par l'enchanteur, par le grand diseur Arnal, la fantaisie exaspérée de Duvert et Lauzanne ! Certes, ceux-là étaient des faiseurs de phrases ; ils en faisaient pour rien, pour le plaisir, pour en faire, pour contraindre les mots à tintinnabuler comme des clochettes folles, à chanter comme les verres colorés d'un kaléidoscope, à s'élancer comme des clowns, qui se perdraient en plein ciel s'ils ne trouvaient en chemin un trapèze auquel ils s'accrochent par le bout de l'orteil !

Ces phrases savantes, compliquées, cherchées, dictées par le désir de n'être pas naturel, nous donnaient cependant l'illusion de la réalité, parce qu'elles étaient grouillantes de vie. Les substantifs révoltés, les adjectifs turbulents, les verbes piqués de la tarentule, les adverbes éperdus, les prépositions obstinées, les conjonctions farouches, les interjections stupéfaites y devenaient des masques et acteurs bouffons, qui se mêlaient, se bousculaient, s'entre-choquaient dans un savant désordre ; et toute cette folie réglée, raisonnée et rhythmique s'emparait de nous avec une séduction si impérieuse, que si après cela un homme nous abordait en nous disant : « Bonjour, monsieur, comment vous portez vous? » c'est lui qui nous semblait en proie au délire.

Ce n'est pas moi qui voudrais flétrir le grand Molière du nom de magicien ; cependant permettez-moi de vous faire observer, en passant, comme il est peu naturel qu'à des scènes de la vie réelle, entre honnêtes gens, se mêlent tout à coup, et sans préparation, des Égyptiennes, des Polichinelles, des Faunes, des Joueurs de boules, des Pêcheurs de corail et des Poitevins dansants. Enfin, pour finir, voulez-vous me permettre la brutalité d'un argument *ad hominem*? Eh bien, en écoutant *Ma Camarade*, nous ne nous serions pas si joyeusement tenu les côtes et décroché les mâchoires à force de rire, si vous vous étiez borné à la simple énonciation du fait. Abandonné par son amante, Daubray se couche et ne peut pas dormir, voilà le fait. Mais les calembredaines qu'il débite, c'est l'imprévu, c'est l'amusant, c'est le caprice, c'est les arabesques, c'est les phrases ! Et, je suis bien forcé de le croire, les seules phrases qui vraiment vous déplaisent sont les phrases vides de sens. Mais si les magiciens du style parlaient pour ne rien dire, ils ne seraient plus des magiciens, ils seraient des Jocrisses.

XL

MOLIÉRISME

A AUGUSTE VITU

Mon cher ami, absent de Paris, je n'ai pas encore vu le dernier ouvrage de votre Archéologie Moliéresque : *Le Jeu de Paume des Mestayers et L'Illustre Théâtre*, mais pour me faire prendre patience, j'ai près de moi, ici, à la campagne, et je viens de relire avec admiration votre merveilleux volume intitulé : *La Maison mortuaire de Molière*. Avec quelle sagacité ingénieuse, avec quelle puissance d'induction, avec quel tact, examinant tout, tenant compte de tout, écartant les assertions douteuses, vérifiant les hypothèses, vous avez fixé un important point d'histoire !

On le sait, grâce à vous, et on ne l'oubliera plus, et il n'y a plus moyen qu'on l'oublie, Molière est mort, non comme avait cru le prouver Beffara, et comme le constatait indûment la plaque commémorative placée au numéro 34 de la rue de Richelieu, ni comme le pense Édouard Fournier, rectifiant cette erreur, au numéro 42, mais bien au numéro 40. L'étude des plans du *Terrier Royal* vous guidant pour la recherche de la vérité entre deux assertions inconciliables, celle de l'acte mortuaire indiquant la demeure de Molière « proche de l'Académie des Peintres, » et celle du mémoire de La Serre plaçant la maison du poëte « vis-à-vis la Fontaine, du côté qui donne sur le Jardin du Palais-Royal, » de déduction en déduction, sans vous écarter d'un pas, sans abandonner rien au hasard, vous êtes arrivé à vous former une conviction nette, absolue, qui dans votre esprit ne laissait aucune place au doute. Mais la preuve, la bienheureuse preuve, visible et tangible pour tout le monde, éblouissante d'évidence, vous ne la teniez pas. Quelle dut être votre joie, après tant de chères peines, lorsqu'il vous fut donné de la toucher et de la voir !

Ce fut, dites-vous, avec une entière certitude que je me fis annoncer chez M. le baron Albert Cretté de Palluel, l'un des propriétaires de la maison n° 40. J'y reçus l'accueil non seulement le plus courtois, mais aussi le plus intelligemment sympathique à l'objet de ma recherche. A peine l'avais-je exposé, que M. de Palluel, souriant de ma joie, plaçait sous mes yeux une pièce du plus haut intérêt, l'acte de compte et partage de la succession des héritiers Baudelet, en date du 15 juillet 1704, où je lus avec un ravissement et une émotion faciles à comprendre, les lignes que voici :

« Il sera fait compte de la somme de 812 livres
« 10 sols, faisant moitié de celle de 1625 livres, pour
« cinq termes du loyer des lieux occupez en ladite
« maison, rue de Richelieu, *par les sieur et damoiselle*
« *Molière,* eschus depuis le premier juillet 1677 jusques
« à la Saint-Remy 1678, à raison de treize cents livres
« par an... »

Ce n'est pas d'hier, mon ami, que vous êtes un moliériste ardent, convaincu, passionné, et quelle belle religion que celle-là, car n'est-ce pas adorer celui qui fut toute clarté, brûlant les vains mensonges à la flamme de son esprit, et dont l'universelle tendresse, embrassant toute la folle humanité, n'a d'égale que son génie ! Vous aimez si profondément votre dieu que vous trouvez même superflu de perdre temps à le louer, et vous aimez mieux vous occuper pratiquement, comme peut le faire un savant compréhensif et spirituel, de ce qui peut nous aider et nous servir à le connaître mieux. Vous avez étudié, vous étudiez sans cesse Molière, avec tous les moyens d'investigation que vous fournissent les livres, les documents, les archives, l'inconographie, et je me le rappelle, quand M. Ballande organisa au théâtre Italien un jubilé et une exposition moliéresque, les plus beaux portraits qui furent alors montrés au public appartenaient à votre précieuse collection. Elle est en effet riche entre toutes, et par conséquent vous devez savoir mieux que personne à quel point les portraits du poète ne se ressemblent pas entre eux. Si jamais il s'agissait de les mettre d'accord, ce serait une tâche à faire reculer l'analyste le plus inventif. Comment le nez, gros du bout, aux narines bien ouvertes, que nous racontent le portrait écrit de Molière et les peintures de Mignard, devient-il, dans d'autres images, et notamment dans un portrait souvent gravé, dont vous possédez, je crois, l'original, un nez presque pointu? Devine si tu peux!

Moi, par un procédé qui m'est familier, j'adopterais la sublime et mélancolique effigie que nous propose le buste de Houdon. Car la vérité matérielle étant en quelque sorte impossible à reconstituer, n'est-il pas prudent de s'en tenir à l'affirmation du génie? Molière doit être tel à travers les âges, parce que Houdon l'a voulu ainsi, et cette raison me paraît suffisante. Celui qui a pu donner à Voltaire, chauve et lisse comme un rocher poli, une chevelure qui est bien la sienne, qui lui appartient en propre, qui est sa chevelure légitime, et que rien ne lui enlèvera jamais à travers l'éternité future, celui-là avait bien le droit de modeler à Molière un visage d'une réalité idéale et supérieure, conforme à son génie. Et je le revois encore très bien esquissé d'un trait, mais d'un trait magistral! dans ces quelques lignes placées à l'avant-dernière page de votre belle étude :

« A moins d'une restitution pieuse, que je rêve sans oser la suggérer, la lumière du jour parisien n'éclairera plus jamais le puits obscur et enseveli devant lequel Molière a passé chaque jour pendant les cinq derniers mois de sa vie, soit qu'il descendît sous les ombrages pour respirer l'air matinal, soit qu'il se rendît à son théâtre pour préparer ce funeste *Malade imaginaire,* dont les répétitions, mêlées de musique et de danse, durèrent près de trois mois, et dont la quatrième représentation le tua. C'est par là qu'il sortait, vêtu communément de drap noir, sur lequel tranchait la blancheur des dentelles, marchant grave, noble et pensif, vers ce tréteau glorieux auquel il avait depuis trente ans voué sa vie, et qui la lui prit dans la soirée du 17 février 1673. »

Guenille si l'on veut! — Votre admirable travail, mon ami, a trouvé une enveloppe, une figure digne de sa patiente et profonde pensée. Il est imprimé sur du papier de fil fait, chose étrange! avec du fil; en caractères purs, élégants, bien gravés, par les soins de l'excellent typographe Charles Unsinger; les proportions sont harmonieuses, la justification bien ordonnée, les blancs répartis dans une juste mesure, les ornements et les culs-de-lampe employés avec la plus discrète sobriété, de telle sorte que ce volume est dans la plus noble et la plus complète acception du mot : UN LIVRE. Et c'est ce qui me rend très heureux, car toutes les fois qu'un beau livre, qu'un vrai livre est consacré à la gloire immortelle du Contemplateur, j'en éprouve une joie vengeresse. Pourquoi *vengeresse?* me demanderez-vous. J'aime, j'idolâtre Molière, naturellement, sans quoi ma prétention à mériter le nom de poète serait insoutenable et folle. Mais je ne me crois obligé ni à tousser et à cracher comme ce dieu, ni même à admirer la façon dont il tousse et crache. Et ici je vous demande la permission de mettre un point comme sur un I gigantesque.

Je crois qu'on ne saurait attaquer les abus d'une

institution sans attaquer l'institution elle-même, tant toute chose est étroitement et intimement liée à ses abus. Je crois que lorsque Luther flétrissait l'abus des indulgences, il en voulait, comme la suite l'a bien prouvé, aux indulgences mêmes, et à celui qui les donne, et à la religion qui le met sur un trône. Je crois que, lorsqu'en 1848 les opposants demandaient l'adjonction des capacités, ils réclamaient *ipso facto* l'adjonction des incapacités, qu'en effet nous avons obtenue. C'est pourquoi, en compagnie de beaucoup d'honnêtes gens qui, de même que les Limosins, ne sont pas des sots, et de même que les Parisiens, ne sont pas des bêtes, je n'ai jamais pu applaudir la célèbre tirade de Clitandre à la scène III du quatrième acte des *Femmes Savantes :*

> Il semble à trois gredins, dans leur petit cerveau,
> Que pour être imprimés et reliés en veau,
> Les voilà dans l'État d'importantes personnes ;
> Qu'avec leur plume ils font les destins des couronnes...

Je le sais bien, Molière me dira que, par la bouche de Clitandre, il prétend railler les mauvais gredins et non les bons gredins ; mais je ne crois pas ce qu'il dit. Je sens que ces gredins, dont il rapetisse complaisamment le cerveau pour les besoins de sa cause, ce sont mes maîtres, mes rois, mes dieux, les princes de la pensée humaine ! Je pense qu'ils font en effet avec leur plume les destins des couronnes et les autres destins, et qu'ils ont raison de se croire d'importantes personnes dans l'État, précisément parce qu'ils sont imprimés et reliés en veau. Et voulez-vous que je vous dise toute ma pensée ? Il semble que, là, Molière incrimine les gredins qui font le livre, moins encore que le livre lui-même, et que le veau dont le livre est revêtu. C'est pourquoi, à ce qu'il me semble, le Livre prend une noble et magnifique revanche, digne de lui, lorsqu'il célèbre pieusement le plus grand des poètes. Et en quel temps plus que dans le nôtre a-t-il savouré cette généreuse vengeance ?

Non seulement les plus beaux livres, érudits, profonds, spirituels ont été écrits pour étudier, pour glorifier Molière, pour mettre ou remettre en lumière tout ce qui touche à son histoire et à sa vie ; mais la typographie, le dessin, la gravure, l'érudition patiente unissent chaque jour leurs efforts pour donner de nouvelles éditions irréprochables de son œuvre, où la correction le dispute à la plus éblouissante magnificence. Il n'est pas jusqu'au Registre de Lagrange qui n'ait été imprimé avec des proportions monumentales, et avec une pompe inouïe, comme si c'étaient les Tables de la Loi. Ainsi le livre a montré qu'il a de l'esprit, et le veau a témoigné qu'il n'est pas trop bête.

Mais pourquoi ce grand cœur, pourquoi cette lucide pensée, pourquoi cet absolu bon sens, pourquoi ce victorieux génie, pourquoi Molière en aurait-il voulu au Livre, lui qui construisait jour à jour, et qui devait laisser après lui, impérissable, le plus beau de tous les livres ? Pour répondre à cette question, il faut se rappeler, comme la science le proclame, que chacun de nous a une personnalité double et existe deux fois, d'abord comme être individuel, puis comme fragment d'un être collectif. Molière individu, Molière poète, le contemplateur, le créateur, le philosophe Molière, vivant à mi-chemin du ciel, dans une sphère inaccessible et sereine, est à des milliers de lieues au-dessus des injustices, des préjugés et des faiblesses. Mais d'autre part, Molière appartient à l'être collectif appelé Théâtre, et en cette qualité il partage les amours, les appétits, les répulsions, les haines même de la race-théâtre. Or, c'est l'impeccable instinct, c'est la loi du *combat pour la vie* qui le veut ainsi, le Théâtre sent un ennemi dans le Livre. Où le Livre n'existe pas, où le spectateur est un être naïf ne sachant pas lire, le Théâtre est maître absolu ; à son gré il charme, domine, émeut, enchante les âmes, sans que rien vienne entraver son action, et le destin de l'œuvre représentée est une chose définitive et suprême ; il n'y a pas à en appeler. Du moment que le Livre existe et le spectateur qui sait lire, tout change de face, et nous en avons vu d'éclatants exemples.

Deux œuvres d'Alfred de Musset, *André del Sarto* et *La Quenouille de Barberine*, qui étaient imprimées depuis longtemps et que tout le monde avait lues, passaient pour de très belles comédies ; plus tard et pour des raisons qui peuvent être appréciées de façons très diverses, l'épreuve de la représentation leur réussit à demi ; cependant elles restèrent belles comme devant, parce que le texte imprimé et connu permettait de faire la part qui revient à chacun dans ce résultat. Qui ne voit combien les poèmes de Corneille, de Racine, de Molière lui-même se seraient écartés de leur sens primitif, s'il ne nous était donné de les lire ! Car par son essence même, la représentation tend à diminuer la part du Verbe, pour développer démesurément celle de la mimique et du jeu de scène.

Mais, mon ami, ces considérations m'ont entraîné trop loin. Je voulais vous dire quel intérêt j'ai trouvé dans la lecture de votre *Appendice*, qui prend une par une les maisons de la rue de Richelieu, et raconte leur construction, leurs vicissitudes et celles de leurs propriétaires. Comme tout serait éclairé, si on avait des siècles à soi et si un tel travail était possible, par une histoire de Paris entier faite de la sorte ! Ne serait-ce pas le cas de reprendre l'idée de Balzac, d'enrégimenter sous un chef des gens de lettres, et de les utiliser à ce gigantesque labeur, comme jadis des pharaons employaient les rouges Égyptiens à construire les Pyramides ?

XLI

L'ÉCRITURE

A PIERRE VÉRON

Mon cher ami, la légende raconte que vous écrivez seulement par jour quatorze articles; mais, puisqu'on voit des articles de vous infiniment plus nombreux, c'est que, nécessairement, vous les écrivez. Et c'est toujours du même esprit net, vif, rapide, de la même plume alerte, avec la subtile intelligence de tout, avec le trait qui arrive à point nommé et vole droit au but. Le vers d'EVIRADNUS : « *Sans jamais m'absenter ni dire : Je suis las* » pourrait être votre devise. Et pourquoi seriez-vous las? Sont fatigués, seulement ceux-là qui se reposent quelquefois, et qui ensuite veulent se remettre à l'ouvrage; mais vous ne vous reposez jamais; aussi n'avez-vous pas à redouter cette dangereuse transition du chaud au froid.

Un personnage de *La Vie de Bohème* disait comiquement : « Il y a comme ça des années où l'on n'est pas en train ! » Vous, c'est tout le contraire; il y a des années où vous êtes en train, et ce sont toutes les années. Mais, au moins, êtes-vous bien entouré par la mise en scène traditionnelle de l'homme qui écrit? Avez-vous la lampe basse à vaste abat-jour, et autour de vous des piles de livres, et de l'encre aux doigts et des manches vertes ? Vous cognez-vous dans la rue contre vos amis sans les reconnaître, et quand on vous parle, répondez-vous tout de travers, comme un songeur qui tombe du ciel ou qui revient de Pontoise? Nullement. Vous appartenez à la vie, vous avez le temps d'assister aux comédies, de promener au Bois, d'aller dans le monde, de donner chez vous à vos amis d'excellents dîners, des fêtes où se presse tout le Paris illustre, où l'on entend Christine Nilsson, Faure, Maurel et les autres grands artistes, et enfin de vous comporter comme les honnêtes gens. Cependant les quatorze articles quotidiens (moi, je crois qu'il y en a davantage) marchent avec une régularité parfaite, et quoi que le public désire savoir, vous êtes là pour le lui dire, sous une forme gaie et amusante, et dans ce très bon français qui, de même que le grec, n'a jamais gâté rien.

Notre grand Musset confesse en une de ses plus belles strophes que *Quand on n'a pas d'argent, c'est amusant d'écrire,* et en effet, il écrivait volontiers, quand par hasard il lui arrivait d'être sans le sou. Mais vous, vous continuez la chère besogne, même quand vous avez de l'argent; sans quoi vous courriez le risque de n'écrire jamais. Et quand, par exemple, vous composez une grande pièce de théâtre, ou quand vous la faites répéter, vous ne faites nullement trêve pour cela à vos labeurs de journaliste, ce qui est le bon sens même. On ne relit jamais assez dans le livre d'Eckermann la page où Gœthe conseille aux poètes de faire le plus possible de poésies de circonstance et, quand il leur vient une bonne idée, de la saisir tout de suite, au lieu de paresser, sous prétexte de rêver de grandes œuvres. Car, au contraire, ces petites œuvres du moment, enlevées, prises sur le vif, vous donneront la science de composition, et la plume docile, toujours prête, avec lesquelles vous ferez les grandes œuvres, si vraiment vous les avez dans la tête. Et aussi on ne se répète pas assez la définition admirable de Baudelaire : « L'inspiration, c'est de travailler tous les jours. » Oui, c'est la vraie et seule inspiration, et les constructions de phrases, les images, les tropes, les mots ne se dérobent pas à celui qui vit avec eux et qui ne les quitte pas d'une semelle.

Étant donné ce que vous êtes, mon cher ami, le conteur, le diseur infatigable, le remueur et le metteur en œuvre d'idées toujours prêt, c'est avec vous surtout que je puis causer sur cette question : le travail littéraire est-il fatigant ou ne l'est-il pas ? A mon sens, il ne l'est pas du tout pour l'esprit, quand il s'agit d'un esprit créé, instruit, outillé, entraîné pour cela. Mais reste un autre point de vue, celui de la fatigue physique. A l'époque où (l'art étant alors dans le marasme) les théâtres du boulevard jouaient par soirée trois mélodrames en huit ou dix tableaux chacun, et où le célèbre Saint-Ernest qui, bien qu'il n'eût pas de nez, représenta Louis XVI et Napoléon, soutenait presque à lui seul le poids de ces immenses machines, un amateur égaré un soir sur la scène de l'Ambigu lui disait son admiration. — Ah! monsieur, s'écriait-il, exprimer tant de passions, de délires, d'amours divers, subir tant d'émotions, verser tant de larmes, traverser tant de souffrances, quel martyre sans cesse renouvelé, et lorsqu'arrive la fin de la soirée, que vous devez sentir de commotions et de brisements dans le cœur! — Non, monsieur, c'est dans les jambes, lui répondit avec mélancolie le bon Saint-Ernest, qui savait assez bien son état de tragédien pour n'être pas déchiré par les sentiments qu'il feignait, mais qui, en somme, étant une créature humaine, ne pouvait rester sur ses jambes six ou sept heures de suite, sans y sentir des crampes douloureuses.

Eh bien! tel est, à ce que je crois, le sort de l'écrivain. Inventer, créer, imaginer, ce n'est rien ; trouver des saillies, des traits piquants, faire se dérouler sa-

vamment les mille arabesques du caprice, cela va de
soi ; mais à être toujours courbé en deux sur le divin et
terrible papier blanc, à toujours pencher la tête en
avant, à toujours faire courir la plume de gauche à
droite, on finit par avoir bien mal dans le dos et dans
les reins. C'est à quoi depuis bien longtemps on a cherché des remèdes, mais il n'y en a pas. De fort honnêtes
gens écrivent debout, sur un pupitre monté haut sur
pattes, et tout en cherchant une épithète, ou un arrangement de syllabes, se promènent dans la chambre.
Mais c'est un mauvais système, parce que, dès qu'on
n'a plus l'œil sur eux, les mots, qui sont des malins,
s'envolent dans tous les coins, comme des oiseaux fous,
et se cognent la tête et les ailes contre le plafond. Et
l'écrivain lui-même, s'il a quelque tendance à la rêverie, ce qui est pardonnable, car en somme on n'est pas
parfait, ne tarde pas, en se promenant, à imaginer
d'autres ouvrages que celui auquel il travaille, et au
lieu de faire bravement son métier de forçat, à savourer frauduleusement les coupables délices de la liberté.

Dans son charmant livre intitulé *Le Paradis des Gens
de Lettres,* mon regretté ami Charles Asselineau raconte
une machine perfectionnée grâce à laquelle, au fur et
à mesure que l'écrivain pense, sa prose se trouve composée typographiquement, corrigée, publiée d'abord
dans une Revue où on paie très cher, et tout de suite
après en un volume élégant et commode ; mais cette
solution, qui me paraît très vraisemblable, appartient encore au domaine du surnaturel, tant que la
Science ne l'a pas ratifiée ; aussi n'y a-t-il pas lieu
de l'examiner pour le moment. Des inventeurs plus
pratiques avaient construit un piano-compositeur, sur
lequel il suffisait de jouer, en suivant sa pensée, pour
assembler les caractères typographiques et pour en
former des mots et des phrases soigneusement ponc-
tuées. Cette invention présentait de nombreux avan-
tages, car c'est une combinaison séduisante, celle d'un

piano qui ne joue pas d'airs, ni de symphonies, et n'exhale aucun son. Mais aussi, lorsque l'écrivain a l'habitude de raturer des mots, d'effacer, de retoucher et de recommencer des phrases, (ce qui n'est pas sans exemple,) quel tohu-bohu, quel tumulte, quel brouillamini de caractères, de virgules, de cadratins et de filets cela doit faire dans un piano ! On ose à peine y songer.

Non, décidément, le puissant anesthésique, le chloroforme de l'opération littéraire, n'a pas été encore trouvé, et quoique mâle, ou devant l'être, il faut que l'écrivain, comme les femelles des bêtes, accouche dans la douleur, en ayant mal aux reins. Et cela, par mille raisons, dont la meilleure est celle-ci : que si le remède était trouvé, il ne faudrait pas s'en servir. Car la phrase est comme la terre, elle aime celui qui la travaille de ses mains et l'arrose de sa sueur, et c'est pour celui-là seulement qu'elle est féconde. Il faut de ses yeux la voir germer, lever, éclore, grandir, fleurir et porter ses fruits superbes. Que l'écrivain écrive donc, puisqu'il n'en peut être autrement, et le seul adoucissement qu'il puisse apporter à sa peine matérielle, c'est de trouver de bonne encre et de bon papier sur lequel les plumes glissent bien. Parbleu ! Rabelais, Montaigne, Molière se servaient de papier fait avec de vrai chiffon de toile, auquel on ne mêlait pas, comme aujourd'hui, un tas de choses absurdes, et les couteliers, qui étaient d'honnêtes couteliers, leur vendaient, pour tailler leurs plumes, des canifs qui coupaient très bien. Aussi n'est-il pas étonnant qu'ils aient écrit des livres solides et durables. Voltaire aussi, à ce que j'imagine, avait su trouver du papier qui n'était pas mauvais. Dans ce temps-ci, on vend encore de bon papier chez quelques rares marchands (et notamment Victor Hugo en a déniché une quantité considérable !) mais il faut le payer beaucoup plus cher qu'autrefois.

Pour calmer momentanément les maux de reins

produits par le travail littéraire, les massages, les frictions et les bains orientaux avec tous leurs salamalecs sont assez efficaces ; mais dès qu'on reprend la plume, va te promener, il n'y a plus rien de fait, tout est rompu, mon gendre. Mon ami, je vous le dis dans le tuyau de l'oreille, j'avais rêvé, moi qui vous parle, un autre moyen pour que les littérateurs n'eussent plus de douleurs dans le dos, et ce moyen c'était : de supprimer la littérature. Pourquoi ne la supprimerait-on pas ? Dans très peu de temps, quand les progrès imminents des sciences électriques et télégraphiques nous permettront de faire venir instantanément de tous les points du monde des informations précises et infiniment variées, il est évident que LE FAIT saisi, cueilli tout vif au moment même où il vient d'éclore, suffira à remplir les quatre pages des journaux. Il n'y aura donc plus aucune raison pour qu'ils donnent asile à des ouvrages souvent charmants, ingénieux, pleins de talent et de gaieté, mais qui, pareils à la savate de l'Auvergnat, tiennent de la place.

Quant aux livres, il est inutile d'en fabriquer, puisqu'il n'y a plus de place pour en mettre, ni dans les bibliothèques publiques, bondées jusqu'aux combles, ni dans les appartements particuliers, édifiés sur des terrains à trois mille francs le mètre, et à peine assez vastes pour y installer les deux fauteuils bas, confortables, et la paire de pincettes. Mais comme il faut employer les littérateurs, et comme l'homme a besoin d'amusement, de distraction, de surprise et de joie, dans la campagne ou dans les rues de la ville, près des tables où les laboureurs et les ouvriers boivent le vin du repos, les romanciers viendraient raconter toutes sortes de belles histoires. Ils ne seraient même pas forcés de les inventer personnellement ; la même histoire pourrait servir à vingt conteurs, et ainsi, en passant de bouche en bouche, s'augmenterait et s'enrichirait de mille ornements nouveaux. Je le sais bien, ce serait la mort de la propriété littéraire ; mais avec la propriété littéraire, ni l'*Iliade*, ni *La Divine Comédie* n'auraient pu naître, ni les pièces de Molière. Il n'y aurait donc pas à trop regretter une loi, grâce à laquelle un paysan qui plante un chou s'expose à un procès en contrefaçon.

Mais les journalistes, les gens d'esprit? Rien de plus simple. Tous les mortels avec qui ils voudraient bien causer leur donneraient de l'argent, et de la sorte ils deviendraient extrêmement riches. Et sur toute la joaillerie des volumes de vers, que pense monsieur Josse? (Monsieur Josse, c'est moi-même.) Celui qui aurait composé un petit poème le réciterait aux personnes qu'il rencontrerait, et si c'était *Le Loup et l'Agneau*, ou *Mignonne, allons voir si la rose...*, le poème voltigerait sur les bouches des hommes et se perpétuerait ; sinon, il serait oublié. Mais écrirait-on encore des lettres, pour être mises à la poste? Les messieurs, non, et ils devraient se contenter de la correspondance télégraphique ; mais les dames pourraient continuer à écrire des lettres, et on les lirait à haute voix dans les salons, pour s'amuser, comme au temps de Louis XIV. Car la femme, qu'elle soit Sévigné ou Turlurette, écrit toujours bien les lettres, parce qu'elle ne s'applique pas et qu'elle y met tout ce qui lui passe par la tête. Et puis, il en est pour elle de l'écriture comme des nuits passées au bal, et des causeries d'amour à la lueur des chastes étoiles! Ça ne lui fait jamais mal dans le dos.

XLII

LA STATUE DE BALZAC

A EMMANUEL GONZALÈS

Mon cher président, comme le dit votre lettre si pieusement émue, ce sont les nombreux amis et admirateurs du grand Honoré de Balzac qui vous ont invité à prendre l'initiative d'une souscription destinée à élever une statue au créateur de *La Comédie Humaine*. Ils ne pouvaient choisir mieux. Vos travaux déjà si longs, votre brillante et honorable carrière, l'intégrité d'une irréprochable vie, le dévouement que vous avez montré, sans aucune défaillance, aux lettres et aux lettrés, vous rendaient digne de les représenter dans cette circonstance solennelle, et votre nom est ici un gage certain du succès.

Oui, mon ami, élevons la statue à Balzac! Que la noble figure de ce géant, de ce fils immortel de Rabelais, se dresse sur une des places publiques de son Paris, brillante de force et de joie, et resplendisse sous le soleil en sa gloire triomphale! Cette statue, Balzac ne l'aura pas volée, lui de son vivant toujours insulté, vilipendé, méconnu, grignoté par toutes les misères qui toujours mordent le talon du génie. Ah! pour la faire, cette statue du héros qui fut et sera notre maître, rassemblons vite beaucoup d'étain et beaucoup de cuivre ! Et si nous en avons, jetons aussi notre argent dans la fournaise, et si nous en avons, jetons-y aussi notre or, afin que la figure du dieu soit coulée avec un airain pareil à celui qui ruisselait dans les rues après l'incendie de Corinthe !

Ah ! quand même nous jetterions encore, par-dessus le marché, dans le brasier nos cœurs et nos âmes, nous ne rendrons jamais assez d'honneurs à celui qui dans l'avenir sera notre seul témoin. Oui, osons le dire, le seul. Certes il y a eu dans ce temps d'habiles et ingénieuses comédies jouées sur les théâtres ; il y a eu des coins de vie et d'âme savamment observés ou devinés ; il y a eu des sanglots, des cris de poète sincères, et de superbes ironies ; mais enfin, le siècle entier, ce dix-neuvième siècle dans son ensemble, ses aspirations, sa lutte pour la vie, son prodigieux esprit, ses amours tragiques et maladives, pour en avoir une idée, il faudra feuilleter d'une main nocturne et diurne *La Comédie Humaine*, qui après l'épopée de Rabelais, est le Livre ! Il faudra la relire sans cesse, parce qu'au-dessus des accidents et des anecdotes, elle est vraie d'une vérité virtuelle et grande comme une Iliade.

Lui aussi, le grand Tourangeau était un statuaire. A la façon de Michel-Ange, sans perdre de temps à des modelages et à des moulages, tout de suite il prenait en main le ciseau et le maillet, entamait son bloc par le haut, et autour de sa tête formidable et sereine, les éclats de marbre s'envolaient, ainsi que des oiseaux. Quelquefois, arrivé au bout de son marbre, il ne lui en restait plus pour faire les pieds, accident qui arrive volontiers aux colosses faiseurs de colosses. En homme qui prend ses précautions, en même temps qu'il l'érigeait pour nous, Balzac avait eu soin de s'ériger à lui-même un monument sur lequel le Temps usera ses dents rapaces, et mille fois indestructible. Aussi n'aurait-il en effet aucun besoin de la statue que nous lui consacrerons ; mais nous, pour notre honneur, pour notre gloire, pour montrer que nous ne sommes pas des fils oublieux et indignes, nous avons besoin de la lui consacrer.

Élevons-la donc, cette statue, et qu'elle évoque, avec sa vigueur hérakléenne, le géant à l'épaisse chevelure! Et une fois coulée, refroidie, posée sur son socle, j'imagine qu'elle éclatera d'un vaste rire, image d'un homme divin à qui on donnera une statue après sa mort, après lui avoir tout refusé de son vivant. Lorsque fut érigée la statue du grand Corneille, magnifiquement drapée dans un manteau aux larges plis, en une page pleine de colère, de bon sens et d'ironie, le spirituel Jules Janin expliqua très bien comme un solide manteau réel en bon drap d'Elbeuf eût été plus utile à Corneille vivant que le chimérique manteau de bronze à Corneille mort. Eh bien! mon ami, lorsque, Gulliver emprisonné dans les mille fils des Lilliputiens, harassé par les huissiers, par les billets, par l'argent et par le manque d'argent, Balzac avait à lutter contre d'innombrables difficultés pour pouvoir continuer sa grandiose Comédie, j'imagine que s'il avait pu savoir ce que nous allons faire demain, il n'aurait pas manqué de nous dire en homme pratique : « — Donnez-moi d'ores et déjà l'argent de la statue, pour que je puisse travailler; mais quant à la statue, je la ferai moi-même, et je m'en charge! »

Est-ce à dire, mon ami, que je ne veuille pas la statue? Au contraire, je la veux de toute ma religion, de toute mon âme et de toutes mes forces; en humble auxiliaire, je m'associerai à votre œuvre sans marchander le temps et le dévouement, et je ne demanderai pas à me reposer avant que le Balzac de bronze ne regarde passer à ses pieds l'immense peuple fourmillant qu'il a modelé et créé, de Marsay et Vautrin, et Nucingen, et madame de Maufrigneuse, et madame Jules, et tous les autres. La statue, je la veux; mais lorsque nous l'aurons élevée, non seulement nous ne nous serons pas acquittés envers Balzac, ce qui est impossible, mais nous ne nous serons même pas acquittés dans la mesure de ce que nous pouvons, et nous aurons encore le devoir de rendre au maître des hommages bien autrement sérieux que celui-là.

Mon ami, aimer les grands morts seulement dans leur mémoire et dans le bronze qui vaguement les représente, c'est ne rien faire du tout; il faut les aimer dans leur sang et dans leur chair vivante, c'est-à-dire dans le sang et dans la chair de leurs fils, dans leur postérité légitime. Les pires de tous les philistins sont ceux qui prétendent adorer Racine et Corneille, mais qui disent : « La poésie a fini avec eux. » Non, ils en ont menti par leur gorge affreuse, la poésie ne meurt pas, elle ne s'éteint pas; Dieu, qui est le fabricant des génies, en fabrique toujours, et feindre de croire qu'ils n'existent pas est un moyen trop commode de s'acquitter avec eux.

Certes, il ne faut pas adopter l'audacieux système de tropes inauguré par Louis Belmontet, et prétendre avec lui que *Le vrai feu d'artifice est d'être magnanime.* Il ne faut pas dire : « La meilleure manière d'élever une statue à Balzac, c'est d'honorer le génie vivant. » Mais pour rester dans le bon sens et dans la bonne construction grammaticale, nous pouvons dire : « Après que nous aurons érigé la statue de Balzac, nous n'aurons rien fait si nous ne l'honorons encore dans sa race, dans ceux qui après lui portent le flambeau sacré; » et c'est tout ce qu'il y a de plus facile; il n'y a qu'à vouloir.

Quand le Molière de ce temps mourut brisé par le travail, à l'âge même où étaient morts Molière et Shakespeare, son corps fut à peine suivi, honte éternelle pour la France! par quelques pelés et par quelques rares tondus. Nous ne pouvons pas faire que les obsèques de Balzac recommencent; mais ce que nous pouvons très bien faire, c'est, quand un homme de génie mourra, de l'accompagner pieusement à sa dernière demeure, au lieu de rester égoïstement au coin du feu, les pieds sur les chenets.

Pendant des années, — je me le rappelle! — on vit traîner à la Comédie-Française, usé à force de ne servir à rien, le manuscrit de *Mercadet le Faiseur*, une des grandes comédies de ce temps. Il fallut que Balzac fût mort, et que la pièce eût été jouée avec un éclatant succès au Gymnase, pour que notre premier théâtre consentît à l'accueillir enfin. Eh bien! si la Comédie se repent de ce déni de justice, elle a un moyen bien simple, et unique! de le réparer; c'est de ne plus laisser traîner chez elle des chefs-d'œuvre non joués. Un jour, Paris fut étonné par un rire énorme, pareil à celui des Dieux assis au festin dans leur salle pavée d'or; c'étaient les académiciens qui riaient, parce qu'après avoir écrit seulement *La Comédie Humaine*, Honoré de Balzac avait l'audace de se présenter à leurs suffrages.

Ni vous, ni moi, ni l'Académie, nous ne pouvons empêcher qu'il en ait été ainsi; mais si un autre Balzac s'offre au jugement des immortels et provoque un nouvel éclat de rire, il nous est tout à fait permis de nous adresser au docte corps, et de l'adjurer par de vives raisons. Nous pouvons lui dire : « Académie, tu es la suprême consécration, mais à la condition d'être en même temps la justice. Lorsque volontairement tu te prives d'un génie, tu t'amoindris d'autant et tu n'amoindris nullement ce génie. L'avenir ne reprochera nullement à Gautier et à Baudelaire de n'avoir pas été académiciens, mais il ne saurait te pardonner de n'avoir pas admis dans ce que tu appelles *ton sein* Gautier et Baudelaire. » Oui, nous avons le droit de parler ainsi. N'allant jamais à l'Académie, je ne sais pas si Leconte de Lisle en fait ou n'en fait pas partie. Toutefois, je crois qu'il n'en fait pas partie. S'il en est ainsi, l'Académie aura, cette fois encore, boudé contre son ventre, ou contre *son sein*, puisqu'elle tient absolument à avoir un sein.

Mon ami, à la fin seulement de sa vie illustre, et lorsque les étrangers s'imaginaient certainement qu'autour de son cou robuste il portait le collier souverain composé d'aigles aux ailes déployées, Balzac reçut la croix de chevalier de la Légion d'Honneur, comme un sous-chef de bureau, ou comme Musset et Lamartine, car il faut bien l'avouer, pour le génie la France n'a jamais eu deux poids et deux mesures. Le grade de commandeur (que Hugo ne possède pas, n'étant que Hugo et n'ayant encore que quatre-vingt-un ans,) avait été réservé pour monsieur Scribe. Que pouvait faire Balzac devant cette manifestation ridicule ? Il remercia, rangea la croix de chevalier dans un tiroir, et se remit à travailler, ce qui est la fin de tout et la suprême sagesse. Nous ne pouvons pas faire que cela n'ait pas été ; mais nous pouvons regarder ce qui se fait autour de nous. Je ne sais pas en vertu de quelles règles l'avancement est obtenu dans la Légion d'Honneur ; cependant l'Europe considère avec raison Edmond de Goncourt et Alphonse Daudet comme les plus illustres représentants actuels de la littérature française, et sans en être certain, je ne pense pas qu'ils aient été appelés à des grades très supérieurs. Et même, quoique je ne puisse avoir grande confiance en mes yeux affaiblis par l'âge, il me semble bien que je ne vois rien à la boutonnière de Jules Barbey d'Aurevilly, ni à celle d'Émile Zola, ni à celle du grand poète des *Rimes Neuves et Vieilles*, du *Pays des Roses*, des *Ailes d'Or*, de la *Chanson des Heures*, Armand Silvestre. Pourtant, il y a dix-sept ans déjà (mars 1866) que George Sand écrivait à propos de ses premiers poèmes : « Voici de très beaux vers. Passant, arrête-toi et cueille ces fruits brillants, parfois étranges, toujours savoureux et d'une senteur énergique. » Mais qui parlait ainsi ? Ce n'était que l'auteur d'*Indiana*, de *Lélia* et de *Valentine*, George Sand !

Mais, mon ami, on me demandera de quoi je me mêle ; et on me renverra à mes moutons, c'est-à-dire à mes rimes, en me priant de ne pas mettre le nez dans les choses sérieuses. Il y a, me dit-on, un ministre compétent pour rendre justice à qui de droit, et il y a la Société des Gens de Lettres pour appeler l'attention sur ceux de ses membres qui le méritent. Cette Société, mon cher président, vous l'avez représentée avec fidélité, avec dévouement, avec éclat; moi-même, j'en suis membre depuis le temps où la reine Berthe filait; nous devons l'aimer et nous l'aimons, mais nous ne pouvons empêcher la nature des choses. Fondée surtout au point de vue du roman-feuilleton, il est probable qu'elle accorderait peu d'importance à un La Rochefoucauld n'ayant publié que ses *Maximes*. D'ailleurs un poète y serait un étranger et un exilé, par cette excellente raison qu'il est un étranger et un exilé partout.

Quant au ministre, il a bien d'autres chats à peigner. Il y avait déjà des ministres du temps de Balzac. Le ministre peut justement dire, en employant la logomachie de Gavroche : « Si je connaissais par leurs noms les écrivains de mon temps, je ne serais pas ici ! » C'est pourquoi, mon ami, élevons la statue de Balzac, j'y consens, j'en suis, je suis prêt à retrousser ma manche et à faire la besogne ; mais en même temps occupons-nous un peu de savoir le sort qu'on fait à son sang et à sa chair vivante, et alors, exempts de honte et de remords, nous oserons contempler l'œuvre pieuse de nos mains et lever nos yeux vers la Statue !

XLIII

POUR SHAKESPEARE

A PAUL MEURICE

Mon cher ami, je lis dans les journaux une nouvelle qui me comble de joie. C'est qu'à la saison prochaine, votre admirable drame traduit de Shakespeare, votre *Hamlet, prince de Danemark*, sera repris à la Comédie-Française. Ah! je désire être là et applaudir de tout mon cœur et de toutes mes forces, comme j'applaudissais, il y aura ces jours-ci trente-six ans, le 15 décembre 1847, quand la pièce fut donnée pour la première fois, sous la direction d'Hostein, au Théâtre-Historique!

Cette pièce, à laquelle Alexandre Dumas père devait apporter plus tard l'appoint de son prodigieux talent et de son habileté scénique, enfant encore, vous l'ébauchiez déjà au collège, tout en étudiant Homère et Sophocle, car vous avez eu dès ce temps-là l'adoration de Shakespeare, et dès qu'il vous fut donné d'aborder la scène, dans une fraternelle union avec Auguste Vacquerie, ce fut par des études shakespeariennes, comme *Falstaff*. Shakespeare! il ne me semble pas qu'il soit même permis de le louer; mais il faut se donner à lui, comme firent Delacroix et Berlioz. Naturellement, je nomme d'abord ces génies; mais il n'est pas besoin d'être si grand qu'eux pour trouver le salut dans la compagnie du poète d'*Othello* et de *Macbeth*. Ainsi que le disait justement le regretté Philoxène Boyer, dans ses leçons qui n'ont pas été oubliées, il n'y a pas d'exemple qu'un homme, s'étant voué au culte de Shakespeare, soit resté un homme ordinaire. On peut être séduit par tous les systèmes chimériques, inventés par la médiocrité, qui font de la poésie dramatique un art de pur escamotage; mais qu'on lise une page de Shakespeare, et tout de suite ces vaines fantasmagories s'évanouissent, se dissipent dans la nuée.

Le plus beau des poèmes dramatiques, le plus grand, le plus complet qui, depuis Eschyle, soit sorti d'un cerveau humain, *Hamlet, prince de Danemark*, prenant possession de la scène française, certes c'est là un événement de la plus haute portée, et moi humble, moi infime, qui aime Shakespeare dans chaque goutte de mon sang, j'en éprouve une profonde allégresse; mais que Molière et sa maison me pardonnent! je suis comme *Le Guillotiné par persuasion* de Chavette, j'ai de la méfiance. *Hamlet* sera joué, et cela ne fait nul doute, très bien joué; mais sera-t-il joué d'une façon *shakespearienne?* Sera-t-il lui-même? Être ou ne pas être, voilà la question. Je sais que les comédiens de la rue de Richelieu sont les premiers comédiens du monde, et que M. Émile Perrin est un metteur en scène d'un goût sûr, d'un tact exquis et d'une habileté rare. Mais sauront-ils, oseront-ils et voudront-ils être *shakespeariens?* Je voudrais n'en pas douter et j'en doute cependant, parce que, pour leur grande gloire, ils sont des Français, et que, nous autres Français, nous avons le goût et la manie irrésistible de tout franciser. Rappelez-vous, mon ami, que les historiens du dix-septième siècle, toutes les fois qu'ils ont à nommer le duc de Buckingham, l'appellent franchement et sans détour : *Monsieur de Bonquincamp!* Nous sommes là tout entiers.

En Allemagne, en Italie et dans tous les autres pays, Shakespeare, couramment et habituellement représenté, est accueilli et compris sans embarras, parce que, pour le jouer, on adopte, dans sa tradition large et claire, la rapide mise en scène anglaise, avec ses très simples changements de décoration à vue. Nous, avec les habitudes grossièrement réalistes que nous ont données l'opéra et le mélodrame du boulevard, nous assommons le poète sous ce qui l'écrase le plus sûrement, sous les décors compliqués à plantation, où de toutes parts le vers se perd dans les trous noirs, et sous les interminables entr'actes qui rompent l'unité et le mouvement de l'action. Ce mouvement, dans Shakespeare, c'est le véritable comédien; le décor doit être subordonné, complètement initial, et l'important c'est que l'action marche droit son chemin, sans que rien l'arrête.

La Comédie-Française adoptera-t-elle la mise en scène anglaise, les changements à vue, et ces simples décors où une toile de fond toute droite, sans découpures, renvoie la sonorité du vers, comme la plaque polie d'un réflecteur renvoie la lumière? Enfin saura-t-elle et voudra-t-elle costumer les acteurs d'*Hamlet* d'une façon *shakespearienne?* Il faut bien l'avouer, à la Comédie-Française comme à l'Opéra, prévaut l'abominable hérésie de l'exactitude historique considérée en elle-même, et sans tenir aucun compte de la volonté et des aspirations du poète ou du musicien qu'il s'agit d'interpréter. C'est ainsi que les décorateurs et les dessinateurs de costumes de l'Opéra courbent sous le même niveau égalitaire Meyerbeer, Rossini et Mozart, devenus, sous leur dure loi, non seulement égaux, mais pareils! La *Sémiramis* de Rossini succombe sous le poids des taureaux ailés à tête humaine, à barbe calamistrée, et de tout ce qu'on a trouvé dans les fouilles de Ninive, si longtemps après que le fécond musicien avait écrit sa partition, en se souciant de la couleur locale comme du Grand Turc.

A la Comédie-Française, lorsqu'il s'agit de réaliser

cette fantaisie délicieuse : *On ne badine pas avec l'amour*, le fin, le lettré, le spirituel, le délicat, mais trop docile Édouard Thierry assembla un sanhédrin qui, d'après des indications recueillies *passim* tout le long de la comédie de Musset, décida, à un mois près, l'époque probable à laquelle semblait devoir se passer l'action. Cet arrêt rendu et dûment enregistré, Procuste en personne fut appelé et, des ajustements donnés par Musset à son héros supprima impitoyablement tout ce qui dans cette affaire devait créer une discordance historique. Parfaitement et exactement vêtu comme un bourgeois du temps, le poétique, l'insaisissable, le romantique Perdican fut poudré à blanc et coiffé d'un tricorne, pour que rien ne l'empêchât d'aller faire sa visite réglementaire à madame la présidente.

Musset avait voulu que Perdican détachât une chaîne d'or de son bonnet, pour la donner à Rosette ; mais, comme le fit alors observer judicieusement le géomètre, l'amant de Camille étant coiffé d'un tricorne ne pouvait avoir en outre un bonnet ; et, en conscience, il ne pouvait non plus, d'un bonnet qu'il n'avait pas, détacher une chaîne d'or. Ah ! si l'on eût daigné feuilleter l'œuvre du seul artiste qui eût vraiment le droit de costumer *On ne badine pas avec l'amour*, c'est Watteau que je veux dire, on y eût trouvé beaucoup de gens de ce temps-là qui portent leurs cheveux sans poudre et qui sont coiffés de bonnets ; mais Watteau, qui est le moins connu des Français, est censé n'avoir représenté que des bergers d'églogue, et nul maître n'est, moins que ce peintre immortel des comédiens, consulté par les comédiens.

Vous vous rappelez, mon ami, toutes les belles illustrations que l'œuvre de Shakespeare a inspirées aux dessinateurs anglais ; pour parler sans plus de celles qui sont couramment sous nos yeux, je vous citerai les dessins gravés sur bois qui ont été transportés dans la traduction française d'Émile Montégut. Ne suffit-il pas de les regarder pour se convaincre que toute costumation exactement historique, appliquée au poète, est une hérésie? En effet, dans leur réalité poétique comme dans ces estampes charmantes, les personnages de Shakespeare sont essentiellement costumés d'une manière qui est un compromis entre l'antique et le moyen âge. Pourquoi cela? Parce qu'ils sont ainsi, parce qu'ils sont nés ainsi dans l'âme du poète, — et parce qu'il y a une vérité supérieure à la réalité. Ceci n'est plus du tout affaire d'époque et de calendrier, mais d'intuition, de sentiment, et d'ailleurs, pour cela encore, il suffirait de se conformer à l'excellente tradition anglaise.

Et comme les héros de Shakespeare ont leur costume, sans lequel ils ne sont pas eux-mêmes, ils ont leur caractère ethnique. Ce sont des Anglo-Saxons. Les jeunes hommes sont de jeunes Hercules aux larges épaules, aux longues chevelures, aux têtes presque enfantines. Ce sont des lutteurs, des boxeurs, des géants roses nourris de roastbeef. Quant aux héroïnes, il est impossible de se les figurer autrement que très grandes, sveltes, minces, robustes cependant, jaillies comme des lys, si majestueuses et si idéalement poétiques à la fois, qu'à Londres presque toujours la même tragédienne peut être tour à tour Juliette, âgée de treize ans, et lady Macbeth.

La note des journaux dit : « M. Mounet-Sully jouera Hamlet, mademoiselle Reichemberg Ophélie; les autres rôles ne sont pas encore distribués. » Je me hâte de faire ma critique pendant qu'il en est temps encore, c'est-à-dire six mois à l'avance. Car mademoiselle Reichemberg est une parfaite, charmante et merveilleuse comédienne; elle fait tout ce qu'elle veut faire; elle est tout ce qu'il lui plaît d'être et cela est évident, quand je l'aurai vue en Ophélie, ses cheveux d'or pâle mêlés de fleurs des eaux, fredonnant avec une douloureuse mélancolie : *Voici le matin De Saint-Valentin*, je ne voudrai pas d'autre Ophélie qu'elle, et elle me paraîtra la seule Ophélie possible. Mais, et pour dire cela je profite de ce que je ne l'ai pas vue encore, pour représenter la fille pensive de Polonius, pour cela seulement! il vaudrait mieux qu'elle fût de haute taille, au lieu d'être petite. Quant au très beau et très vaillant tragédien Mounet-Sully, je vous parlerai de lui tout à l'heure.

Quand fut créé votre *Hamlet, prince de Danemark,* Rouvière joua le rôle écrasant d'Hamlet avec un talent qui touchait au génie. De ce personnage surhumain il avait tout, l'âme, la pensée, la tendresse, la poésie, l'angoisse, la douloureuse ironie, tout, excepté la figure matérielle. Et de la part de Rouvière, peintre et excellemment artiste, ce fut une preuve de tact exquis de ne pas tenter de se conformer au type voulu par le poète. Car sec, brûlé, maigre, méridional jusque dans la moelle des os, avec son profil d'oiseau de proie, ses cheveux à la Paganini, sa mince barbe rare, par quel impossible miracle eût-il pu ressembler au jeune barbare du Nord, un peu gros, asthmatique déjà, à la blonde chevelure pâle, que le doute accable et déchire?

Avec l'interprétation de Rouvière, toute cette indispensable partie du rôle fut donc supprimée, et plus tard, lorsqu'accomplissant une transposition presque surnaturelle, madame Judith joua avec tant de force et d'éclat le rôle d'Hamlet, il ne dépendait pas d'elle, si brune, élégante et fine, de nous montrer le jeune prince blond et un peu gros.

Nous avons donc entendu Hamlet, mais l'Hamlet physique, si admirablement réalisé à Londres et en Amérique par notre grand tragédien Fechter, nous ne l'avons pas vu ici. Le verrons-nous? *That is the question.* Dans le rôle d'Hamlet, comme dans celui du Cid, l'extrême jeunesse est presque tout, elle est tout! car il n'y a pas un mot de ces rôles qui ne devienne absurde, si le personnage ne semble pas à peine échappé de l'enfance.

Mais un comédien arrivé à l'âge d'homme peut-il donner complètement l'illusion d'un très jeune homme? Cela ne fait pas doute. Régnier, à soixante ans, jouant Thomas Diafoirus, y était plus jeune et plus enfant que nul comédien au monde, parce qu'il voulait et savait l'être. Lorsque Beauvallet, à cinquante ans passés, représentait Rodrigue du *Cid,* mince encore, admirablement costumé, ayant su se donner l'allure, le geste, la façon d'être de l'enfant, charmant à voir avec une imperceptible moustache blonde naissante et une longue et soyeuse chevelure lisse, presque rousse, faite avec des cheveux de femme, il semblait avoir, non pas dix-neuf ans, mais expressément dix-huit ans. Ce que faisaient, vieux déjà, Régnier et Beauvallet, Mounet-Sully qui, jeune et beau, a comme eux le don et l'art de la composition, pourrait assurément le faire. *Seulement*, comme dit Bassecour...

Seulement, Mounet-Sully est l'adepte d'une religion dont les dogmes ne me sont pas connus, mais qui défend de couper sa moustache et de porter une perruque, même pour jouer la comédie. C'est pourquoi jouant *Le Cid* avec sa forte barbe et son épaisse chevelure, il a l'air d'être, non Rodrigue enfant, mais le Mounet-Sully qu'il est en effet. Et cela, malgré son talent, sa flamme, sa belle diction, son inspiration ardente. Un jour, je demandais à Fechter pourquoi ayant la plus charmante tête qui eût jamais été donnée à un mortel, il se faisait toujours pour jouer d'autres têtes que la sienne. — « Mais, mon ami, me dit en souriant le grand tragédien, c'est que je n'ai pas la prétention de posséder à moi seul tous les genres de beauté rêvés et voulus par les poètes! »

Autre chose. Vous le savez mieux que moi, mon cher Meurice, l'antithèse entre la rêverie et l'action, entre Hamlet et le jeune Fortinbras, c'est toute l'idée de Shakespeare. Ce Fortinbras, prince de Norvège, que vous réclamiez jadis avec tant de justice et que Hostein vous refusa si obstinément, viendra-t-il cette fois au dénouement, à la tête de son armée victorieuse? Car, mon ami, voilà assez longtemps qu'on corrige Shakespeare et qu'on le met en pénitence. Si on le laissait une fois agir et parler à sa guise? Ah! que M. Émile Perrin, toujours si sagace, serait bien inspiré et qu'il aurait bien mérité des lettres, s'il s'avisait de faire ce coup-là!

XLIV

LE MEILLEUR POÈTE

A NESTOR

Mon cher Nestor, nous pouvons causer ensemble, comme deux bons vieux. Car vous, vous avez su vous procurer adroitement un beau masque de vieillard, magnifiquement modelé et peint, que vous avez appliqué sur votre visage, et sous lequel on voit à peine passer, comme une traînée d'or, les mèches légères de votre jeune barbe blonde. Moi aussi, je possède un masque de vieillard, également appliqué sur mon visage, mais qui tient; il ne saurait m'être arraché, si ce n'est par les violences d'un audacieux vivisecteur. Cette façon d'être masqué en podagre constitue ma manière d'être; c'est comme cela que je suis, même lorsqu'on me réveille en sursaut, et pour parler comme Ruy Blas, je suis déguisé quand je suis autrement. Expliquons-nous donc, s'il vous plaît, à cœur ouvert.

Mon ami, je vous lis avec tant de sympathie, j'admire dans vos écrits (pourquoi vous l'enverrais-je dire?) tant de rapide esprit, d'honnête bon sens, de grâce vraiment française, que vous avez le don de me convaincre toujours, et à chaque mot qui tombe de votre plume, je vous crie de loin : « Vous avez raison! » comme Pandore à son brigadier. Aussi je me sens profondément stupéfait et désappointé lorsque, par le plus grand des hasards, il m'arrive de n'être pas de votre avis. Or j'ai éprouvé ce grand ennui il y a quelques jours, et cela me tourmente, il faut absolument que j'y réfléchisse, et que je m'efforce de démêler si c'est moi qui se trompe, ou si c'est vous.

Dans votre belle étude intitulée : *Deux Académiciens*, où l'un après l'autre, vous pénétrez avec une si sagace intuition l'esprit de l'historien Henri Martin et l'esprit du poète de *Psyché*, après avoir énuméré *Les Corybantes, Les Argonautes, La Colère de Jésus, Les Parfums de Madeleine,* vous dites : En toutes ces œuvres, Victor de Laprade se montre un bon disciple du grand Lamartine, LE MEILLEUR POÈTE que nous ayons eu. A quoi, en toute sincérité, je me permets de vous répondre deux choses : d'abord qu'il n'y a pas de meilleur et de moins bon poète ; ensuite que Lamartine n'a pas eu de disciple et ne pouvait pas en avoir.

Sur le premier point, pour la clarté de ma démonstration, permettez-moi de vous parlez de la poésie comme si vous ne la connaissiez pas mieux que moi, tandis qu'au contraire, je n'y suis et n'y serai jamais qu'un écolier en cheveux blancs ! Mon ami, en poésie, il n'y a pas de bon, de mauvais ou de médiocre. Un poème EST OU N'EST PAS. S'il n'est pas, c'est de l'ordure, de la fange, des détritus quelconques, n'importe quoi, rien du tout. S'il est, il est un chef-d'œuvre absolu, et il est par conséquent l'égal de tous les autres chefs-d'œuvre. Aussi n'y a-t-il pas de bons et de mauvais poètes ; il y a des poètes, voilà tout, et il me semble bien audacieux de dire que l'un d'eux est meilleur qu'un autre. La poésie étant miracle, don absolument surnaturel, où rien ne dépend de notre volonté, il se peut très bien qu'à un moment donné elle visite un homme, lui inspire une œuvre, et qu'elle ne le visite plus le lendemain de ce jour-là, ni même aucun autre jour de sa vie.

En voulez-vous un exemple éclatant, fulgurant, aveuglant, contre lequel il n'y a rien à objecter? C'est Rouget de L'Isle et *La Marseillaise*! Le jour où le jeune officier invente ou plutôt reçoit ce chant, libérateur, guerrier, irrésistible, qui emportera les armées, éclatera avec la force des ouragans et des tonnerres, et déchirera les cieux éblouis, comme une divinité casquée et cuirassée d'écailles, tenant en main l'épée sanglante, ce jour-là, si ces mots : le meilleur poète, signifiaient quelque chose, il aurait été évidemment le meilleur poète. Comme il n'y a rien au delà et comme il n'y a rien de plus grand, contentons-nous de dire simplement qu'il a été poète. Mais après, l'a-t-il été le lendemain? L'avait-il été la veille? Hélas! mon ami, vous connaissez les chants de Rouget de L'Isle, à propos desquels il convient de garder un pieux et respectueux silence.

Ne parlons que de ce qui existe, du poème digne d'être nommé ainsi. Eh bien! la science nous l'enseigne, tout miracle de vie est égal et semblable à un autre miracle de vie. N'est-il pas devenu enfantin et puéril de dire, parce que cela est trop évident, que pour attester la puissance créatrice un brin d'herbe vaut un chêne, comme un ciron est un aussi bel ouvrage qu'un éléphant? Une rose vaut-elle mieux qu'un tigre, et un crocodile est-il meilleur qu'un oiseau-mouche? Qui a pu faire l'un a pu aussi faire l'autre, cela est bien certain; l'autre n'est pas plus facile que l'un; la vie est toujours au même degré étonnante, prodigieuse et divine, et c'est pourquoi, comme ils vivent aussi, un poème est l'égal d'un autre poème.

C'est ce que Boileau a voulu et n'a pas du tout su dire, lorsqu'il a écrit ce vers, détestable à tous les points de vue :

Un sonnet sans défaut vaut seul un long poème.

Commençons d'abord par effacer cette cheville, le

mot SEUL. Certes, les chevilles, il en faut, je le crois, et j'ai tenté de le démontrer; mais elles doivent concourir à l'effet général, bien loin de le détruire. Or ici le mot SEUL constitue un contresens et un non-sens. Il est trop clair que si un sonnet peut valoir un long poème, il faut que cela soit à lui seul. Car pour atteindre ce résultat, s'il a besoin d'être accompagné de l'*Iliade*, la proposition devient extraordinairement naïve. Malheureusement, le mot SEUL, mis là avec une si fâcheuse inadvertance, n'est pas le seul mot impropre qui dépare le vers de Boileau. Il aurait fallu écrire : *Un sonnet parfaitement beau vaut un long poème ;* car la condition essentielle d'un poème est la beauté, que l'absence de défauts ne constitue en aucune manière. Un sonnet sans défaut, ce n'est absolument rien ; il en peut exister et il en existe de tels, qui sont bons, sans plus, à mettre au cabinet.

En cette affaire, après l'avoir prouvé tant de fois, Boileau prouve une fois de plus qu'on n'énonce pas toujours clairement, ni même exactement, ce que l'on conçoit très bien. En effet, il est malheureux qu'il n'ait pas su le dire mieux, mais il avait très bien conçu ou plutôt compris qu'il n'y a pas plus de choix à faire entre deux poèmes qu'entre deux êtres. Et pour entrer plus loin et plus audacieusement dans la vérité, osons le dire, d'une manière absolue, il n'y a que des poèmes, et il n'y a pas de poètes; ou mieux, il n'y a que des poètes intermittents. Ils le sont à certains moments, quand le dieu entre violemment dans leurs âmes, et quand le dieu s'en va, ils ne sont plus poètes. A ce moment-là, comme on l'a dit, le bon Homère sommeille, et les autres ronflent.

Cependant, comme il faut continuer les poèmes commencés, achever la besogne attendue, et travailler quand on veut, le chanteur a créé en lui-même un poète artiste qui, à force d'adresse et d'amour, imite dans une certaine mesure le poète inspiré ; c'est celui-là qui a la charge d'adapter, de compléter, de faire les raccords. L'inspiré reçoit dans ses mains frémissantes les alouettes qui lui tombent du ciel toutes rôties ; mais s'il n'en tombe pas assez pour compléter un plat présentable, l'artiste, qui est bon cuisinier, va acheter au marché d'autres alouettes, les barde et les pare de son mieux, les cuit à point, et les dispose en bon ordre sur le plat, à côté des alouettes célestes. Pour quitter la métaphore, (car il n'est pas de si bonne compagnie qu'on ne quitte,) un poète, aussi complet que cela est humainement possible, doit posséder, d'une part l'aptitude à subir l'inspiration, qui est le génie ; d'autre part, l'agilité, l'adresse, la rapidité d'esprit, qui sont le talent. Mais il est bien rare que ces deux facultés existent à la fois chez le même poète, dans la mesure où il les lui faudrait pour produire des ouvrages parfaits. Les uns ont trop de talent et pas assez de génie, et *vice versa*. Mais comme rien n'est simple, comme toutes les monstruosités existent et doivent exister, voici ce qui arrive encore. C'est que certains poètes ne possèdent que du talent et n'ont aucune espèce de génie, et que d'autres ont seulement du génie, sans ombre de talent. Mais parfois, alors, le talent, par sa prodigieuse intensité, arrive au génie, tandis que le génie par son impeccable certitude, produit, même matériellement, des résultats identiques à ceux que donne le talent le plus accompli.

Allez donc chercher votre aiguille dans ces deux bottes de foin ! Lamartine, lui, n'eut que du génie et rien de plus ; mais il en eut à un tel point qu'une fois possédé, brûlé, emporté par le dieu, il avait la vision de tout, la science universelle, toutes les perfections. Ame véritablement noyée et planant dans l'azur, quand l'Inspiration le saisissait aux cheveux, il était quelque chose de surhumain et d'inouï, un être de race divine. Les langues de feu étaient descendues sur lui ; il savait toutes les philosophies, toutes les histoires, tous les idiomes. Devenu inconsciemment et par l'absolu miracle un artiste parfait, il écrivait des strophes comme celle-là : *Oui, l'Anio murmure encore...*, qui effaçaient en pureté et en variété de sons les douceurs virgiliennes. Alors, certes, si vous tenez à ce vocable, il était le meilleur poète; il était poète comme le frissonnement des astres, comme la profondeur triomphale et désolée de l'azur, comme le mélodieux sanglot désespéré de la mer. Mais par exemple, l'inspiration éteinte, le dieu parti, il écrivait des phrases contournées et obscures, il faisait rimer *algue* avec *vague :* il n'était plus qu'un temple vide. Sainte-Beuve a écrit : *Lamartine ignorant, qui ne sait que son âme.* Hélas! non, il ne savait pas cela non plus, et il n'avait nullement besoin de savoir quelque chose pour être ravi en extase au milieu des concerts des Anges, et pour nous en rapporter, vibrant encore, le délicieux et formidable écho.

Mais, mon ami, quels disciples aurait-il pu avoir et que leur aurait-il appris? Est-ce que la harpe éolienne peut nous donner un procédé pour résonner sous les caresses du vent? Est-ce que la plume envolée peut nous dire comme on s'y prend pour être roulé dans l'ouragan? Tout ce que Lamartine aurait pu nous enseigner, c'est que nous devons tenir notre âme propre, nette et exempte de toute souillure, afin que la Muse daigne la visiter. Mais cela, nul ne l'ignore, parmi ceux qui sont aptes à se manifester poètes, au moment où ils seront touchés par la grâce. Le jugement, le sens critique sans lequel il n'y a pas d'artiste possible, grand ou petit, le divin Lamartine, hélas! en manquait à ce point que dans Rabelais il voyait des ordures et rien de plus, et que (voyez ses leçons de littérature) il mettait La Fontaine à un rang très inférieur parmi les fabulistes! Et cela prouve-t-il quelque chose contre lui? Nullement. L'aigle n'est pas tenu à savoir faire sa toilette, comme le chat, et à bâtir des demeures, comme le castor. Ravir des proies, les emporter sanglantes dans les nuées, et par la fixité de son regard faire baisser les prunelles des astres, telle est sa fonction; il serait inutile qu'il eût les qualités d'une femme de ménage.

Mon ami, non seulement il faut laisser aux professeurs de lycée la puérile méthode de classer le mérite par 1, 2, 3, 4; mais eux-mêmes, ils devraient y renoncer, s'ils voulaient faire des hommes. Un devoir d'écolier n'est pas le septième ou le huitième; il est bon ou il est mauvais. Barbier, lorsqu'il écrit *La Curée;* Musset, en ses poèmes qui ravivent les blessures de nos cœurs; Leconte de Lisle, lorsqu'il donne une éloquente et immortelle voix à la révolte de l'homme moderne; Baudelaire, quand sa noble et douloureuse plainte devient celle de tout un siècle ; et bien d'autres aussi, que je pourrais nommer fièrement, alors que la sincère Inspiration les possède, sont tour à tour ce que vous nommez : le meilleur poète. Quant à Victor Hugo, puisque vous le passiez sous silence, je n'en ai pas parlé non plus; il saura bien se débrouiller tout seul.

Négligeons-le, j'y consens, et je me résume. Il n'y a pas de meilleur poète! il n'y a qu'un meilleur chocolat, qui est le chocolat Menier, à ce que disait monsieur Menier. Et encore, je n'en mettrais aucune main au feu, pas même la mienne.

XLV

LA CHIMIE

A LOUIS MÉNARD

Mon cher ami, dans son premier et très beau livre lyrique intitulé : *L'Enfer de l'Esprit,* Auguste Vacquerie, adressant à son ami Théophile Gautier un éloquent morceau sur l'inutilité du journal et des journalistes, (on ne sait jamais ce qu'on deviendra!) écrivait ce vers si amusant et bizarre : *Êtes-vous comme moi ? je plains les serinettes.* Moi, je suis plein de pitié pour tous les êtres, même pour ceux qui ont été fabriqués avec du bois et du métal; cependant, je dois l'avouer, ce n'est pas les serinettes que je plains d'une façon particulière et spéciale. Je m'attendris surtout sur le sort qui poursuit les statues de marbre sous notre affreux et charmant ciel, et qui me semble être une des formes les plus sinistres sous lesquelles nous apparaît l'exil des Dieux.

Oh! dans nos rues, sur nos places publiques, dans les jardins de nos palais, quel affligeant spectacle! Ailleurs, dans les pays de soleil, le marbre, en vieillissant, boit la lumière, se dore, prend une claire et belle couleur d'ambre, ou, s'il est placé à l'ombre, devient lisse, blanc et poli comme l'ivoire. Chez nous, au contraire, il est affligé de maladies honteuses, dont le traitement est impossible à suivre en secret, en voyage, et même en public, car il n'a pas été encore trouvé. Oh! les misérables statues, une lèpre les ronge, une peste les dévore; elles sont coupées en deux, comme un pourpoint mi-parti, par d'abominables plaques noires, qui ressemblent à la fois à l'encre, à la boue et à tout ce qu'on peut imaginer de plus hideux. Telles les deux Muses Comédies de Pradier, à la fontaine de la rue de Richelieu, sur lesquelles se plaquent toujours de nouveau ces ignobles emplâtres de suie et de fange.

Certes, le méchant, l'ignoble destructeur qui s'amusa à vider des bouteilles d'encre, à l'Opéra, sur le groupe de la Danse et, à la fontaine Médicis, sur Acis et Galatée, prenait une peine inutile; car cette profanation, notre climat se fût très bien chargé à lui tout seul de l'exécuter. O mon ami, connaissez-vous une pire misère que celle des héros et des Dieux, rongés d'ulcères, dans les jardins de Versailles? Des lichens, des mousses, des gales jaunes, des plaques noires mangent la chair de ces pestiférés, qui se décolle et se pourrit sous l'effort de la maladie incurable. Pourtant, ces Dieux-là méritaient de vivre, puisqu'ils ont vécu; ils étaient nés, à leur jour, non d'une patiente et chercheuse érudition, mais d'une croyance sincère; car ces deux Olympes, celui du dix-septième et celui du dix-huitième siècle, avec les Apollons et les Vénus qui leur étaient propres, existèrent bien réellement dans la conscience humaine, par la volonté et par la foi obstinée de ce Louis qui, après avoir créé des fleuves de convention et des forêts factices, éprouva l'impérieux besoin de les enchanter par des âmes divines.

Hélas! les jeunes Hercules chevelus appuyés sur leur massue un peu grêle, les Vénus accostées d'un dauphin, les Flores, les Pomones, les Cérès apportant leur première gerbe au roi-Soleil, les Nymphes des bosquets et des charmilles, les Fleuves et les Rivières des bassins, aujourd'hui brisés, contrefaits et infirmes, auraient grand besoin de se reposer pour jamais dans les hôpitaux ; mais on n'a pu les y admettre, faute de place. On a préféré les soigner en plein air, selon la méthode américaine ; mais le remède dont on se sert est pire que le mal ; il consiste dans un grattage effréné et implacable, qui bientôt aura réduit à l'état de manches à balai et de tringles les figures des Coustou et des Coysevox, ces merveilles de l'art français auxquelles ne manquèrent ni la noblesse ni la grâce, et qui peut-être eussent mérité de tenir leur place à côté de celles que nous ont léguées les âges divins. Mais le grattage y a mis bon ordre ; lentement, patiemment il fait disparaître les chevelures, les nez, les bras, les draperies envolées, toutes les saillies, et bientôt les nobles piédestaux de Versailles ne supporteront plus que des pieux de marbre.

Le grand architecte Charles Garnier se fâche lorsqu'on gratte les façades des maisons ; il soutient avec justice que cette opération barbare leur enlève leur physionomie, leur expression, leur qualité propre ; que dirait-il donc à la vue des marbres précieux émiettés et râpés comme un pain de sucre ? Et cependant, que faire ? La boue, la moisissure, la fange particulière créée par notre ciel les ronge et les détruit aussi sûrement que le racloir. Pour moi, je sais très bien à qui m'en prendre, et comme dit Barbier en son iambe farouche : *Je n'ai jamais chargé qu'un être de ma haine...* Cet être, d'ailleurs purement abstrait, c'est la Chimie moderne. Quoi ! cette reine impérieuse, cette faiseuse d'embarras, cette Locuste à qui tous les philtres semblent familiers, n'a pas su trouver une composition, un vernis, une préparation qui, appliquée sur les statues de marbre placées en plein air, les préserve de la corruption, et permette de les nettoyer par un lavage, sans les racler jusqu'à l'os ! — « Tu ne sais pas ce que c'est qu'un mêlé-cassis ? Eh bien ! alors, qu'est-ce que tu sais ? » dit un des personnages de *Tricoche et Cacolet;* n'ai-je pas le droit d'objurguer de la même façon la prétentieuse Chimie, qui ne sait pas même préserver un marbre ?

Vous devinez, mon ami, pourquoi je m'adresse à vous. Ce n'est pas d'hier que vos immortels travaux sur les religions, sur leur génie et sur leur histoire, vous ont mis au premier rang parmi les savants de ce temps. Lorsqu'avant de devenir un livre classique, assidûment feuilleté et relu aujourd'hui par tous les hommes de travail, votre belle étude : *La Morale avant les philosophes*, apparut sous la forme d'une simple thèse pour la licence ès lettres, ce fut comme un scandale d'admiration. *Le Polythéisme grec*, projetant sur les mythes de l'antiquité retrouvée son éclatante lumière, vos poèmes, vos histoires de l'art, si bien continuées par votre frère René, ont achevé de vous conquérir dans toute l'Europe une réputation universelle ; et tout récemment, lorsqu'il ne vous sembla pas indigne de vous d'entreprendre pour la jeunesse une sorte d'encyclopédie historique, mise au courant des connaissances actuelles, le foudroyant succès obtenu par l'*Histoire des Anciens Peuples de l'Orient* et par l'*Histoire des Israélites*, vous rendit plus populaire assurément que vous n'avez jamais souhaité de l'être.

Tout cela, mon ami, personne ne l'ignore, et aussi personne ne doute que votre place soit dès aujourd'hui marquée à l'Institut. Ce qu'on sait moins, c'est que vous savez à fond la chimie, comme vous savez tout le reste, et que VOUS AVEZ INVENTÉ LE COLLODION ! Par parenthèse il a bien fallu que vous fussiez doublement... disons : naïf, en votre qualité de savant et en votre qualité de poète, pour avoir réalisé une invention pareille, et pour être parvenu à n'en pas tirer une immense fortune. Mais là n'est pas la question : vous êtes chimiste, monsieur Josse, et c'est à ce titre que je vous dis ce que j'ai sur le cœur, vous prenant à partie sur la grande pitié que c'est au royaume des statues. Vous me direz que vous n'êtes pas chimiste de profession ; que, si vous savez la chimie, vous n'en faites pas métier et marchandise ; il n'importe, je tiens un chimiste et je ne le lâche pas. Je sais bien que je pourrais m'adresser aux autres chimistes ; mais ce qui m'en empêche, c'est que vos confrères ne connaissent pas les Dieux, n'en ont jamais entendu parler, et ne savent pas où ils demeurent. Par conséquent, il leur est bien indifférent que les Dieux se montrent sur nos places publiques avec des jambes brisées, des emplâtres, des nez rongés et des bras en écharpe. Mais il n'en peut être ainsi de vous !

Vous connaissez tous les Dieux, vous les avez vus naître et grandir, vous avez assisté à leurs hymens prodigieux, à leurs batailles farouches, à leurs transformations, à leurs marches triomphales ; vous connaissez leurs desseins et leurs secrètes pensées ; et par conséquent vous devriez vouloir les préserver, si cela était possible. Mais hélas ! nous sommes bien forcés de croire à la scélératesse ou à l'impuissance de la Chimie : car si inventrice et féconde en ressources lorsqu'il s'agit de faire le mal, on la trouve ou désarmée ou récalcitrante, dès qu'il s'agit de produire quelque chose d'utile. Non, elle, l'orgueilleuse, la superbe Science qui veut dominer tout, elle ne sait absolument pas composer pour la peinture des vitraux, comme l'humble science du moyen âge, des bleus et des rouges sincères, et elle les remplace par des rouges et des bleus incertains, hypocritement violâtres. Elle ne peut non plus composer des couleurs durables pour la céramique, ni pour la peinture à l'huile, et tous les tableaux contemporains sont condamnés à mourir dans un délai très prochain. Désirant faire imprimer un ouvrage historique important, le roi Louis-Philippe voulait du papier qui fût du papier ; il demandait qu'on le lui fabriquât solide et pouvant persister pendant un laps de temps ; on lui répondit que c'était trop difficile, et que la science moderne ne pouvait aller jusque-là.

Dans un pays que je ne veux pas nommer, de peur de nous attirer une guerre, on a fondé une manufacture royale à l'imitation de la manufacture de Sèvres, et on a mis à sa tête le plus illustre chimiste du royaume. Forcé de composer certaines couleurs, il a dû en demander le secret à un marchand libre, qui les fabrique par routine, en faisant comme faisaient son père et son grand-père, et les réussit à coup sûr. Le savant a réduit les indications du marchand à des formules chimiques, et a procédé scientifiquement. Après quoi, n'ayant pas du tout réussi à produire les couleurs qu'il voulait, il est retourné, la tête basse, les acheter chez le marchand, qui les réussit tout bonnement, comme un imbécile.

Mais en revanche, oh! comme la Chimie est habile, ingénieuse, imaginative, dès qu'elle se met au service des empoisonneurs et des meurtriers qui nous assassinent! J'achète du beurre, c'est de la margarine; du vin, ce n'est pas du vin; du filet de bœuf, c'est une momie de filet de bœuf, embaumée comme un pharaon d'Égypte, et préservée de la corruption par des philtres puissants. Il n'y a plus d'eau-de-vie, il n'y a plus de lait, il n'y a même plus d'encre; je vous écris cette lettre avec un liquide scientifique et détestable, qui se décompose sous ma plume, et c'est tout au plus s'il y a encore de l'eau! La providentielle Chimie a trouvé des procédés pour que le marchand puisse me vendre des poissons pourris qui ne semblent pas pourris et des volailles désinfectées. C'est grâce à la Chimie qu'il me faut manger, sous forme de conserves, une terre inodore et insipide, ayant traîtreusement gardé la figure des truffes, des petits pois et des asperges.

Mais, pour me protéger contre ses propres crimes, quelle aide peut-elle me prêter? Nulle. Au moment où le restaurateur me verse un verre de vin, je puis, il est vrai, au lieu de boire ce vin, le porter au laboratoire municipal, où il sera analysé, et où on m'apprendra quelques semaines après que ce n'était pas du vin. Je l'eusse deviné tout seul! Si l'art est délaissé pour les plus viles saltimbanqueries; si les fils des grandes races ressemblent à des poupées à ressort qui n'ont plus de ressort; si les grands de la terre baisent avec ravissement des visages peinturlurés de rouge, de bleu, de blanc et de noir, surmontés de perruques turbulentes; si les poètes en herbe exigent tous la gloire immédiate et cherchent fiévreusement la place où sera érigée leur statue; si on emploie exclusivement, pour écrire des livres, les mots qui ne doivent pas trouver place dans un livre, ni ailleurs; enfin si nous ressemblons à une débandade de fous, réclamant impérieusement la liberté de ne pas penser, cela tient, croyez-le bien, aux nourritures et aux breuvages chimiques dont nous avons subi l'ignoble affront. Eh bien! je pardonne tout cela à l'impuissante, à la redoutable, à la meurtrière Chimie, si elle trouve un enduit qui préserve le marbre des statues, sans en offenser les lignes et sans en altérer les contours. Car enfin, mon ami, vous et moi et tous les nôtres, nous sommes intéressés dans cette affaire, et les poètes ne peuvent supporter patiemment que les images des Dieux deviennent de la bouillie pour les chats!

XLVI

LA MÉDECINE

AU DOCTEUR GÉRARD PIOGEY

Mon cher docteur, lorsque deux hommes parlent ensemble, ce qui souvent les empêche de s'expliquer avec franchise, c'est qu'en général leurs comptes sont imparfaitement réglés et ils ne savent pas bien au juste quelle revendication ils ont à exercer l'un sur l'autre; aussi se tiennent-ils sur la défensive. Tel n'est point ici le cas; ma situation vis-à-vis de vous est claire comme de l'eau de roche, et parfaitement nette. Tant et si souvent que je ne saurais me rappeler combien de fois, vous avez sauvé les vies de tout ce qui m'est cher, et ma propre vie. En revanche, moi, je n'ai rien pu vous donner qu'une profonde et inaltérable affection. Et quand même j'aurais à moi une caverne pareille à celle d'Aladin ou du rajah Nana-Sahib avec des murs d'or incrustés de rubis et d'escarboucles, des arbres de coraux, des urnes laissant déborder les diamants dans la poudre d'or, et quand même je vous l'offrirais, avec le mot qui ouvre et ferme ses flamboyantes portes d'acier, je ne me serais pas encore acquitté envers vous. Jamais bilan ne fut plus facile à dresser, et il n'y règne pas l'ombre d'une incertitude. Nous pouvons donc causer librement.

Mon ami, dans le grand océan de la bêtise, parmi les lieux communs flottants comme des vagues, qui laissent écumer sur leurs cimes l'imbécillité humaine, il en est un, entre autres, qui m'agace d'une manière toute particulière. C'est cette protestation que les libres non-penseurs, exempts de toute pensée, expriment par la formule suivante : « Je ne crois pas à la Médecine ! » Certes, ils ont bien raison de ne pas croire à l'existence matérielle d'un substantif abstrait, et il est bien certain que le nom féminin Médecine n'a pas un nez, des yeux, une bouche, des bras, des mains et le reste, comme les personnes. Il est certain que ce mot : Médecine, ne désigne pas une science spéciale. Mais les béotiens dont je vous parle l'ont incarné et en ont fait un être défini, dans le simple but de ne pas y croire. La Médecine qu'ils ont inventée serait une sorte de magicienne toute-puissante, bouleversant les lois de la raison et l'ordre de la nature, qui ferait repousser les membres amputés, remplacerait les organes détruits, empêcherait les maladies de suivre leur cours normal, rallumerait les yeux éteints, ferait ruisseler la chevelure d'Absalon sur des crânes chauves, et pour tout dire en un mot, forcerait la mort à devenir la vie. Cette Médecine de féerie et de conte d'enfant, ceux qui se la sont ainsi figurée font bien de ne pas y croire, car elle ne serait rien autre chose que la négation de l'ordre universel.

Je vais plus loin, et quelque sens qu'on attache à ce mot vague, je leur permets de ne pas croire à la Médecine ; mais quant au médecin digne de ce nom, il faut bien, sous peine d'aveuglement, croire qu'il existe. Oui, cet homme instruit dans les sciences anatomiques, physiques, chimiques, anthropologiques ; ce penseur à l'œil prompt, à l'intelligence rapide, à l'intuition fulgurante, affiné par l'expérience, habitué à étudier, à deviner, à surprendre les phénomènes et à en déduire, sans pédantisme systématique, les conséquences probables ou possibles ; ce voyant qui sait au besoin aider la nature, et toujours et surtout, empêcher qu'elle ne soit contrariée ; ce lutteur qui unit au talent et à la patience les inspirations du génie ; ce combattant qui, dans les épidémies, à force d'amour, rend l'espoir, la force de vivre à un peuple décimé et épouvanté ; ce brave que ne rebutent ni le sang, ni les plaies, ni les plus affreuses pourritures de la chair ; ce héros qui, au lit de l'enfant malade, gagne le croup et en meurt avec une résignation tranquille ; pour ne pas croire qu'il existe, nous l'avons vu trop de fois, et nous avons trop souvent tourné vers lui nos yeux inquiets pour les chères existences et nos mains suppliantes.

Je le répète, mon ami, la croyance à la Médecine, c'est une simple affaire de grammaire et de linguistique, et en cette affaire, comme en beaucoup d'autres, pour ne pas s'embourber dans les contresens et dans les non-sens, il suffirait de bien définir les termes dont on se sert. Et cependant, qui pourrait nier que la Médecine moderne ait créé — tout dans ce qui concerne le diagnostic, et en ce qui concerne la thérapeutique, nécessairement incertaine et aléatoire, tant de merveilles ! Mais enfin, je passe condamnation pour la Médecine. Quant à la non-croyance au médecin, non seulement elle est injuste, mais elle n'est pas réelle. Car lorsque le malade abattu, déchiré par la souffrance, est cloué dans son lit et sent passer dans ses yeux l'effrayante ombre inconnue, il se gouverne exactement comme le passager qui, pendant la tempête soulevant la mer irritée, invoque avec ferveur le Dieu auquel il ne croyait pas tout à l'heure. Alors, soyez-en sûr, ce n'est pas le papetier ou le chaussetier qu'il envoie chercher. Subitement converti, il repousse avec horreur les remèdes de bonne femme, les panacées annoncées à la quatrième page des journaux, tous les fétiches dont il était engoué, et il appelle à grands cris le savant, le sauveur, le médecin.

Il est vrai qu'une fois guéri et hors de peine, il retourne à son incrédulité, à sa niaiserie, à son lieu commun, profondément entré dans les veines de quiconque raisonne au lieu d'étudier, et s'imagine que le bon sens suffit, sans autre apprentissage, pour savoir la serrurerie ou la menuiserie. Mais enfin, ce lieu commun stupidement triomphant, d'où vient-il, et surtout de qui vient-il? Ayons le courage de ne pas nous abuser volontairement; il vient du meilleur, du plus sensé, du plus juste, du plus raisonnable des hommes, d'un génie qui fut tout amour et toute charité, de Molière. Si dans *Le Malade imaginaire*, Molière, par la bouche de Béralde, raisonne avec un séduisant et merveilleux esprit mais en somme, assez faiblement, contre les médecins, en revanche, c'est avec une verve inouïe, c'est avec le plus admirable génie bouffon et caricatural qu'il a su les ridiculiser, les montrer maigris, obèses, bavards, bègues, diseurs de riens, meurtriers du pauvre monde, coiffés de bonnets pointus, affublés de robes ridicules, marchant dans un buisson de seringues, comme un conquérant dans la forêt des lances dont les fers resplendissent au soleil. Il les a fait voir chantants, dansants, escaladant les fenêtres comme des acrobates, et si ses comédiens en eussent eu le talent, il les aurait fait danser sur la corde raide. Il est évident que le doux Molière, d'ailleurs exempt de haine, était plein d'irritation et de colère contre les médecins. Pourquoi?

Ainsi que l'ont dit quelques moliéristes un peu naïfs, est-ce parce que Molière était malade et parce que les médecins ne le guérissaient pas? Hypothèse inadmissible. Ce grand homme savait trop bien quelle était sa maladie et où en était le remède; mais il repoussait le remède, et il ne voulait pas guérir. Sa maladie, c'était cette infernale vie du théâtre, l'air vicié, les travaux accablants, le labeur meurtrier du metteur en scène, les amours-propres à concilier, le monstre Public à dompter sans cesse, tout cet abus de la force exaspérée, de l'âme surmenée, qui le fit mourir, comme Shakespeare, à cinquante-deux ans. Le remède, c'eût été de renoncer au théâtre ; mais seul soutien de sa troupe, créateur d'un art nouveau, père d'œuvres immortelles, il ne voulait pas. Toutefois, il était trop sensé pour reprocher sa non-guérison aux médecins, dont il se vantait, d'ailleurs, de ne jamais suivre les ordonnances. D'où venait donc sa haine contre eux, et dans quelle catégorie de faits doit-on la ranger?

Pure jalousie professionnelle. Épris de vérité et de franchise, Molière était au fond très affligé de jouer réellement le personnage que, sans grande justice, il reprochait à ses ennemis : celui d'un médecin qui ne guérit pas. Molière sentait bien qu'il n'eût pas été écouté s'il n'eût pas feint de croire au traditionnel préjugé suivant lequel la Comédie est censée châtier et transformer les mœurs, et corriger les hommes. Cepenpant, lui qui savait tout, lui dont l'impeccable bon sens ne pouvait être abusé, il savait, il savait trop bien, hélas! que l'homme est et reste semblable à lui-même, ne se corrige jamais, et que sa Comédie ne corrigerait ni un étourdi, ni un jaloux, ni un avare, ni un misanthrope, ni un imposteur, qui d'ailleurs se reconnaissent d'autant moins dans leurs portraits que ces portraits sont plus ressemblants! Non, la Comédie ne change pas les hommes, elle ne réalise pas ce miracle antinaturel, de même que la Médecine ne fait pas un sanguin d'un bilieux, et un Normand d'un Provençal. Elle ne fait pas ces choses impossibles, mais elle en fait de plus hautes et de plus grandes. Car de même qu'après elle devait nous le montrer une seconde fois l'admirable Comédie Humaine, d'un bout à l'autre de son épopée divine, l'œuvre de Molière nous montre l'instinct, la jeunesse, l'amour, ces forces irréductibles triomphant des vices humains ameutés contre elles, et la toute-puissante nature, protégée par son invincible armure de diamant, par son énergie virtuelle, domptant tout ce que la convention, tout ce que la civilisation dévoyée a de faux et de factice.

Ah! sans doute, ramener la créature humaine à son origine, à ses fins, à sa destinée, la forcer à la connaissance et au respect de son âme, c'est autrement beau que d'obliger Harpagon à ordonner un dîner convenable, Alceste à subir la coquetterie de son amante, et Tartuffe à ne pas tâter l'habit d'Elmire! Mais l'honnête, le probe, le sincère Molière souffrait de ne pouvoir pas jouer cartes sur table, mettre son cœur à nu, et accuser naïvement son magnifique programme. Il se désolait de se donner empiriquement comme un guérisseur d'individus, au lieu de se montrer ce qu'il était : un éducateur de l'humanité. Empêcher la nature de se méconnaître, de dévier, de s'écarter d'elle-même, telle était la fonction de sa Comédie, et telle est aussi la fonction de la Médecine; mais par une transposition que comprendront tous les artistes intuitifs, il se dégonflait le cœur, il avouait son impuissance à guérir l'inguérissable, à réparer l'irréparable, en la mettant, par allusion et figure, sur le compte des médecins.

Quant à faire des aveux directs et à parler sans parabole, il n'y pouvait songer; la Comédie doit toujours passer pour châtier les mœurs en riant et en faisant rire, bien que ce soit archifaux! Mais ni le public ni le démon jaloux du Théâtre n'eussent pardonné à Molière s'il se fût affranchi de ce vieux lieu commun, plus éternel et plus indestructible que l'airain. Hélas! ce n'était pas le seul mensonge auquel le condamnât le démon Théâtre! En toute occasion, ne le voyez-vous pas? il affecte de dédaigner le Livre; il se plaint d'avoir été imprimé contre son gré et par surprise, et feint de croire que le poème dramatique vit et persiste, uniquement par la représentation. Justement l'envers de la vérité. Sans le Livre, où la Comédie de Molière vit, telle qu'elle sortit de son front, où la verrions-nous telle qu'il l'a voulue, alerte, enjouée, folâtre, montrant, comme une nymphe éperdue, sa lèvre pourprée et son rire aux dents blanches? Où verrions-nous les Siciliens brûlés de soleil, les vieillards chenus, les esclaves orientales, Paris saisi dans sa réalité et dans son esprit, et les jeux, les divertissements, les fêtes, les intermèdes lyriques, les peuples bariolés, le midi de la France avec ses places nues et ensoleillées, tout ce théâtre ruisselant de joie, de fantaisie, d'imprévu et de lumière?

Il est dans le Livre, qui a décerné à Molière ses apothéoses éblouissantes et définitives. Chaque jour, les éditions se sont succédé, riches, exactes, de plus en plus fidèles, magnifiquement ornées. Et la perfection n'a-t-elle pas été atteinte par la monumentale édition de D. Jouaust, publiée à la Librairie des Bibliophiles, où tout, la noblesse du format, le papier de Hollande authentique, le texte collationné avec une piété irréprochable, la pureté des caractères typographiques, les proportions heureuses de la justification, constitue une savante et précieuse œuvre d'art? Les vifs, ingénieux, élégants, spirituels dessins de Louis Leloir, gravés à l'eau-forte par Léopold Flameng, nous donnent Molière interprété et joué, sans contresens et sans défaillance. Au théâtre, au contraire, dépouillé de son spectacle et de ses chants lyriques, réduit à la simplicité nue, même par les meilleurs comédiens du monde, il n'est pas toujours joué dans son mouvement et dans son esprit. C'est pourquoi certaines gens s'écrient : « Je ne crois pas à la Comédie, » comme d'autres disent : « Je ne crois pas à la Médecine. » Je pense, mon ami, qu'il faut croire aux bons poètes et aux bons médecins; et quant aux substantifs exprimant une idée abstraite, laissons-les pour ce qu'ils valent. Nous ne sommes pas chargés de leur faire un sort.

XLVII

AUTRE ACADÉMIE

A STÉPHANE MALLARMÉ

Mon ami, *Le quarante-unième fauteuil de l'Académie*, par Arsène Houssaye, est un éloquent et ingénieux caprice, mis en œuvre très habilement, avec infiniment d'esprit; mais, en somme, ce quarante-unième fauteuil ne me plaît pas beaucoup plus que les quarante autres, parce qu'il est soumis aux mêmes principes, aux mêmes intrigues et aux mêmes règles qu'eux.

Il est une Académie pure, inviolée, exempte de tare et de tache, dont le siège n'existe nulle part, et c'est ce qui fait sa force. Née par la nature même des choses et sans l'avoir voulu, elle se compose des très rares êtres assez délicats et subtils et épris du beau pour comprendre ce qui ne saurait être accessible aux intelligences ordinaires. Ils vivent dans une parfaite communion et, sans avoir besoin de se connaître, ils s'aiment les uns les autres, parce qu'ils aiment les mêmes vérités et aussi les mêmes beautés. Quand le poète chante; quand le musicien éveille l'immense lyre; quand le peintre compose avec les couleurs une hymne d'amour; quand le statuaire fait vibrer le rhythme silencieux des lignes; quand le moraliste montre la chaste pensée nue et sans voiles; quand l'architecte rend visible dans ses édifices l'âme de la Cité ; quand le savant découvre des Infinis, des Forces, des Lois nouvelles, c'est à cette Académie qu'ils s'adressent, et à elle seule.

Elle est la maîtresse du monde et l'initiatrice de l'avenir, puisque tout ce qui est flamme, création, intelligence, vient d'elle et retourne à elle. Ceux qui la composent ne sont pas immortels, comme les académiciens des autres Académies; mais elle-même, elle est immortelle, et durera jusqu'à la fin des âges. Car elle a été instituée, non par la volonté arbitraire d'un Richelieu, mais en vertu de la logique surnaturelle et divine. Elle ne juge pas, elle ne classe pas les œuvres ; mais fût-il couronné au Capitole, coiffé du laurier et marchant pieds nus comme un dieu sur les tapis de pourpre, quiconque n'est pas admis par elle, ne sera pas déifié par la conscience humaine. Ce qui la rend impeccable et infaillible, c'est qu'elle se recrute comme elle est née, indépendamment de tout effort humain. Tout à coup, on sait que tel être en fait partie; on le sait à n'en pouvoir douter, et cependant on ne l'a appris par aucune révélation définie et précise. Le fait s'affirme par sa propre vertu, et s'impose à tous, comme une évidence.

Pour entrer dans l'Académie immortelle, il ne servirait à rien d'avoir pour soi le parti des auteurs dramatiques ou le parti des ducs, ou tel groupe politique, et d'obtenir par d'habiles combinaisons un certain nombre de voix. Pour y être admis, il ne faut qu'une seule voix, mais c'est celle de la vérité, de l'infinie justice, que nulle volonté humaine ne peut faire parler ou faire taire. Et non seulement ses élus ne sont reconnaissables à aucun costume particulier, n'obéissent à un règlement, n'acceptent pas de dons et de legs, ne prononcent pas de discours, ne s'appliquent pas à récompenser les formes anecdotiques de la vertu ; mais, ainsi que je l'ai dit, en dehors de ce qui constitue l'objet de leur communion, il est nécessaire qu'ils restent étrangers les uns aux autres et qu'ils ne se connaissent pas entre eux.

Chez elle, comme dans le royaume céleste, ceux-là sont souvent les premiers, qui sont les derniers dans le monde; et souvent elle ignore et veut ignorer les orgueilleux génies, loués, adorés, couverts de gloire, exaltés par les acclamations de la foule. Cependant, pour lui plaire, il ne suffit pas d'être ignoré, méconnu, dédaigné, et il n'est pas nécessaire non plus d'avoir subi les affronts et les mépris des hommes. Elle n'a pas plus de règles négatives que de règles positives; elle est affranchie de toute formule; elle a l'intuition et la compréhension de ce qu'il y a de divin dans l'homme, et elle ne voit rien autre chose que le divin.

J'entends d'avance l'objection que me feraient les innombrables disciples de saint Thomas. Mais, me diraient-ils, si votre Académie ne parle pas, si elle n'est nulle part, si elle échappe à tous nos sens, nous sommes fondés à croire qu'elle n'existe pas. — Elle existe, au contraire, et à cette condition seulement, car si nous pouvions voir ses élus, nous les verrions occupés de mille choses qui ne sont pas leur fonction, et par conséquent n'étant pas eux-mêmes. Encombré par la niaiserie des objets matériels, tout ce qui est absolu reste caché pour nous, et c'est seulement avec les yeux de l'esprit que nous pouvons voir un héros, un poète, une belle femme, la sérénité d'un paysage et même la splendeur des cieux.

Le ciel au moment où je le contemple peut être obstrué par des nuages bêtes, formant de grossières caricatures; mais quand faisant l'ordre dans ma pensée, je les aurai effacés de mon souvenir, l'azur et les constellations m'apparaîtront dans leur gloire. Il se peut que je tombe dans la tente d'Achille au moment où il panse ses chevaux, règle ses comptes et s'occupe des soins les plus vulgaires; je ne veux le connaître et me le rappeler que l'épée à la main, égorgeant les guerriers stupéfaits, ses cheveux d'or envolés et les bras teints de sang. Il y a des instants où le paysage, souillé de boue et d'objets vils, où la belle femme en désordre ne se ressemblent plus à eux-mêmes, et c'est seulement dans notre mémoire exaltée et purifiée qu'ils retrouvent leur harmonie et leur grâce essentielle.

Et l'amour! non celui de l'époux et de l'épouse, qu'il faudrait, si les langages étaient moins pauvres, nommer d'un autre nom; mais celui qui est l'embrasement, la fusion de deux âmes mêlées en une seule, comment existerait-il, sinon idéal, et dégagé des platitudes de la vie? Il faut que Dante ait à peine, à de rares intervalles, entrevu Béatrice, avant de la retrouver gravissant les escaliers bleus des paradis; et si Roméo et Juliette échangent leur baiser, il faut qu'ils soient abattus comme deux lys par la faux impitoyable; car comment un sentiment unique, toujours grandissant, qui est à lui-même son aliment et sa flamme, pourrait-il subir le mélange de ce qui n'est pas lui? Il est, comme la pure et translucide clarté céleste, ou comme l'éclair fulgurant qui brille et meurt; mais il ne saurait nullement mêler sa flamme ou sa lumière à la stupide réalité.

Croyons donc à ce que nous ne pouvons ni toucher ni voir, et soyons assurés qu'au delà de nos sens infirmes, il y a tout! Elle existe, l'Académie idéale des esprits, et c'est pourquoi je dis au penseur, à l'artiste humilié, honni, bafoué par les vulgaires élites : Ne t'afflige pas, ne désespère pas, et ne crois jamais que tu es seul! Car tu ne peux avoir une pensée, créer une image, dire une parole, qui ne soient comprises, retenues, admirées si elles méritent de l'être, par la phalange en qui est toute l'intelligence et tout le bon sens incorruptible! Travaille, souffre, subis la haine, les maux, les attaques, l'affreux silence; tu seras vengé, relevé, consolé, et rien ne te manquera, pas même les récompenses ; car les vrais, tes seuls juges sont les maîtres de tout, et pétrissent à leur gré l'âme humaine. Tu seras glorifié, ou maintenant ou plus tard : et qu'importe! Il n'y a pas un moment qui soit la vie et un autre qui ne soit pas la vie, et il n'y a qu'une vérité.

Oui, la justice vient, et si vite! On n'a pas eu le temps de tourner la tête que les fausses belles œuvres, les idoles de la mode, les cabotins de l'histoire ont été déjà balayés, emportés vers le néant d'où rien ne revient, tandis que les vrais actes et les vrais hommes ont été mis pour jamais à leur place. S'il était possible de retrouver les vieux journaux, mais c'est heureusement impossible! on verrait qu'ils se sont trompés, involontairement ou volontairement, avec la régularité d'un chronomètre marquant l'heure. Ce qu'ils ont exalté s'est évanoui, évaporé, dissous, réduit en poussière ; tout ce qu'ils ont cru détruire éclate de force et de jeunesse, et brave la dent du temps.

Depuis le commencement du siècle, quels hommes ont été non pas discutés, mais insultés, honnis, traités comme s'ils avaient commis tous les crimes? Ce furent Victor Hugo au temps de sa jeunesse prodigieuse, alors qu'il écrivait ses odes et ses premiers drames ; la première George Sand, celle d'*Indiana* et de *Lélia;* Eugène Delacroix, qui entassait les chefs-d'œuvre et ne pouvait parvenir à vendre ses toiles ; Rousseau, que l'on refusait aux expositions ; Daumier, qui faisait l'effet d'un sauvage ; Corot, à qui on ne pardonnait pas d'avoir mis l'atmosphère dans ses paysages ; Berlioz, le shakespearien, dont la musique ne parut pas assez mignarde et sentimentale ; Balzac, enfin, avec qui la critique avait cru s'acquitter en l'acceptant comme auteur d'*Eugénie Grandet,* mais qui avait l'impardonnable tort de vouloir être, par surcroît, le créateur épique de *La Comédie Humaine;* et Théophile Gautier, inépuisable inventeur d'images, qui savait tous les mots, toutes les formes, et dont la décourageante érudition fit l'effet d'un reproche ironique adressé aux écrivains dont la langue se compose de quinze mots. Ils étaient tous l'Ane de la fable ; *Rien que la mort n'était capable d'expier leur forfait.* Cependant ces pelés, ces galeux sont entrés dans le triomphe absolu et définitif. C'est qu'ils avaient contre eux tous les raisonneurs, tous les philistins, tous les béotiens, tous les modistes ; mais ils avaient pour eux la vraie Académie, qui ne juge pas, mais affirme, et qui domine par son invincible charme les esprits et les âmes.

Si peu de temps s'est passé ! et maintenant les imbéciles eux-mêmes glorifient ceux à qui leurs pères ont jeté tant de boue. Ils lisent *La Légende des Siècles* et habillent de magnifiques reliures *Indiana* et *Lélia* et *La Comédie Humaine;* ils applaudissent frénétiquement les symphonies de Berlioz ; ils achètent avec des tas d'or les toiles de Rousseau, de Delacroix et de Corot, et fiévreusement collectionnent les Daumier. Ils ont même pardonné à Théophile Gautier, et commencent à avouer qu'avoir eu le front ombragé par une chevelure de Zeus olympien, n'était pas un cas pendable.

O mon ami, le lendemain du jour néfaste où mourut le grand poète Baudelaire, je sentis une impression épouvantable en jetant les yeux sur le feuilleton de Jules Janin. Comme un autre poète était mort aussi quelques jours auparavant, le prince des critiques (hélas ! où est sa couronne?) avait écrit dans son sommaire ces mots dédaigneux et horribles : *Deux Misérables,* et il racontait la mort de Baudelaire, comme on eût pu raconter celle d'un chien crevé. C'était hier ! et malgré la pieuse réimpression de ses œuvres, le spirituel, l'ingénieux, le brillant critique, l'heureux berger qui chassait devant lui le troupeau comique, en le fouaillant, tantôt avec des verges et avec des roses, est tombé dans le noir oubli ; tandis que, chaque jour mieux compris et mieux aimés, les vers du poète sont sur toutes les lèvres et dans toutes les mémoires.

Ainsi l'injustice est impossible, la vengeance vient, non pas en boitant, mais d'un pas aussi rapide que celui d'Atalante, et pour se donner tout entier à l'art, pour chercher uniquement le beau, pour mépriser la colère des pédants et les vaines injures des sots, on ne s'expose pas même au martyre, qu'il serait si doux d'affronter et de subir pour une telle cause! L'Académie des esprits donne et distribue, selon les règles de l'inéluctable justice, non des palmes brodées en soie sur un collet d'habit, mais les vraies palmes vivantes et frissonnantes. Ah! certes, si cette Académie tenait ses séances quelque part, si on pouvait l'assiéger et l'investir, les dames influentes y feraient bientôt le beau temps et la pluie; la politique y tisserait ses toiles d'araignée; on y verrait entrer des prestidigitateurs qui, volontairement, confondent la poésie et la morale; des grands seigneurs qui sauraient lire et écrire, et aussi d'autres qui ne le sauraient pas. Mais l'Académie dont je parle est incorruptible; elle n'a aucun fauteuil, pas même le quarante-unième, et elle ne nomme aucun directeur, ne pouvant être dirigée. C'est elle, au contraire, qui dirige les autres.

TABLE

		Pages.
Avant-Propos.		v
A Zinzolin, chien.		viii
I.	— Une Chanson. — *A Edmond Gondinet*.	1
II.	— La Ville moderne. — *A M. le baron Haussmann*. .	23
III.	— Le Plagiat. — *A M. Victorien Sardou*.	29
IV.	— Les Étiquettes. — *A. M. Paulin Ménier*.	36
V.	— La Comédie. — *A Jules Claretie*.	43
VI.	— Solutions faciles. — *A Henri Larochelle*.	50
VII.	— Justes noces. — *A Mlle X..., courtisane*.	57
VIII.	— Prix de poésie. — *A MM. les Quarante de l'Académie française*.	64
IX.	— L'Avenir. — *A MM. Bertrand et Plunkett*. . . .	70
X.	— La Rime. — *A. M. H. Taine*.	78
XI.	— Thalia. — *A M. Alexandre Dumas fils*.	85
XII.	— Le Marronnier. — *A M. Alphand*.	93
XIII.	— Les Fugitifs. — *A Armand Silvestre*.	100
XIV.	— Mise en Demeure. — *A Pierrot*.	107
XV.	— Romans nouveaux. — *A Alphonse Daudet*. . . .	113
XVI.	— Le Chapeau. — *A M. Duval père*	119
XVII.	— Les Allumettes. — *A Raoul Ponchon*.	126
XVIII.	— La Mise en scène. — *A M. Émile Perrin*. . . .	132
XIX.	— Propos Nocturnes. — *A Jules Vallès*.	140
XX.	— Un Terrain brûlant. — *A M. Edmond de Chambley*.	146
XXI.	— Les Poètes. — *A Étienne Carjat*.	154
XXII.	— La Joie. — *A. M. Auguste Dumont*.	160
XXIII.	— Le Vin du peuple. — *A Jean Richepin*.	167
XXIV.	— Le Grattage. — *A Charles Garnier*.	174
XXV.	— La Sincérité. — *A Guy de Maupassant*.	181
XXVI.	— Le Printemps et la Mer. — *A François Coppée*. .	187
XXVII.	— Un Acteur. — *A Auguste Vacquerie*.	194

		Pages.
XXVIII.	— Pieds dans le plat. — *A Gustave Rivet*	201
XXIX.	— L'Imitation. — *A Armand d'Artois*.	209
XXX.	— Le Public. — *A Émile Bergerat*.	217
XXXI.	— Choses futures. — *A Monsieur le Singe de Peau-d'Ane*.	224
XXXII.	— Chrysale. — *A Henri Fouquier*	231
XXXIII.	— Le Mot. — *A M. Jules Barbey d'Aurevilly*. . .	239
XXXIV.	— La Blague. — *A Gustave Boulanger*.	246
XXXV.	— L'Ordre est rétabli. — *A Paul Arène*.	254
XXXVI.	— Le Vice. — *A Ernest d'Hervilly*.	262
XXXVII.	— La Pauvreté. — *A Catulle Mendès*	270
XXXVIII.	— Baudelaire. — *A Paul Bourget*	278
XXXIX.	— Les Magiciens. — *A Philippe Gille*.	285
XL.	— Moliérisme. — *A Auguste Vitu*.	292
XLI.	— L'Écriture. — *A Pierre Véron*.	299
XLII.	— La Statue de Balzac. — *A Emmanuel Gonzalès*.	306
XLIII.	— Pour Shakespeare. — *A Paul Meurice*.	313
XLIV.	— Le meilleur Poète. — *A Nestor*.	321
XLV.	— La Chimie. — *A Louis Ménard*	328
XLVI.	— La Médecine. — *Au docteur Gérard Piogey*. .	335
XLVII.	— Autre Académie. — *A Stéphane Mallarmé* . .	342

Paris. — Typ. G. Chamerot, 19, rue des Saints-Pères. — 17108.

www.ingramcontent.com/pod-product-compliance
Lightning Source LLC
Chambersburg PA
CBHW050750170426
43202CB00013B/2367